高等职业教育精品工程系列教材·素质教育系列

U0814708

大学生劳动教育

主　编　梁　杰　杨一笔

副主编　李芳芳　方艳丹　黄维忠

主　审　朱海强

電子工業出版社

Publishing House of Electronics Industry

北京·BEIJING

内 容 简 介

本书以《关于全面加强新时代大中小学劳动教育的意见》和《大中小学劳动教育指导纲要（试行）》为指导进行编写，全书共九个项目，分别为认识劳动和劳动教育、了解劳动与人的关系、树立正确的劳动价值观、弘扬中国精神、了解劳动与安全保障、学会创造性劳动、家庭劳动实践、学校劳动实践、社会劳动实践。本书的编写重在遵循教育规律，使学生能够理解和形成马克思主义劳动观，牢固树立劳动最光荣、劳动最崇高、劳动最伟大、劳动最美丽的观念；体会劳动创造美好生活，劳动不分贵贱，热爱劳动，尊重普通劳动者的劳动精神，培养勤俭、奋斗、创新、奉献的劳动品质。

本书可作为高等职业院校“大学生劳动教育”课程的教材，也可作为各行各业进行劳动教育的参考用书。

图书在版编目（CIP）数据

大学生劳动教育 / 梁杰，杨一笔主编．—北京：电子工业出版社，2022.7

ISBN 978-7-121-43806-6

Ⅰ.①大…　Ⅱ.①梁…　②杨…　Ⅲ.①劳动教育—高等学校—教材　Ⅳ.①G40-015

中国版本图书馆 CIP 数据核字（2022）第 111670 号

责任编辑：郭乃明
印　　刷：三河市鑫金马印装有限公司
装　　订：三河市鑫金马印装有限公司
出版发行：电子工业出版社
　　　　　北京市海淀区万寿路 173 信箱　邮编　100036
开　　本：787×1 092　1/16　印张：13.5　字数：345.6 千字
版　　次：2022 年 7 月第 1 版
印　　次：2024 年 7 月第 4 次印刷
定　　价：49.00 元

凡所购买电子工业出版社图书有缺损问题，请向购买书店调换。若书店售缺，请与本社发行部联系，联系及邮购电话：（010）88254888，88258888。

质量投诉请发邮件至 zlts@phei.com.cn，盗版侵权举报请发邮件至 dbqq@phei.com.cn。

本书咨询联系方式：（010）88254561，guonm@phei.com.cn。

编 委 会

主　审　朱海强

主　编　梁　杰　杨一笔

副主编　李芳芳　方艳丹　黄维忠

参　编　韦　鲲　潘培志　梁品寅　谢　萍　王俊颖
梁淑玲　谢少丽　严　晴　罗胜火　黄天兰
吴东梅　向国焕　谢旭升　苏若愚

前　　言

劳动创造了人类、创造了世界，更是我们幸福生活的源泉。劳动是事业的基础，劳动教育是学生成长、成才的关键。劳动教育强调劳动是一切价值的源泉，倡导通过诚实劳动创造美好生活、实现人生梦想，反对一切不劳而获、崇尚暴富和贪图享乐的错误思想。劳动者是国家的主人，一切劳动和劳动者都应该得到鼓励和尊重。劳动教育植根于中华优秀传统文化，承载着以劳动立德树人的理念，对推动劳动创新和建设教育强国意义重大。

2020 年 3 月 20 日，中共中央、国务院发布《关于全面加强新时代大中小学劳动教育的意见》，该文件要求：设置劳动教育课程。整体优化学校课程设置，将劳动教育纳入中小学国家课程方案和职业院校、普通高等学校人才培养方案，形成具有综合性、实践性、开放性、针对性的劳动教育课程体系。2020 年 7 月，教育部发布《大中小学劳动教育指导纲要（试行）》，明确要求：普通高等学校要将劳动教育纳入专业人才培养方案，明确主要依托的课程，可在已有课程中专设劳动教育模块，也可专门开设劳动专题教育必修课，本科阶段不少于 32 学时；课程内容应加强马克思主义劳动观教育，普及与学生职业发展密切相关的通用劳动科学知识，并经历必要的实践体验。本书就是在国家和社会普遍重视大学生劳动教育的大背景下产生的。

本书可作为高等院校“大学生劳动教育”课程的教材，也可作为各行各业进行劳动教育的参考用书。

本书在参考、借鉴部分同类书籍的基础上，形成了自己的编写特色。

1. 内容循序渐进

本书以《关于全面加强新时代大中小学劳动教育的意见》为指导，强调劳动教育的思想性，遵循从理论到实践的原则，逐步引导学生树立正确的劳动价值观，让其在劳动中接受锻炼、磨炼意志，懂得劳动创造美好生活的道理，并培养良好的劳动品质。

2. 项目任务式编写

本书打破了传统教材的章节编写模式，采用项目驱动、任务导向的编写模式。项目前设有“学习目标”“思维导图”“课堂导入”，任务中穿插有“知识链接”“模范故事”等内容，项目后还设有“实践活动”。丰富的内容不仅可以让学生学到更多知识，帮助学生将学到的理论知识与实际相结合，还可以增加本书的可读性和趣味性。

3. 案例丰富

书中添加了丰富的案例，力求以真人真事引导学生崇尚劳动、尊重劳动、热爱劳动。

4．数字化配套资源丰富

本书配备的微课资源内容丰富，既凸显了现代学习方式的互动性、移动性、随时性，又可以丰富教师的教学手段，提高学生的学习效率。

本书由梁杰、杨一笔担任主编，除了负责编写自己的内容外，还负责本书编写思路的设计与最后内容的审核和把关，由李芳芳、方艳丹、黄维忠担任副主编，主要负责各自的编写内容。

本著作是广西教育科学“十四五”规划 2022 年度劳动教育专项课题:《桂东南高职院校劳动教育课程体系构建的实践研究》（课题编号：2022ZJY1873）和 2022 年广西物流职业技术学院思想政治教育专项课题《党史教育融入高校思想政治教育的实践研究》（课题编号：2022XJSZ001）的研究成果。

在本书的编写过程中，参考、借鉴了部分专家学者的专著和教材，在此对这些专家学者表示由衷的感谢。随着时代的进步与发展，劳动教育的相关研究也在不断进步和发展，新的研究成果和思想不断出现。由于编者水平所限，书中难免会出现疏漏和不足之处，敬请广大读者批评指正，以便日后修订完善，不胜感激！

编　者

2022 年 1 月

目　　录

项目一　认识劳动和劳动教育

罗曼·罗兰说：“生活中最沉重的负担，不是工作，而是无聊。”对个人而言，劳动是生存的基础；对家庭而言，劳动是改善生活的手段；对国家而言，劳动是推动社会发展进步的力量。我们只有通过不断的拼搏努力和诚实劳动，才能绽放不一样的风采，彰显人生的价值，创造美好的生活。

学习目标

1. 掌握劳动和劳动教育的概念。
2. 了解劳动的特征和分类。
3. 理解劳动的意义。
4. 了解劳动教育的内容。
5. 掌握劳动教育的途径和方法。
6. 理解劳动教育的意义。

思维导图

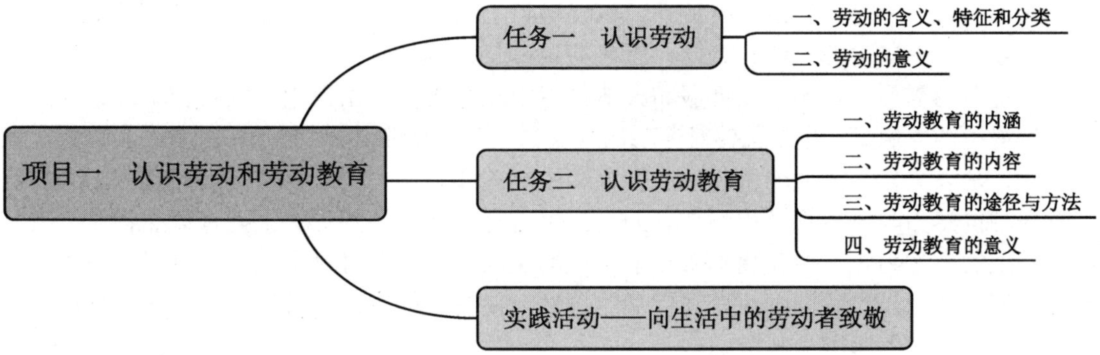

课堂导入

新的时代，我们为什么还需要劳动教育？

观点一：就像劳动创造人本身、劳动创造历史一样，今天所有的“安逸生活”，都是人类辛勤、诚实、创造性的劳动所得。毫无疑问，没有科技工作者的劳动，就没有智能化的生产；没有物流系统的运作，“指尖上的生活”就不可能成为现实。可以说，我们喝过的每一滴矿泉水，吃过的每一盒快餐，看过的每一场电影，生活中的每一个美好瞬间，背后都是无数不同类型的劳动。所以，时代只是改变了劳动曾经的模样，而“劳动创造美好生活”

的真理却从未改变。

观点二：“离开劳动，不可能有真正的教育。”教育家苏霍姆林斯基的话，至今依然能给我们以深刻启示。劳动教育是学生成长的必要途径，具有树德、增智、强体、育美的综合育人价值。劳动教育一再缺失，影响的是教育的多元性，损害的是学生综合素质的养成。也正因此，只有在系统的文化知识学习之外，有目的、有计划地组织学生参加日常生活劳动、生产劳动和服务型劳动，让他们在一蔬一食、一伸手一弯腰的家务劳动中提升生活技能，在学工学农等劳作中感受劳动成果的来之不易，在公益活动、志愿服务中加强社会责任担当，才能真正培养学生正确的劳动价值观和良好的劳动品质，一层层夯实成长的基石。

你对上面观点的看法：____

____

____

课前查阅相关资料或根据自己的理解，用简要的语言对资料内容进行概括，并形成自己的观点准备课堂发言。

任务一　认识劳动

一、劳动的含义、特征和分类

（一）劳动的含义

所谓劳动，是指人通过自身肢体对外输出劳动量而产生价值的活动，是人维持自我生存和发展的唯一手段。如果没有劳动，也许世界上至今没有人类；如果没有劳动，人们不可能有今天这样丰富的生活。为此，恩格斯说：“劳动创造了人本身。”人类劳动不仅是为了满足生存的需要，还为了在征服和改造自然中获得自由，由自由中领略到幸福之美感，从而获得精神之满足。马克思曾对劳动的含义做过如下的描述：“劳动首先是人和自然之间的过程，是以人自身的活动引起的、调整和控制人和自然之间的物质变换的过程。人自身含有一种自然力与自然物质相对立。为了在对自身生活有用的形式上占有自然物质，人就使其身上的自然力——臂和腿、头和手，运动起来。当人通过这种运动作用于其身外的自然并改变自然时，也就同时改变其自身的自然，使自身的自然中沉睡着的潜力发挥出来，并且使这种潜力的运用受其控制。”

从以上论述可以看出，首先，劳动是人的客观物质活动（“劳动首先是人和自然之间的过程，是以人自身的活动引起的、调整和控制人和自然之间的物质变换的过程”）。其次，劳动是人的有目的的、能动的活动（“为了在对自身生活有用的形式上占有自然物质”而“使其身上的自然力——臂和腿、头和手，运动起来”“使自身的自然中沉睡着的潜力发挥出来，并且使这种潜力的运用受其控制”），人的直立行走的演化过程就反映了上述论断，如图 1-1 所示。第三，劳动一开始就是社会活动。劳动的目的、方式和劳动能力的发挥都受当时社会历史条件的限制。第四，人的劳动具有双重效果（“当人通过这种运动作用于其身外的自然并改变自然时，也就同时改变其自身的自然”）。劳动不仅改变了劳动对象，同时也改变了人本身及其所处的社会的状况。

通过以上分析，我们可以将劳动简单定义为：劳动是人类特有的、为满足自身的物质和精神需要而有目的地调整和控制人和自然界之间的物质变换过程的一种改变自然物质的社会实践活动。

图 1-1　人的直立行走的演化过程

知识链接——古代人民劳动的体现

种豆南山下，草盛豆苗稀。
晨兴理荒秽，带月荷锄归。
道狭草木长，夕露沾我衣。
衣沾不足惜，但使愿无违。

上面的诗是陶渊明的《归园田居》(其三)，他在诗中写道：在南山下田野里种植豆子，杂草茂盛豆苗稀疏。清晨下田铲除杂草，暮色披月光扛锄回家。陶渊明细腻、生动地描写了自己对农田劳动生活的体验和在田园劳作中感受到的惬意、舒适。

（二）劳动的特征

1. 劳动的人类专属性

从表面上看，劳动作为一种活动，是对有用的自然物质的占有，与自然界的动物的活动没有什么区别，如蜘蛛通过织网来捕食猎物、蜜蜂通过建蜂房而储存蜂蜜、燕子通过衔泥筑巢来繁殖后代。然而，动物的这些活动并不能称为劳动，因为它们只是动物生存的本能活动。人的劳动和动物的本能活动最不同的地方在于人的劳动是具有自觉意识支配的、能动的、具有一定目的的活动。

2. 劳动的自觉意识和能动性

劳动的人类专属性就在于它的自觉意识和能动性。马克思指出：“蜘蛛的活动与织工的活动相似，蜜蜂建设蜂房的本领使人间的许多建筑师感到惭愧。但是，最蹩脚的建筑师从一开始就比最灵巧的蜜蜂高明的地方，是他在开始建设之前，已经在自己的头脑中把它建成了。”人类在劳动时，不仅知道为什么去做、怎样去做，而且知道将会做成什么样。这就是人类劳动和动物本能活动之间的本质区别。

3．劳动的创造性

劳动具有自觉意识和能动性，它是具有目的性的活动。然而有自觉意识、有能动性的活动，并不都是劳动。因为人是有意识和思想的，人的一切活动都受意识的支配。人进行旅游、跳舞、吃饭、睡觉等活动，虽然也具有目的性，但就不能称为劳动。在人的活动中，只有那些能够创造出物质财富和精神财富的创造性活动，才能称为劳动。而前面所说的消费性活动等，则不能称为劳动。

（三）劳动的分类

人们按照不同的标准，从不同的角度，将劳动分成不同的种类。

1．具体劳动和抽象劳动

马克思在剖析商品的价值和使用价值的时候指出：“生产商品的劳动有着两个方面，即生产使用价值的具体劳动和生产价值的抽象劳动。”

具体劳动也称作有用劳动，是指在一定的具体形式下进行的劳动。具体劳动包括人们的劳动目的、劳动工具、劳动对象、操作方法和劳动结果五个要素。由于劳动的目的、使用的工具、加工的物质对象和采用的操作方法不同，便可生产出具有不同使用价值的物品。例如，木匠制造家具的具体劳动，是用斧子、锯、刨、凿等劳动工具对木材等劳动对象进行加工，结果生产出桌、椅、立柜、床等产品；而农民种地的具体劳动则是用拖拉机、收割机、犁、耙等劳动工具，进行翻地、播种、收割等活动，从而收获了农产品。我们可以看到，由于生产的使用价值众多，因此，相应的具体劳动方式也很多。具体劳动体现着人和自然的关系。

尽管生产商品的劳动的具体形式千差万别，但都是人类劳动力的耗费，这是无差别的。不论是种地还是做木工，都是人类劳动力的支出，即人的脑、肌肉、神经等的活动消耗。从这个意义上说，种地和做木工的劳动，不过是耗费人类劳动力的两种不同的形式。这种抽去了具体形式的一般人类劳动，就是抽象劳动，它形成商品的价值。

当然，不论什么社会，也不管从事什么样的劳动，只要是劳动，都要消耗人类的脑力和体力。单就这方面看，似乎抽象劳动是个永恒范畴，适用于一切时代。但是，抽象劳动绝不单纯是个生理概念，它也是个经济概念，反映的是商品生产者通过商品相互交换劳动的关系。只有在商品生产的条件下，当人们的经济联系通过商品的相互交换来实现的时候，耗费在这些商品（劳动产品）上的人类的脑力和体力才能作为形成价值的一般人类劳动而被社会“抽象”出来。它代表一种社会关系，是商品经济所特有的。

2．技术性劳动和非技术性劳动

运用技术作为劳动的分类标准，我们所遇到的首要难题是对技术本身的界定问题，即什么是技术。技术的含义，众说不一；在社会经济发展不同时期，所下的定义也不相同。我们认为从广义上说，技术是人类在利用和改造自然的劳动过程中积累和体现出来的知识、经验和技能，也包含人类在劳动中所创造的工具（机器和设备等）。

然而，在实际社会活动中，人们运用“技术”标准对劳动进行分类，往往更多的是出于一种社会对技术的“公认”的理解，没有过多的理由可以解释。例如，在我国的工人中，一般将车工、钳工、木工等工种作为技术工种，而将清洁工、门卫等工种列为非技术工种。这里，社会民众常将需要使用复杂工具来完成的工作以及需要较高的文化知识水平来进行的工作视为技术性劳动，而将体力劳动为主的工作视为非技术性劳动。

人们在运用技术标准时，还习惯上将技术分为“硬技术”和“软技术”。人们通常将物质技术手段，即劳动资料称为硬技术；而将与物质技术手段相适应的操作、控制和运用的方法、技巧和技术管理组合形式称为“软技术”。从硬技术来看，物质技术手段大体可以分为手工工具、机器（包括发力装置、传动装置和工作装置）、自动机等，与此对应的劳动为手工劳动、机械化劳动和自动化劳动。从软技术来看，手工劳动只是一种朴素意义上的技术，还谈不上真正意义上的技术，只有近现代的复杂的劳动才能称得上软技术。从以上分析不难看出，“硬技术”和“软技术”是不能绝对分开的，其发展越来越相互依靠。因此，硬技术和软技术的标准也是相对的。

在执行技术标准时，我们应该注意到有关技术水平的评价是随国家、地域的不同，以及某一时期的科学、经济、社会的发展变化而变动的。例如，在 20 世纪 60 年代，半导体技术属于高新技术，但到了今天，这种技术就已成为普通技术了。

3. 简单劳动和复杂劳动

满足人类需要的各种劳动在技术复杂程度上是不同的，如制造原子弹比煮茶叶蛋的劳动要复杂得多。简单劳动指不必经过特别训练、每个正常的劳动者都能从事的劳动。复杂劳动指经过专门训练、具有一定技术专长的劳动者才能从事的劳动，它包含着比较多的对技巧和知识的运用。马克思指出：“比社会平均劳动较高级、较复杂的劳动，是这样一种劳动力的表现，这种劳动力比普通劳动力需要较高的教育费用，它的运作要花费较多的劳动时间，因此它具有较高的价值。”

4. 脑力劳动和体力劳动

人类在劳动中，不仅有体力消耗，而且有脑力支出。这也就是说，在劳动中脑力劳动和体力劳动是共存的。但是，对于某项或某类具体劳动来说，从计划到完成的过程中，其脑力劳动的复杂程度以及体力消耗的强度常常是不均衡的。习惯上，人们将脑力活动占优势的劳动称为脑力劳动，而将体力活动占优势的劳动称为体力劳动。古人所讲的“劳心”与“劳力”就是指脑力劳动与体力劳动。当然，依据其他的分类标准，还可以将劳动分为必要劳动和剩余劳动、生产性劳动和劳务性劳动、物质生产劳动和精神生产劳动、私人劳动和社会劳动等。

二、劳动的意义

依靠劳动和劳动所创造的文化和技术的发展，人类不但能够在自然界幸存下来，而且能够不断地加强社会的生产力，以至于这看似无止境的生产力的发展开始威胁到地球的生态系统和人类本身的存在。从 20 世纪中期开始，越来越多的历史学家开始关注劳动的历史意义。

劳动过程随着社会的规则和法律的不同而变化，而一个社会的规则和法律又有很大一部分是由社会所拥有的生产关系所决定的。生产关系可以看作是调整一个社会的劳动资源的供给、分布及劳动结果的方式。也就是说，劳动随文化和社会的变迁和差异而不断地变化。生产关系决定劳动的经济和政治目的和意义。每个文化时期和历史时期都有其特有的劳动形式。

劳动有一个与社会和国家体系相关程度不太高的方面，就是技术水平。虽然每个人的能力和每个社会的经济可能不同，但一般来说人类总是尽可能地使用最有效的、新颖的技术来保证和提高其劳动的质量和生产力，来保证其劳动结果符合社会的需要。但随着技术的发展，人的体力在劳动过程中越来越不重要了。其结果是体力劳动不断地被机器运转取代，而为了维护和发展现代化生产系统的运行，越来越多的劳动力需要得到更好的教育和训练，由此催生了新的劳动产生。如今在一些发达国家中，甚至出现了占全国总人口三分之一的人不直接参加劳动而是通过社会福利或其他方式来享受劳动成果的现象。对于这些国家的领导人来说，这是一个非常重要和非常棘手的社会问题。

一些哲学家（如卡尔·波普）认为只有从独立的意识中产生的劳动才会为社会带来最大的财富，因为奴隶或士兵式的劳动者不能或只能很有限地选择其最有效的劳动方式和工具。

任务二　认识劳动教育

一、劳动教育的内涵

《辞海》从德育的角度对劳动教育进行了定义：劳动教育是德育的内容之一，是教育学生热爱劳动和劳动人民、珍惜劳动成果、树立正确的劳动观点和劳动态度、通过日常生活培养劳动习惯和技能的活动。

《中国大百科全书》对劳动教育的定义：劳动教育是使学生树立正确的劳动观点和劳动态度、热爱劳动和劳动人民、养成劳动习惯的教育，是德育的内容之一。

《教师百科辞典》对劳动教育的定义：劳动教育就是向受教育者传播现代生产的基本知识和技能，培养他们具有正确的劳动观点、劳动习惯，以及热爱劳动人民、劳动成果的感情。劳动教育十分重视劳动过程中的智力因素，把平凡的劳动同创造性劳动结合起来，把简单的劳动与富有知识的劳动结合起来。

《教育大辞典》对劳动教育的定义：劳动教育就是劳动、生产、技术和劳动素养方面的教育。主要任务：①培养正确的劳动观点。使学生懂得劳动、劳动人民创造人类历史，热爱劳动，尊重劳动人民，摒弃轻视体力劳动的思想，懂得体力劳动必须与脑力劳动相结合。②培养正确的劳动态度。使学生认识到劳动是建设社会主义、共产主义的必要条件，是公民的神圣权利和光荣义务。③培养良好的劳动习惯、艰苦奋斗的作风。使学生遵守劳动纪律，爱护劳动工具，珍惜劳动果实，抵制不劳而获、奢侈浪费等不良思想倾向。④使学生获得工农业生产基本知识和技能。

以上对劳动教育的定义，有的把劳动教育归为德育，有的把劳动教育归于智育，还有的把劳动教育归为德育和智育的统一。

随着时代的发展，劳动教育的内涵也在不断变化。中国劳动关系学院党委书记刘向兵对新时代高校的劳动教育是这样定义的：新时代高校劳动教育是高等教育人才培养体系的重要组成部分，是顺应时代劳动发展趋势对大学生进行系统的劳动思想教育、劳动技能培育与劳动时间锻炼，全面提高大学生劳动素养的过程，其目的是引导新时代大学生在劳动创造中追求幸福感、获得创新灵感，培养具有社会责任感、创新精神和实践能力的高级专门人才。也有学者认为新时代劳动教育是以塑造劳动观念、传递劳动知识、传授劳动技能、端正劳动态度和培养劳动习惯等为主要内容，旨在系统提升受教育者的劳动素质，促进其全面发展的德育活动。

中共中央、国务院发布的《关于全面加强新时代大中小学劳动教育的意见》中对劳动教育基本内涵的解释是：劳动教育是国民教育体系的重要内容，是学生成长的必要途径，具有树德、增智、强体、育美的综合育人价值。实施劳动教育重点是在系统的文化知识学习之外，有目的、有计划地组织学生参加日常生活劳动、生产劳动和服务性劳动，让学生动手实践、出力流汗，接受锻炼、磨炼意志，培养学生正确劳动价值观和良好劳动品质。

综上所述，我们这样定义劳动教育：劳动教育就是有目的、有计划地向学生传递劳动知识和劳动技能，培养学生良好的劳动态度和劳动习惯，让学生形成正确的劳动价值观和具有一定的劳动权益意识，提升学生劳动素养的教育实践活动。

二、劳动教育的内容

（一）劳动价值观

有关劳动价值观的教育让学生认识到劳动的意义、劳动的价值，使学生能够理解马克思主义劳动价值观和新时代中国特色社会主义劳动价值观；引导学生崇尚劳动、尊重劳动，懂得劳动最光荣、劳动最崇高、劳动最伟大、劳动最美丽的道理；使其长大后能够辛勤劳动、诚实劳动、创造性劳动；让学生认识到“不劳而获”“好逸恶劳”是可耻的行为，从而培养学生对劳动的情感，使其热爱劳动、乐于劳动，逐步对劳动形成正确的态度和价值观。

（二）劳动情感与态度

劳动情感是指一个人基于满足情感的需要而形成的对劳动的良性心理体验和情感依赖关系。对大学生劳动情感的教育有助于激发大学生的劳动热情，使其形成尊重劳动成果和尊重劳动人民的深厚感情，发扬艰苦奋斗的优良传统，促进其全面、和谐发展。劳动态度是指一个人对劳动所持的肯定或否定情感的程度，劳动态度也反映个体实施劳动行为前的准备状态，是一种比较稳定的心理倾向。对大学生劳动态度的教育主要包括热爱劳动教育、辛勤劳动教育、诚实劳动教育、合法劳动教育，让他们形成对劳动的正确态度。

（三）劳动科学知识与能力

高等学校的劳动教育与中小学的劳动教育不同。小学阶段的劳动教育是劳动教育的启蒙，目的是使学生从小就养成热爱劳动的好习惯；可以通过学习童话故事、先进工作者及劳模的事迹，让学生对劳动有一个初步的认识；通过值日、打扫卫生、帮助家长做一些力所能及的家务，体验劳动的价值与快乐。中学阶段的劳动教育使学生逐步树立正确的劳动意识，初中阶段的劳动教育主要帮助学生认识劳动实践对创造人类文明的巨大作用，可以从人类社会发展的角度，让学生知道劳动创造了人本身，人类发展离不开劳动实践活动，让大家积极参与各种各样的劳动活动，具体实施上要注重围绕增加劳动知识、技能，加强家政学习，开展社区服务，适当参加生产劳动，使学生初步养成认真负责、吃苦耐劳的品质和职业意识。高中阶段的劳动教育主要是从历史唯物主义的高度，理解劳动实践的内涵、基本形式和重要地位，使学生熟练掌握一定劳动技能，理解“劳动创造价值”这一内涵，培养劳动自立意识和主动服务他人、服务社会的情怀。

大学阶段的劳动教育，主要目的是明确劳动科学体系，掌握劳动科学知识。大学生应当掌握一定的劳动伦理知识、劳动法律知识、劳动保护知识、劳动就业知识，以及劳动心理健康知识等劳动科学知识；并重视新知识、新技术、新工艺、新方法的应用，能创造性地解决实际问题，增强诚实劳动意识，形成公共服务意识，具有面对重大疫情、灾害等危机时能主动作为的奉献精神。要加强对大学生的劳动科学教育，使其初步了解和掌握有关劳动科学最基本的知识结构，逐步对劳动有一个科学的认识，在日常活动中要进行科学劳动，避免劳动的异化。

大学生在具备相应劳动科学知识的基础上，应如何应对当代劳动？除了上述素质，当代大学生还应具备作为劳动者最基本的自我管理能力、时间管理能力以及沟通能力等具有个体心理特质的劳动能力。同时，大学阶段的劳动教育要让大学生正确认识劳动中遇到的困难和压力，学会自我调适；让其具备“干一行、爱一行，做一行、钻一行”的心理品质，无论从事什么劳动，都要努力做到精益求精、追求卓越。

（四）劳动实践

对学生进行劳动教育，不仅要重视劳动理论知识的学习，更要重视劳动实践活动，否则理论就显得苍白无力。劳动的成就感不是说出来、听出来的，而是从实践中体悟出来的。著名哲学家冯契指出：“实践和教育相结合是培养自由人格的根本途径。实践是人与自然、主体和环境的交互作用，通过这种交互作用，环境（自然和社会）给予主体天道、人道，主体就接受了‘道’来发展自己的性格。主体这样做时并不是被动的，主体在改造环境的过程中把人性对象化了，人就由自在而自为。这就是在实践中受教育。”

劳动精神也是在劳动实践中培养出来的。在劳动过程中的付出可以使劳动者形成积极的劳动价值观，使其热爱劳动。前苏联教育家凯洛夫认为：“劳动使一个人的道德变得高尚，使他习惯于小心地对待劳动工具、器械和产品，重视书籍及其他承载精神文化和物质文化的物品，尊重任何一种职业的劳动者，仇视那些寄生虫、剥削者、怯懦者和懒汉。”

开展大学阶段的劳动教育，可以组织大学生参加生产劳动和社会服务，倡导大学生参加志愿服务等公益活动，引导大学生运用所学知识和技能服务人民，鼓励大学生进行科技创新，在社会实践中参与技术改造、工艺革新、先进技术传播，为经济社会发展献技出力。开展大学阶段的劳动教育，也可以帮助大学生开展勤工助学活动，组织大学生进行“红色之旅”学习参观、“三下乡”和“四进社区”活动等，通过劳动实践，让学生体会劳动创造美好生活，劳动不分贵贱的道理，促使其热爱劳动，尊重普通劳动者，培养勤俭、奋斗、创新、奉献的劳动精神；培养其满足生存发展需要的基本劳动能力，以及良好的劳动习惯；同时也让大学生明白劳动实践的重要性，积极参与各种劳动实践活动。

（五）劳动与全面发展

加强劳动教育是构建德、智、体、美、劳全面培养教育体系、形成更高水平的人才培养体系的必然要求。劳动教育是构建全面教育体系不可或缺的一环，劳动具有树德、增智、健体、育美、创新的综合育人价值。通过劳动教育可以让大学生理解劳动与立德树人、劳动与增长才智、劳动与强健体魄、劳动与美的创造之间的关系，促进大学生全面和谐发展。

三、劳动教育的途径与方法

在教育发展的过程中，我们一直强调家庭教育、学校教育和社会教育的三位一体作用。同样，劳动教育也需要三方面教育的配合，仅靠一方面的努力，很难实现和达到最终教育目的。

（一）家庭教育

家庭教育是基础教育中的基础，是人发展的根基。在过去的多子女家庭中，由于子女太多，家长顾不过来，一般都是年长的孩子照顾年幼的孩子，无形之中发挥了家庭的劳动教育功能。劳动教育有助于培养孩子的动手能力。但在现代家庭中，这种机会有所减少。子女成了家里的“小公主”“小皇帝”，家长唯恐子女受到一点委屈和伤害，同时对孩子的期望值也大大提高了，除了学习，什么都不让孩子做，所有的事情由父母包办，导致孩子把生活过成了“衣来伸手、饭来张口”“四体不勤、五谷不分”的样子。

中国教育科学研究院曾对全国数万个小学生家庭进行调查，结果显示，承担家务劳动的孩子比起不承担家务劳动的孩子，学习成绩大幅领先。专家研究发现，家长给予孩子正确的劳动教育，孩子的成绩反而会上升。家庭是劳动教育的鲜活课堂，诗云：“童孙未解供耕织，也傍桑阴学种瓜。”家长的劳动观念、劳动态度，以及家庭的环境等潜移默化地影响着子女的劳动观。因此，要充分发挥家庭教育的作用，家长日常生活的言传身教可以在孩子心中种下劳动光荣的种子，让他们从小养成爱劳动的好习惯。

（二）学校教育

学校教育在人的身心发展过程中起着引领作用和主导作用。在劳动教育中，学校同样也要发挥其主导作用，承担实施劳动教育的主体责任。通过劳动教育，学校可以拓宽育人渠道，使青少年养成正确的劳动观念、劳动习惯、劳动情感、劳动精神。学校教育可以通过以下方式对学生开展劳动教育。

1．开设专门的劳动教育课程

中共中央、国务院发布的《关于全面加强新时代大中小学劳动教育的意见》中已明确提出“构建劳动教育课程体系，大中小学设立必修课程和劳动周”。

2．与思想政治教育相结合

劳动教育与思想政治教育的目标、内容等具有关联性。思想政治教育有利于强化劳动教育目标的道德引领和精神塑造，有利于培养学生的劳动价值观、劳动情感和劳动态度，让学生对劳动形成正确的认识，形成良好的劳动品德，养成良好的劳动习惯。

3．与专业课程教学相结合

长期以来，学校中的劳动教育一直被狭义化，人们总是认为劳动教育就是某项具体的活动，如让学生去街上执勤、到食堂帮厨、打扫清洁区。实际上，学生的学习过程本身也是劳动，属于脑力劳动。前苏联教育家苏霍姆林斯基认为：劳动教育从学生坐下读书时就开始了，课桌是最复杂的机床，使儿童、少年和青年感到无所用心是可耻的，懒惰和游手好闲是可悲的，让学生确立这种认识是教育上最难做到的事。高等学校在发挥课堂育人主渠道作用的过程中，应该有机纳入劳动教育，可以根据专业的不同，将其与专业教学紧密结合，让学生学好专业知识、掌握专业技术、参与专业实践，在实践活动中运用所学知识解决问题。

4．开展劳动实践活动

劳动教育是真正的生活教育。在学习中劳动，在劳动中学习，这才是劳动教育的真意。劳动实践活动使学生在做中思、做中学，增进学生对专业知识的理解与认识，激发其学习的积极性与主动性，加强其创新意识与创新能力。在日常的教学环节中，教师一般较多关注如何让学生学会专业知识技能，很少把劳动观念、劳动态度等内容融入专业教学，改善的方法之一就是开展劳动实践活动，如定期举办劳动技能比赛，组织学生利用寒暑假开展系列社会实践活动，让学生进行以“劳动”为主题的社会调查活动，让学生在实践中体验劳动、认识劳动、正视劳动，树立正确的劳动价值观。劳动能让年轻人明白“幸福都是奋斗出来的”，要实现中华民族伟大复兴的“中国梦”，把蓝图变为现实，必须通过辛勤的劳动，踏踏实实做好自己的工作。

5．开展创新创业教育

党的十八大作出了实施创新驱动发展战略的重大部署。创新是民族进步的灵魂，是一个国家兴旺发达的不竭源泉，也是中华民族最深沉的民族禀赋。提高创新与创业能力不仅是国家和社会的需要，更应当转化为当代青年的自身需求。创新精神与创业能力已成为当代大学生创新创业教育的核心内容。青年最具创新热情和创业潜力，他们最大的资本在于学习能力、接受新事物能力较强。高等学校要做好大学生创新创业教育工作，全面提升创新创业人才培养质量，培养创新创业的强大生力军，推动我国经济的发展与经济结构的调整。

《中国教育现代化 2035》指出：弘扬劳动精神，教育引导学生崇尚劳动、尊重劳动、树立依靠辛勤劳动创造美好未来的观念，强化实践动手能力、合作能力、创新能力的培养。新时代的劳动者不仅要有力量，还要有智慧、有技术，能发明、会创新，努力营造劳动光荣、技能宝贵、创造伟大的时代风尚。因此，在高等学校的创新创业教育中融入劳动教育，弘扬劳模精神、工匠精神和劳动精神，有助于提高大学生对劳动的认识水平，培养学生的劳动习惯。

（三）社会教育

社会环境影响着人的发展方向。如果社会没有形成良好的风气，轻视劳动，就会严重影响年轻人对劳动的认识。长期以来，社会上存在着“重脑力劳动、轻体力劳动”的现象。例如，有的大学生在择业时，把“好工作”定义为“钱多、事少”的工作，似乎更倾向于从事劳动较少、相对清闲的工作；社会媒体对“宁愿坐在宝马车里哭，不愿坐在自行车上笑”的“拜金女”的报道，对一些歌星、影星、“网红”等“一夜成名”后高收入的宣传，使很多年轻人迷失了方向，他们不愿学习，不愿付出，更不愿劳动，他们也渴望着有一天成为“网红”，期盼自己能一夜暴富，不用付出就可以过上富足的日子。因此，进行劳动教育，还需要全社会的努力，共同营造一个良好的环境，实现协同育人。让学生认识到劳动没有高低贵贱之分，任何一份职业都很光荣。

中共中央、国务院发布的《关于全面加强新时代大中小学劳动教育的意见》中明确提出：要充分利用社会各方面资源，为劳动教育提供必要保障。各级政府部门要积极协调和引导企业公司、工厂农场等组织履行社会责任，开放实践场所，支持学校组织学生参加力所能及的生产劳动、参与新型服务性劳动，使学生与普通劳动者一起经历劳动过程。鼓励高新企业为学生体验现代科技条件下劳动实践新形态、新方式提供支持。工会、共青团、妇联等群团组织以及各类公益基金会、社会福利组织要组织动员相关力量、搭建活动平台，共同支持学生深入城乡社区、福利院和公共场所等参加志愿服务，开展公益劳动，参与社区治理。

四、劳动教育的意义

新时代加强劳动教育对于高校立德树人教育具有重大意义。劳动教育可以使青年学生树立正确的劳动观念，形成积极向上的劳动态度，锤炼劳动意志，养成良好的劳动习惯。劳动教育不仅是实现“中国梦”的强大助推力量，也是学生成长成才的需要。

（一）树立正确的劳动观念

劳动观念就是人们对劳动的看法。由于人们知识背景、个人理解的角度不同，大家对劳动的看法也不尽相同。帮助学生树立正确的劳动观念是进行劳动教育的基础。通过劳动教育，让学生对劳动有一个更全面的认识，理解什么是劳动，为什么劳动，为谁而劳动。《后汉书》记载了一个小故事“一屋不扫，何以扫天下”。故事的主人公叫陈蕃，故事发生时他十五岁左右。陈蕃人小志大，以安天下为己任，整日埋头苦读，房间凌乱不堪。他父亲的朋友看到他的房间如此凌乱，问他为何不收拾房间。陈蕃回答：“大丈夫处理事情，应该以扫除天下的祸患这件大事为己任。为什么要在意一间房子呢？”来客看他小小年纪有此鸿鹄志向，深感“孺子可教”，但看他连自己的房间都不愿打扫，如此下去，日后必然不会有所作为，于是教导他：“一室之不治，何以天下家国为？”陈蕃受此点拨，幡然醒悟，此后严格律己，终成就一番事业。这则小故事不禁令人联想到如今的大学生，能够自己动手劳动，有劳动意识且愿意劳动者甚少。问他们：“在家中打扫卫生吗？”他们的回答常常是：“打扫卫生？为什么？不是有我爸妈呢吗？”

大学生作为独立的个体，渴望自由，然而赖以生存的基本劳动都不会，或者不愿意为之，其原因有三。一是劳动观念偏差。长期以来受“劳心者治人，劳力者治于人”的传统价值观念影响，广大劳动人民在劳动中所接受的教育被社会偏见所贬低，并被排斥在体制化的正规教育之外。二是劳动态度问题。当前我国劳动教育在学校中被弱化，在家庭中被软化，在社会中被淡化，出现了一部分学生轻视劳动、不会劳动、不珍惜劳动成果的现象。三是劳动认知问题，即不知为何而劳动。

为谁而劳动？为了人类可持续发展而劳动。这句话可以从以下三个方面理解：为了生存、为了创造、为了人与自然的和谐相处。

第一，为了生存。个体为了生存，就必须劳动，劳有所得，才能获得生存必需品。劳动是维持生存的基本方式，唯有劳动方能体现个体的价值，让人得到心灵上的安慰，让人的心灵升华。

第二，为了创造。立足于个体与社会的关系，人类必须劳动，在劳动中创造，在劳动中创新，在劳动中崛起，在劳动中体会短暂人生赋予生命的价值。2015 年 10 月，我国著名的药学家屠呦呦因发现可以有效降低疟疾患者死亡率的青蒿素而成为首个获得诺贝尔生理学或医学奖的中国人。这是屠呦呦团队在共同智力劳动过程中取得的科学成就，青蒿素的发现为全人类的生存与发展贡献了力量。

模范故事

此生执着青蒿素——屠呦呦

在第五个全国科技工作者日前夕，年过九旬的中国中医科学院首席科学家屠呦呦（图 1-2 所示）写下了寄语：科技创新，强国兴邦。她也用一辈子践行了这句话。

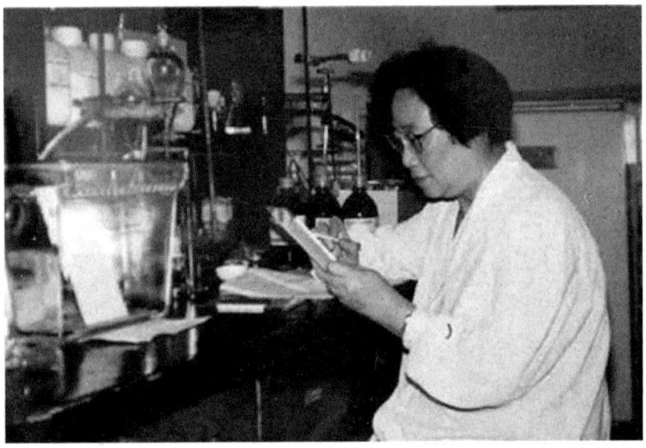

图 1-2　屠呦呦

“这么重要的荣誉，我够格吗？组织上同意吗？”2019 年，共和国勋章颁发人选公示前，面对前来征求意见的评选组，屠呦呦的反应，是反复确认这些问题。尽管已经获得诺贝尔生理学或医学奖，尽管名字已经近乎家喻户晓，但屠呦呦依然不习惯成为被关注的中心。

这位年过九旬的老人始终惦记的，还是青蒿素。从几十年前起，屠呦呦就一直在跟青蒿素打交道。

1969 年 1 月 21 日，年轻的屠呦呦了解到一个全国性大协作项目——“523”任务，她的科研人生就此迎来转折。“523”任务，是一项援外战备紧急军工项目，也是一项巨大的秘密科研工程（现已解密），涵盖了疟疾防控的所有领域。抗疟药的研发，就是在和疟原虫夺命的速度赛跑。屠呦呦之所以被委以重任，在于她扎实的中西医知识和被同事公认的科研能力。接受任务后，屠呦呦翻阅古籍，寻找方药，拜访老中医，对能获得的中药信息，逐字逐句地抄录。在汇集了包括植物、动物、矿物等 2000 余内服、外用方药的基础上，课题组编写了以 640 种中药为主的《疟疾单验方集》。正是这些信息的收集和解析铸就了青蒿素被发现的基础。到 1971 年 9 月初，课题组筛选了 100 余种中药的水提物和醇提物样品

200 余个，但结果令人失望。大家只好重新埋下头去，看医书。从《神农本草经》到《圣济总录》再到《温病条辨》……终于，葛洪的《肘后备急方》中有关于青蒿抗疟的记载，给在黑暗中摸索的课题组一抹亮光——“青蒿一握，以水二升渍，绞取汁，尽服之。”古人这么做，是不是因为加热会破坏青蒿里的有效成分？屠呦呦决定用沸点只有 34.6℃的乙醚来提取。实验过程繁复而冗长。1971 年 10 月 4 日，在 190 次失败后，191 号青蒿乙醚中性提取物抗疟实验的最后结果出炉——对疟原虫的抑制率达到 100%。1972 年 3 月，屠呦呦在全国“523”办公室主持的南京中医中药专业组会议上，报告了青蒿乙醚中性提取物的鼠疟、猴疟抑制率达 100%的结果。“523”办公室要求：当年必须到海南进行临床试验，看一看到底效果如何。要进行临床试验，就必须制备大量青蒿乙醚中性提取物。当时，药厂停了，课题组土法上马，用 7 个大水缸取代实验室常规提取容器；设备简陋，没有通风系统，也没有实验防护，屠呦呦整天泡在实验室，得上了中毒性肝炎。有了青蒿乙醚中性提取物后，在个别动物的病理切片中，又发现了药物的疑似毒副作用。药理人员认为，只有确证安全性后才能用于临床试验。屠呦呦着急了。疟疾这种传染病有季节性，一旦错过当年的临床观察季节，就要再等一年。于是，她干脆向领导提交了志愿试药报告。1972 年 7 月，屠呦呦等 3 名科研人员在医院严密监控下进行了一周的试药观察，未发现该提取物对人体有明显毒副作用。随后，屠呦呦亲自携药，去往海南昌江疟区救人。结果显示，该药品对间日疟和恶性疟均有一定效果。再之后，课题组的组员分离出了有抗疟作用的有效单体。

青蒿素类抗疟药，是举国体制的成果、集体主义的结晶，也是自主创新的杰作。屠呦呦常强调：荣誉，属于科研团队中的每一个人，属于中国科学家群体。

在获得诺贝尔奖之后，老人平静的生活也一度被打破。对场面上的事，她能躲就躲。但对科研，对自己真正热爱的青蒿素事业，屠呦呦不躲不避。屠呦呦的同事说，她不讲场面话，直来直去，对青蒿素特别执着，一说青蒿素眼睛就亮。

屠呦呦的事迹，以实物、图片和视频等多种方式，在激励和鼓舞着新一代年轻人。

第三，为了人与自然的和谐相处。立足于人与自然的关系，人必须劳动，人通过劳动与自然建立起联系。但人为了生存、为了创造也让自然伤痕累累，人类要改善与自然的关系，需要与自然建立新的联系，这也必须通过劳动。人类改良了植物便有了大麦、小麦、玉米、小米等粮食；驯化了动物就有了猪肉、牛肉、羊肉、鸡肉等肉类副食品；使用了火便有了熟的食物；改造了石头、树木便有了工具。在整个人类文明发展进程中，不免出现人与自然相处的不和谐，劳动过程中对自然资源的过度开发利用使自然界备受重创。人类应该尊重自然、热爱自然，倡导人与自然和谐共处，维持生态平衡，保护大自然等，这些都需要通过劳动来实现。

（二）形成积极向上的劳动态度

劳动态度是个体对劳动所持有的较为稳定的心理倾向，包括积极向上的劳动态度和消极落后的劳动态度。积极向上的劳动态度是个体对劳动所持有的积极、高尚的心理倾向，是个体开展不同形式劳动的灵魂所在，影响个体劳动观念、世界观、人生观、价值观的形成；消极落后的劳动态度是个体对劳动持有的消极、漠视的心理倾向，是导致人产生惰性的主要因素。

积极向上的劳动态度是顺利进行劳动教育的情感基础。消极落后的劳动态度是阻碍劳动教育的绊脚石。我国广大劳动人民深受“学而优则仕”等传统观念的影响，形成了偏向脑力劳动，弱化、软化、淡化体力劳动的社会主流观念，造成了广大青少年不爱劳动、轻视劳动、不会劳动、不尊重劳动、不珍惜劳动成果。这违反了马克思主义教育与生产实践相结合思想的初衷，马克思主义教育思想要求将脑力劳动、体力劳动相结合以促进人的全面发展。劳动态度不仅受个体心理倾向性的影响，也受外界环境的影响，尤其是国家关于教育的政策影响个体劳动态度的形成，进而影响劳动观念的塑造。劳动教育政策的引导是树立正确劳动观念的有效保障，积极向上的劳动态度的形成是劳动教育的灵魂、感情基石，是坚定劳动意志力的寄托，是形成劳动习惯的内驱力。劳动态度决定了个体对劳动的专一程度，决定了个体劳动的持续性，更决定了劳动习惯的养成。

（三）锤炼劳动意志

劳动意志是在劳动过程中遇到困难时克服困难、直面问题、坚韧不拔的精神，也是劳动精神的核心所在。当下，“空心病”等在高校青年群体里广为传播。“空心病”一词是由北京大学心理健康教育与咨询中心副主任徐凯文在题为《时代空心病与焦虑经济学》的演讲中提出的，他指出：“空心病核心的问题是缺乏支撑其意义感和存在感的价值观。我做过一个统计，北大一年级的新生，包括本科生和研究生，其中有 30.4%的学生厌恶学习，或者认为学习没有意义，请注意，这是高考战场上千军万马杀出来的赢家。还有 40.4%的学生认为自己的人生没有意义，我现在活着只是按照别人的逻辑这样活下去而已，其中最极端的就是放弃自己。”“空心病”已经蔓延至青少年一代，青少年往往缺乏抵抗此类思潮浸染的能力。造成这种病态文化现象的原因，不仅包括宏观层面的世界观、人生观、价值观形成问题，还包括微观操作层面的劳动活动践行的问题。

劳动教育让学生认识到，人生并不是一帆风顺的，在遇到困难的时候，应当以积极的态度面对，迎难而上，不畏惧失败。开展高校劳动教育，应从精神层面到实践层面积极引导大学生树立勇于拼搏、无私奉献的劳动精神，锻炼其不怕吃苦、精益求精的劳动意志。

（四）养成劳动习惯

劳动习惯是在劳动实践中树立正确的劳动观念、积极的劳动态度、坚韧的劳动意志并将之内化为劳动意识的自主性行为。劳动习惯应具有主动性，是内化为劳动意识的行为。我国著名的教育家叶圣陶先生特别推崇习惯养成教育。他提出：“教育”这个词，往精深的方面说，一些专家可以写成大的著作，可是就粗浅方面说，就是“养成好习惯”。当今青年大学生肩负建设中国特色社会主义、实现中华民族伟大复兴的历史使命。通过劳动教育，大学生可形成正确的劳动观念和积极的劳动态度，具有坚韧的劳动意志，养成良好的劳动习惯，最终有助于实现中国梦。

班级：________________　　　姓名：________________　　　学号：________________

实践活动——向生活中的劳动者致敬

没有环卫工，哪有干净整洁的大街？没有保安员，哪有小区的祥和平安？没有快递员，哪能方便、快捷地买到心爱之物……每一座城市的美丽，都离不开基层劳动者辛勤的汗水和无私的付出，只要为社会创造价值，服务于人民，就是光荣的，只要是劳动者，就该得到承认和尊重。

请以小组（8～10 人）为单位组织一次“向生活中的劳动者致敬”的主题活动，选择一个普通劳动者群体，向他们致敬。致敬的形式不限，既可以是发动社会力量为普通劳动者谋求福利，也可以是向普通劳动者献花等。要求活动过程用短视频的形式记录。

【过程记录】

活动开展计划：

活动开展关键点：

活动开展难点及解决方案：

心得体会：

【结果评价】

教师可参考表 1-1 对各小组“向生活中的劳动者致敬”主题活动进行评价。

表 1-1　“向生活中的劳动者致敬”主题活动评价表

评价标准	分值	分数小计	教师评价
提前做好活动方案的策划	20		
给劳动者带来了感动	20		
分工合理，各成员均积极参与	20		
活动形式有新意	20		
短视频剪辑精美	20		

项目二　了解劳动与人的关系

苏霍姆林斯基说：“劳动的崇高道德意义在于，一个人能在劳动的物质成果中体现他的智慧、技艺、对事业的无私热爱和把自己的经验传授给同志的志愿。”

学习目标

1. 了解劳动是如何满足人的生存需要的。
2. 了解劳动是如何促进人的全面发展的。
3. 了解劳动是如何创造人的幸福生活的。

思维导图

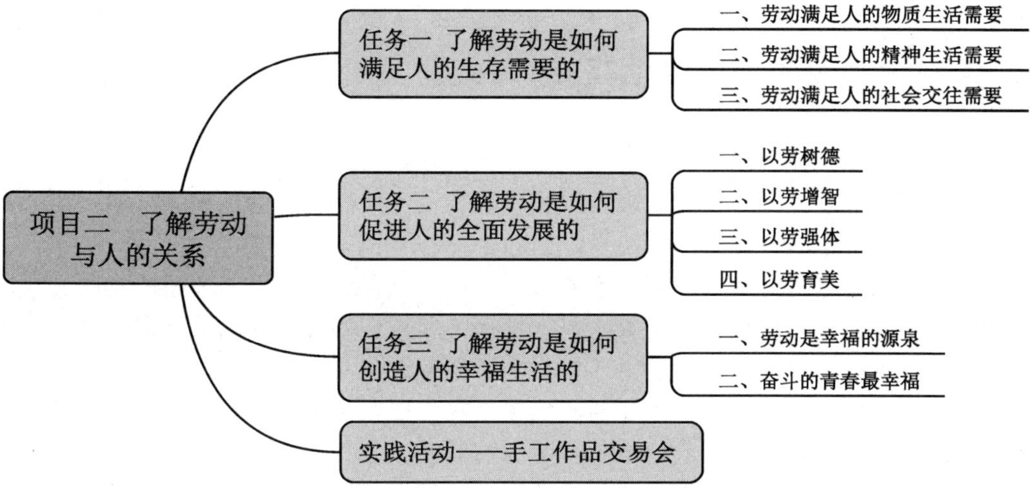

课堂导入

劳动是如何促进人的发展的？

劳动，不仅创造了物质文明和精神文明，也不断提高着人类自身的生理素质和心理素质，促进着人类的成长与发展。

观点一：劳动有助于塑造更具活力和效能的大脑。脑科学研究发现，身体动作对大脑发育具有不可替代的积极作用，经常动手做事可以刺激大脑，锻炼手眼和大脑的协调能力，有助于塑造更具活力和效能的大脑。劳动可以使肌肉和关节的神经感受组织发挥作用，并传递信号给神经系统，有助于改善大脑的调节能力，提高神经系统的兴奋性和灵活性，提高人们对外界刺激的适应力。另外，劳动能促进和改善全身的血液循环，加快新陈代谢，使大脑供氧充足，改善大脑营养供应情况，促进大脑发育，使大脑功能增强，思维和记忆能力得到发展。

观点二：劳动可以很好地锻炼身体。通过劳动，可以促进肌肉的发育，算是一种很好的运动方式。体力劳动还可以增加身体与外界气体的交换和排汗量，调查数据显示，扫地8分钟相当于步行1000步。

观点三：劳动可以让人生存得更好。经常劳动的人具备较为积极的心态，可以从容地面对社会各种挑战，不会轻易放弃，在与他人的合作中也更具有同理心和责任感。

观点四：劳动让人学会关爱家人。经常在家里参加劳动的人，更容易体会到父母平时做家务的辛苦，能够体谅父母持家的不易，从而学会关心家人。

你对上面观点的看法：____

____

____

课外查阅相关资料或根据自己的理解，用简要的语言对资料内容进行概括，并形成自己的观点准备课堂发言。

任务一　了解劳动是如何满足人的生存需要的

一、劳动满足人的物质生活需要

人的生存需要首先表现为物质生活需要。人是生物，物质生活需要是人得以生存、存续和发展的第一需要。人通过劳动来生产和获取物质资料，从而满足其物质生活需要，这构成了劳动与物质生活需要的基本关系。

任何生物的生存与种族延续都离不开物质资料。生物通过与周围环境的物质交换进行新陈代谢和生殖遗传，这是生命现象的基本特征。人类作为高级生物，既需要食物、水等满足生命持续活动的最基本的物质生活资料，还在劳动和社会实践中产生了更加丰富、独特的物质生活需要。例如，在原始社会，出于更好、更安全地生存的需要，人类在采集、狩猎、种植、纺织、畜牧等活动中不断发明与发展生产工具、交通工具、生活用具，从一般动物的初级生存形态演进出人类独有的高级文明形态。近代以后，在资本扩张与生产需要的驱动下，人类不断创新、发展科学技术，通过三次工业革命逐渐实现了生产力的跃升，实现了衣、食、住、行的全方位革新。在这一过程中，人类的物质生活需要不断加深、扩大。从物质生活的角度来看，人类历史就是一部为满足物质生活需要而不断丰富、发展物质资料的历史。

知识链接

原始社会时期人类最初的生产工具——石器

石器是指以岩石为原料制作的工具，它是人类最初的生产工具，盛行于人类历史的初期阶段。从人类出现直到青铜器出现前，共经历了二三百万年，这段时期属于原始社会时期，根据不同的发展阶段，又可分为旧石器时代和新石器时代，也有人将新、旧石器时代之间列出一个过渡的中石器时代。旧石器时代使用打制石器，这种石器利用石块打击而成的石核或打下的石片，加工成一定形状的石器。石器种类有砍砸器、刮削器、尖状器等。新石器时代盛行磨制石器，这种石器先用石材打成或琢成适当形状，然后在砺石上研磨加工而成，其种类很多，常见的有斧、凿、刀、镰、犁、矛、镞等，如图 2-1 所示。

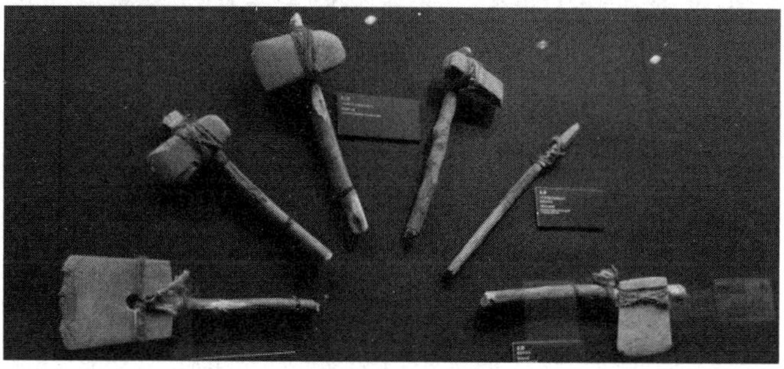

图 2-1　各种石器

当今时代是人类历史上物质资料最丰富的时代，人的物质生活需要达到了前所未有的高度。随着第四次工业革命的深入开展，人工智能、虚拟现实、量子通信、新材料等新兴产业和领域深刻地改变着人的生活形态。以通信和运输为例，在古代社会，受制于低下的生产力和科技水平，人只能依靠人力和原始车力进行通信和运输，速度慢且安全性较差。而随着生产力的进步和生产关系的变革，人们产生了更快、更安全地开展通信和运输的需要，于是便通过科技创新不断发明、革新通信和运输工具，火车、汽车、飞机、电话、互联网、移动通信等随之相继出现。我国当前在 5G 通信、高速铁路、卫星导航等领域取得的革命性进展，正是为了满足人们在通信和运输及相关领域的深切需要而进行的技术革新。这种变化与我们每一个人的日常生活都息息相关，移动支付、网约车等已经逐渐成为人们在物质生活方面的“刚性需要”，在未来，这种“刚性需要”的范畴还会随着时代发展与科技进步而不断产生新的变化。

物质生活需要的满足离不开劳动，劳动是人类获取物质资料的重要途径。恩格斯认为，劳动是整个人类社会生活的第一基本条件。在从猿到人的进化过程中，受制于自然环境的变化，早期人类便意识到了改造自然、征服自然的重要性，对在自然界中获得物质资料的方式进行了革新，即开始了劳动活动。劳动使人类的手从行走、攀爬、采摘、狩猎等功能中解放出来，从而可以去掌握其他新技能，如制造工具、耕种、纺纱、冶金、制陶等。可以说，自然界为劳动提供材料，劳动则转变材料来满足人类的物质生活所需。随着社会分工的不断细化，在现代社会中，人类通过各种各样的劳动方式来满足物质生活需要。例如，农民通过耕种劳动获取农作物，从而满足人的食物需要；牧民通过畜牧劳动获取驯化的动物，以提供食物和工业原料；制造业工人通过操作劳动生产工业品，以满足社会各领域在机械制造、化学制品等方面的物质需要；科研人员通过实验劳动进行科学研究，以满足社会物质生活的创新发展需要；销售人员通过商业劳动售卖商品，以满足社会物质资料交换和流通的需要。可以说，无论何种物质资料的获取都无法离开劳动，只有通过劳动，人的物质生活需要才能得到满足。

然而，应当注意到，在物质生活不断丰富的同时，社会上也有一部分人产生了“不劳而获”“啃老”等错误想法，企图不劳动而获取财富，最后不幸走上触犯法律、违背道德的道路，对自身和家庭造成难以挽回的伤害。哪怕是在家境已经非常优越的情况下，人们也必须进行劳动，因为“不劳而获”从根本上说是不可持续的，只有劳动才能保证物质资料的可持续获取。

党的十九大报告指出，中国特色社会主义进入新时代，我国社会主要矛盾已经转化为人民日益增长的美好生活需要和不平衡不充分的发展之间的矛盾。新时代，我们党的重大任务就是更加关注人民对美好生活新的多样化需求，逐步实现全体人民共同富裕。新时代的大学生必须明确劳动与物质生活需要间的基本关系，明白美好生活只能通过劳动来创造的朴实道理，不断为自身成长和社会发展贡献力量。

二、劳动满足人的精神生活需要

精神生活需要是人类所特有的高级需要。在漫长的进化过程中，人类逐渐成为了“理性”的动物，产生了有别于一般动物的情感和思维，这促使人产生了建立在物质生活需要基础上的精神生活需要，如情感需要、娱乐需要、审美需要等。与物质生活需要一样，人的精神生活需要也要通过劳动来满足。

精神生活是人类社会生活的重要组成部分，是人在精神层面上创造和彰显自身存在本质的生命活动，也是人为生活世界赋予意义的活动。可以说，精神生活是人之所以为人的确证。在我们的日常生活中，学习知识、思考问题、建立情感、欣赏艺术、寻求尊重，都属于精神生活的范畴。没有精神生活，人就会沦为被生物本能所驱使的“行尸走肉”。美国社会心理学家马斯洛提出了“需求层次理论”，如图 2-2 所示，他认为，人既有生理需要和安全需要等低级需要，也有社会需要、尊重需要等高级需要。其中，高级需要主要表现为精神生活需要。例如，人在满足了一定的温饱与安全需要以后，就会在社会交往中逐步产生受他人认同和尊重的需要，因此在工作过程中，人们不仅将工作作为一个获取工资和物质资料的渠道，更会在工作中彰显自身力量、确认自身价值、积极发挥作用，以期获得同事和外界社会的认可，进而满足受他人尊重的精神需要。再如，从小到大，我们在生活中不仅追求吃饱穿暖，还追求成为精神丰富的人，因此我们阅读文学作品、聆听音乐作品、观赏影视作品、品味美术作品，在各类的文艺作品中丰富自己的精神生活，填充自己的精神世界，实际上都是为了满足自己的精神生活需要。

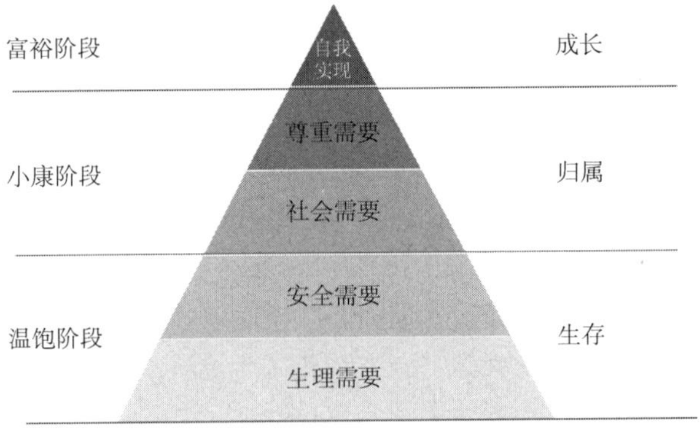

图 2-2　马斯洛需求层次理论

当今时代，随着物质生活的日渐丰富，精神生活在我们生活中的地位愈发重要。改革开放以来，我国社会生产力水平和科技创新能力得到了极大提高，中国的社会生活形态发生了翻天覆地的变化，人们一方面对物质生活产生了更高的期待，另一方面也产生了更加广泛的精神生活需要，盼望着更丰富的精神文化生活，从注重由物质生活带来的幸福感转变为注重由精神生活带来的满足感。近年来，我国文化消费与文化产业营收迎来了快速增长，新闻信息服务、内容创作生产、创意设计服务、文化传播渠道、文化投资运营、文化娱乐休闲服务等行业的规模正在迅速扩大，全国文化消费需求呈进一步释放态势。回到我们的日常生活，微信、微博等社交软件的壮大、发展，为我们带来了难以割舍的社交与情感需要，图书馆、电影院、线上博物馆等文化传播平台的日益扩大，为我们带来了更加广泛的审美和娱乐选择。面向未来，我国人民的精神生活需要将会以更快的速度持续扩大。正如我国“十四五”规划所强调：公共文化服务体系和文化产业体系更加健全，人民精神文化生活日益丰富，中华文化影响力进一步提升，中华民族凝聚力进一步增强。

精神生活需要的满足离不开劳动，劳动是创造精神生活的基本方式。在精神生活领域，劳动以脑力劳动为主、体力劳动为辅，劳动方式主要呈现为思想创造和艺术创造。在人类几千年的文明演进过程中，来自全世界各个国家、各个民族的思想家、艺术家共同构筑了辉煌灿烂的精神文明世界。他们通过对周边世界的深入观察和系统思考，以辛勤的劳动创造出了内涵丰富的思想体系与精妙绝伦的艺术宝库。在当今智能化时代，随着信息传播方式的变化，我们每一个人都可以高度参与精神生活的创造，并能够对他人和社会产生影响。近年来，我国的各类社交媒体（包括自媒体等）迎来了高速发展，成为了大众的创作舞台，不仅催生出了大量的优质文化作品，更迅速填补和充实了人们的精神生活，不断满足着人们日益扩大的精神生活需要。新时代大学生应该把握好第四次工业革命的时代脉搏和技术浪潮，不断加深对世界和社会的观察思考，既充分享受人类精神文明成果，又成为精神生活的创造者，利用自身的劳动和付出创造出能够深刻影响他人与社会的精神生活成果，从而进一步繁荣和发展社会主义文化，更好地满足我国人民日益增长的美好精神文化生活需要。

模范故事

用视频弘扬中国文化——李子柒

2015 年，李子柒开始以她在大山深处的家庭生活为背景拍摄美食短视频。视频中，她亲自养殖鸭、羊，制作各种美食，制作文房四宝，制作家具、服饰等。她选的食材不是自己种的，就是自己摘的。黄豆用来做豆腐和酱油，大米用来做年糕和米酒，竹笋、莲藕和香菇用来做笋干、藕粉和香菇酱。她会钓鱼，会烤全羊，会烤面包，会用树皮造纸，会剪羊毛、织毛衣，会用葡萄汁当染料印染汉服，会用竹子做沙发，会用旧门板做家具，还会绣花……在视频里，她好像无所不能——什么活都能做，什么菜都能做。她的视频不仅内容好，质量也很高，简直是一部部高质量纪录片，堪与央视播出的《舌尖上的中国》相媲美，在众多同类视频中脱颖而出，为网友们所热捧，迅速吸引了成千上万的粉丝，图 2-3 为李子柒做的雪花酥。

图 2-3　李子柒做的雪花酥

对此，央视新闻发文点评：没有热爱就成不了李子柒，没有热爱也看不懂李子柒。她的视频内容独具风格，让人耳目一新，满足了外国网友对中国的想象，堪称网络传播时代的中国“田园诗”。同时，李子柒的视频含有被外国网友广泛认同的情感传达和价值理念，满足了人们释放压力的心理需求。

央视新闻还发文点评：李子柒的视频，没有一个字夸中国好，但她讲好了中国文化，讲好了中国故事。她只是默默地在那里干着农活，偶尔地跟奶奶说几句四川方言，但全世界各地的人，却开始了解“有趣好看”的中国传统文化，并纷纷夸赞中国人的勤奋、聪慧，进而开始喜欢中国人，喜欢这个国家。不得不说，李子柒是个奇迹，靠一颗平常心做出了国际文化传播的奇迹。

《中国新闻周刊》评：李子柒是一位现实中的造梦者，也是一位让梦想成真的普通人。在乡野山涧之间，在春风秋凉的轮替之中，她把中国人传统而本真的生活方式呈现出来，让现代都市人找到一种心灵的归属感，也让世界理解了一种生活着的中国文化。她用一餐一饭让四季流转与时节更迭重新具备美学意义，她让人看到“劳作”带给人的生机。

三、劳动满足人的社会交往需要

马克思指出：人的本质不是单个人所固有的抽象物，在其现实性上，它是一切社会关系的总和。社会性是人的本质属性，人的社会性催生人的社会交往需要。劳动为人的交往创造了基本条件，是人形成社会关系的基础。离开劳动，人就难以融入社会、创造价值。

人的生存和发展离不开社会交往。早在原始社会，人类就出于生存需要而结成群体，共同采集、狩猎，相互支撑陪伴。后来，为了更多、更稳定地获取生活资料，保证种族的繁衍发展，人类开始了以劳动为标志的物质生产活动，并在物质生产活动中形成了更加广泛的人际交往，包括经济交往、政治交往、家庭交往、地缘交往等，而这一切归根结底都是人的社会交往，也就是人在社会关系中所产生的交往活动。只有通过社会交往，人才能把个体的力量整合成社会力量，以社会力量克服个体的局限性，即恩格斯所说的“以群体的联合力量和集体的行动来弥补个体自卫能力的不足”。在当今时代，我们每一个人都拥有独特的社会交往关系：在家庭中，我们与家人进行交往；在学校中，我们与同学和老师进行交往；在职场中，我们与同事和上下级交往。可以说，这些交往是我们在社会中得以生存和发展的必要前提。人的多重社会身份决定了人不可能脱离社会交往而独自生存发展，社会交往需要是人的刚性需要。当前，随着我国城市化与工业化程度不断加深，中国的社会公共空间逐步扩大，人和人之间的交往日益密切，社会交往的需要也更加广泛。

劳动本身就是一种重要的社会交往形式，会自然地满足人的社会交往需要。当今时代是全球化的时代，更是一个万物互联的时代，我们能够从事的各类劳动活动都是在社会交往中完成的。例如，研究者在开展科研工作的过程中，一方面需要将研究建立在前人打造的科学发现基础之上，享受人类社会已有的研究成果，另一方面也需要同其他研究者开展广泛的联系合作，在集体和团队的协作下取得研究创新。研究者的劳动无疑是建立在社会关系和社会交往之上的。再如，教师在开展教学工作时，本身就已经与学生建立起了师生间“教与学”的社会交往关系。一方面，学生通过教师的劳动进行学习和思考，实现知识与道德的社会化；另一方面，教师也在劳动过程中获得学生的评价与反馈，实现作为教师的社会价值，满足教师的社会交往需要。可以说，劳动是人通向社会的桥梁，是人满足社会交往需要必不可少的环节。大学生要正确把握个人与社会的辩证关系，明白劳动之于社会交往的重要意义，不断通过辛勤劳动来实现自身的社会价值。

此外，人们经由劳动所形成的社会关系，是一切人类关系中最为重要、最具有基础性的关系形态，深刻影响和制约着其他一切关系形态。可以说，劳动关系在很大程度上决定了社会关系。因此，人的社会交往需要的满足，与现实劳动关系的调整、和谐劳动关系的建立有着非常密切的关系。

任务二　了解劳动是如何促进人的全面发展的

一、以劳树德

（一）劳动是道德的前提

道德作为一种社会规范体系，是在长年累月的劳动和生产实践中形成的。在劳动中，人们逐渐结成社会关系、形成社会分工，进而产生调节社会利益关系的需要，道德正是为调节、规范和制约社会利益关系而形成的规范总和。几千年来，人类的道德规范不断随劳动和生产实践的变化而发生改变，作为一种上层建筑发挥着重要的社会调节作用。今天，我们想要在全社会树立起正确的道德规范，同样需要依靠劳动的力量。总体来说，劳动可以在提升人的社会公德、职业道德和个人品德水平方面发挥积极作用。

（二）劳动促进社会公德的形成

社会公德是公共生活中的道德规范，是指人们在社会交往和公共生活中应该遵守的行为准则，本质是为了维护公共利益、调节公共秩序、保证社会和谐。社会公德产生于人们的社会集体劳动，在集体劳动中，人们彼此配合、相互沟通，为了尽可能地保证劳动中每一个个体的利益，人们便制定出一套尽可能公正的行为规范，以制约和调节公共行为和公共利益。我国一直以来都倡导全社会爱护公物和保护环境，人们对于这些社会公德的认识往往是在亲身的劳动中形成的。例如，我们从小就在学校中承担值日任务，通过亲身的辛勤劳动，认识到保持环境卫生的不易与重要性，于是基于亲身体会对爱护公物和保护环境的社会公德产生认同。

（三）人在劳动中形成职业道德

职业道德本身就是一种关于“劳动”的道德。职业道德是职业生活中的道德规范，是从事一定职业的人在劳动过程中应当遵循的道德要求和行为准则。正确的劳动观念和高尚的职业道德是维系人们职业活动和职业生活的思想观念保障，劳动者在从事劳动时，不仅能够学习和掌握劳动技能，更能在劳动体验中加深对自己所从事工作的了解，树立正确的工作态度和工作习惯，形成对职业的热爱，最终认同和践行敬业精神、契约精神、诚信精神、反思精神、合作精神、创新精神等积极的职业道德。

（四）劳动塑造人的个人品德

个人品德是个体对某种道德要求认同和践行的结果，集中体现了道德认知、道德情感、道德意志、道德信念和道德行为的内在统一。人的个人品德是在劳动中形成与发展的，其与劳动方式、劳动观念有着直接的联系。劳动本身就是真善美统一的实现过程，在劳动中，个体能够学会勤俭节约，学会感恩、助人，学会谦让、宽容，学会自省、自律，最终形成健全人格，真正领会“幸福是奋斗出来的”“空谈误国，实干兴邦”的真意，养成奋斗精神，形成自立自强、吃苦耐劳的精神品质，形成正确的世界观、人生观、价值观。同时，劳动是一个艰辛的过程，需要参与者付出一定的精力和体力，这有助于培养个体形成顽强的意志和毅力，锤炼个体的优良品格。

二、以劳增智

当今人类社会所取得的思想成果与科技成就，无一不是在人的劳动实践中逐步积累发展而成的。从农业时代到工业时代，再到当今的信息化时代，人们一直在通过劳动实践发现自然规律、提升生产效率，不断发明和创造更加先进的生产工具，加深对自然界和人类社会的了解。从自然进化的角度而言，劳动有助于人的大脑发育和智力发展；从社会演进的角度来看，劳动是人掌握知识与技能的必要途径。

恩格斯曾考察过劳动在人的大脑的形成过程中的重要作用，他指出：首先是劳动，然后是语言和劳动一起，成了两个最主要的推动力，在它们的影响下，猿脑就逐渐地过渡到人脑。人的劳动在生产物质生活资料的同时，对人的智力发展具有促进作用，对人体大脑发育具有推动作用，在人类理性的产生和发展中起着重要作用。例如，体力活动能够促进呼吸功能增强，促进人体氧利用率提高，从而为大脑供氧创造条件；体力活动能够促进消化功能增强，使人体从食物所含的淀粉中吸收更多的葡萄糖，使血液中的血糖比例升高。此外，认知心理学的研究也发现，人的认知既不单纯依赖外部世界，也不是纯粹的主体臆想和自我反思，而是主体和外部世界相互作用的产物。适当的体力活动可以增强人的记忆力，以及增强注意转换、抑制控制等认知加工能力。加强体力活动，有助于将个体的身体要素与劳动对象、认知对象有效连接起来，使抽象的知识、技能和价值观念，经由具体的、鲜活的劳动实践和身体感知，逐步转化为人的知识架构和价值自觉，从而提升人的认知能力和实践水平。

劳动是掌握知识与技能的必要途径。知识与技能不是凭空想出来的，而是随着人们在劳动中不断探索形成的。劳动在创造物质财富的同时，也创造新的知识和理论，催生更加有效的技能和方法。知识本身就是来源于劳动实践的，又反过来服务于劳动实践。因此，理论知识的形成和发展与劳动实践有着本质的、必然的联系。个体通过劳动能够将习得的理论知识应用到劳动实践中，并在实践中强化对知识的理解，从而实现知行合一。在劳动的过程中，也会遇到很多运用书本知识无法解决的新问题，这就需要人们在不断的劳动和实践中寻找解决方案，通过对各种事物、现象和过程的观察和对比，形成自己独到的解决方法和应对举措。这种由直观的、具体的直接经验激发的理论学习需要，为人的智力发展提供了无限的可能性，引发人们对理论知识持之以恒、锲而不舍的钻研和思索。现代生产劳动技术不断提升，劳动者在具备必要知识技能的基础上，还要在劳动实践中学会求知、感悟要领、增长见识，发挥劳动益智、增智的功能。

三、以劳强体

通过劳动，人们能够强健体魄、涵养心灵。当今时代，随着科技进步与生产方式的变革，在某些领域，体力劳动逐步让位于脑力劳动。这一方面深刻改变了人们的劳动方式，使劳动之于人的影响形成了更多的可能性。但另一方面，这也导致了“现代病症”的出现，包括由于不良的劳动习惯而产生的身体疾病，以及由于过度劳动而发生的心理问题等，这都向我们提出了重新思考劳动与身心健康关系的要求。作为大学生，我们将来无论从事何种职业，都要把握体力劳动与脑力劳动的平衡，通过科学、健康的劳动方式保证身心健康，发挥好劳动的“强体”功能。

劳动能够促进人的身体健康。开展力所能及且具有一定负荷的劳动，能够促进个体身体机能发育、强身健体。劳动使人在改变外界环境的同时也改变着自己本身，包括身心等各方面的自身因素和自身条件。人的身体素质，既包括体力也包括脑力（心理适应力及社交能力等），劳动能够将这些“蕴藏着的潜力”唤醒，使其得到锻炼、提高与发展。体育与劳动都是人类为一定目的，借助人的肢体而进行的有意识、有组织的活动，劳动以人类维持自我生存和自我发展为目的，而体育以增强体质、提高运动技术水平为目的，二者既有联系又有区别。通过科学合理、安全适度的劳动实践和体育锻炼，可以增强个体的肌肉力量和耐力，加速疲劳肌肉恢复，优化心肺功能和新陈代谢，提高肌肉运动效率和关节灵便程度，促进人的健康发展。因此，要有针对性地将生产劳动与体育锻炼结合起来，从而形成“劳动锻炼—体能训练—体质增强”的良性循环。

知识链接

劳动能否取代体育运动

中共中央、国务院印发了《关于全面加强新时代大中小学劳动教育的意见》后，教育部迅速落实，劳动课程成为大中小学必修课已成事实。绝大部分家长对此持欢迎态度，并积极等待当地具体标准的落地。有一些思想较为先进的家长，则进一步将劳动课程和孩子的体质健康发展联系起来，甚至产生“既然有了劳动课，孩子的体育运动就可以适当减少了”的想法，这种想法实际上是不妥的。

此次提出加强学生劳动教育，教育部的解释其实很清晰：贯彻落实新时代党对劳动教育的新要求，劳动育人功能亟待加强。围绕立德树人的教育根本目的，改变目前青少年中出现的不珍惜劳动成果、不想劳动、不会劳动的现象，与德智体美结合，促使学生形成正确的世界观、人生观、价值观，加强社会主义建设者和接班人的培养。

从目前已知的信息来看，中小学生每周劳动课将不低于一课时，即便劳动强度极大（几乎不可能），能起到充分活动身体的作用，其强度也不足以达到锻炼身体的程度，而且从此次的劳动教育相关文件和解释来看，劳动教育的目的是直指思想建设的，并没有提到和身体活动有太多的关联，更谈不上有锻炼身体的目的。

然而，对很多家长而言，日常活动、劳动、体育运动其实是分不清的概念。很多人都说：他（她）虽然很少运动，可是每天家务劳动（或工作性质的劳动）不少，都是身体活动，应该也能起到锻炼的作用。实际上，劳动和运动共同点就是都能让身体消耗一定能量，对现在这个能量摄入大于消耗的时代，每日坐、卧多于立、行，有能量消耗确实是好事，围绕人体的活动，上述三个概念之间各种内在联系比较复杂，但存在截然不同的区别，要言简意赅地说明这种区别还真是很有难度。

可以这么理解：日常活动包括劳动和体育运动，也包括人体不在睡眠期间的所有生理活动，是个最广泛的概念，如果用能量消耗来表示的话，那么基础代谢是底线，每日能量消耗总值则是上限。劳动也是个很复杂的概念，不同人的工种不同，劳动方式千差万别，有脑力劳动和体力劳动的大类之分，即使体力劳动也存在轻、中、重的不同区别，前者类似白领和蓝领的区别，后者类似同工种里的不同岗位。《关于全面加强新时代大中小学劳动教育的意见》倡导以脑力劳动（强化劳动自立意识、体验持家之道、强化社会责任、培养良好的社会公德）及轻体力劳动（日常生活劳动、生产劳动、服务性劳动）为主。体育运动的表现方式虽然千差万别，但也分为不同的形式，体育运动包括运动锻炼和体育活动，但从身体健康促进的角度看，运动锻炼则是体育运动的重中之重，它有着几个鲜明的特点，我们从这几个特点看，就能明白体育运动和劳动的区别了：

（1）周期性：定期、定时、定量是起到生理健康促进作用的前提；

（2）负荷性：使身体有一定负荷，促进目的、效果与负荷大小或时间密切相关；

（3）目的性：以改善人体形态、机能，提高身体生理素质为目的；

（4）丰富性：单位时间里可综合搭配多种运动方式、手段，可同时锻炼身体多个部位；

（5）对称性：符合人体对称原则，使身体上下、左右、前后部位都能活动到；

（6）自主性：可以自我控制开始、终止时间；

（7）愉悦感：无论是运动时还是运动后，都能带给人以愉悦。

人的心理健康同样离不开劳动。劳动不仅能够强健人的体魄，还能够慰藉人的心灵。通过劳动，人们能够实现身心的全面发展，增加不同的情绪体验，在收获劳动成果的同时，体验劳动的快乐，增加生活的乐趣，在心理上感受到充实和愉悦。热爱劳动的人能够在劳动中忘却自我、忘却烦恼，从而有效地转移不良情绪，实现精神的放松，缓解心理压力。除此之外，劳动还可以磨炼人的意志，培养坚毅勇敢的精神品格。正所谓“天行健，君子以自强不息”，中华民族的优秀品格也正是在几千年来的辛勤劳动中形成的。

四、以劳育美

马克思认为“美是人的本质力量的对象化”，而这种对象化是通过劳动实现的。劳动可以帮助人们形成对美的认识，获得审美能力，并通过劳动来创造美。新时代的劳动教育最终也必然延展到对学生审美能力的培养上。新时代的劳动教育倡导一种基于劳动的现代审美人格培育，让人在劳动中发现美和创造美，在自我价值感的获得中达到一种美的人生境界。

（一）通过劳动发现美

劳动的过程也是发现美、感受美和体验美的过程。“生活中不是缺少美，而是缺少发现美的眼睛”，劳动则为我们打开了这样一扇发现美的窗口。人对美的认识也是随着生产劳动的不断进步而不断变化着的，例如，在人类社会发展初期，人类由于对客观世界看似神奇的自然力量认识不够，将其理解为神，认为人与神的和谐便是美的表现；随着人类对客观世界规律的认识，征服自然以实现人类的主观需要满足便被理解为新的美的形式；近代以来的科学技术催生了机械唯物主义的实践美学观，认为人类力量的表现便是美；而当代西方美学界兴起的生态美学则强调主体自身的和谐与客观世界的和谐并举，这和我国古代强调“天人合一”以及马克思“人化自然”与“自然的人化”统一的思想在本质上是一致的。劳动能够让人不断地加深对美的体会，感受人与自然的和谐之美，感受勇于实践的创造之美，感受心灵手巧的人性之美。

（二）通过劳动创造美

劳动之美，美在创造。辛勤的劳动被哲人视为“使成功降临到个人身上的信使”，给人类带来成功与幸福，带来美的体验。劳动打造生活之美，在满足人的吃、穿、住、用的基础上，也使美贯穿于生活的全过程。劳动具有创造美的本质，劳动可以引领个体深切体会劳动创造历史、劳动创造未来的恢宏之美，让个体通过脚踏实地的劳动实践，提升理性思考能力和辩证思维能力，感悟领会“空谈误国，实干兴邦”的历史真谛。近年来，在全国各行各业中广泛开展的“中国梦·劳动美”主题活动，旨在通过对劳动者所从事的“美的劳动”“美的创造”实践及其社会价值的颂扬，在全社会广泛深入地弘扬劳模精神、劳动精神和工匠精神，启发人们深刻认识各行各业的优秀劳动者都是这个时代最美的劳动者，他们所从事的都是最美的劳动，所彰显的精神也都是最美的精神，进一步领会劳动创造美、劳动托起“中国梦”的道理。

任务三　了解劳动是如何创造人的幸福生活的

一、劳动是幸福的源泉

追求幸福生活是人类生存的永恒主题。自古以来，人们就将幸福作为生活的奋斗目标和终极向往。在远古时代，人类追求的幸福就是成功生存、繁衍。随着生产力的发展和进步，精神与文化生活的富足成为人类的新追求，幸福的定义也就变得更加丰富和多元。对农民来说，风调雨顺就是幸福；对商人来说，生意兴隆就是幸福；对学生来说，“金榜题名”就是幸福。可以说，幸福是普遍性与特殊性的统一。幸福的普遍性在于，幸福是人类生存的共同主题，并存在着一定的客观标准；幸福的特殊性在于，幸福与人们的主观感受和独特志向息息相关，因时代、民族、文化、身份及个体的差异而有所不同。如今，随着中国特色社会主义走入新时代，全面建成小康社会如期实现，中国人民有了充裕的物质资料、稳定的生活环境、可靠的社会保障、丰富的精神文化，这都构成了当今中国幸福生活的丰富内涵。

幸福生活要靠辛勤劳动来创造。幸福是理想实现与内心满足的完成时态，而劳动是它必要的实现途径，是幸福的源泉。千百年来，人类历史就是一部不断通过辛勤劳动来追求幸福生活的历史。从吃饱穿暖，到精神丰富，虽然幸福的标准一直在变化，但通过劳动来实现幸福、通过劳动来创造幸福生活的基本过程是不变的。无论如何定义幸福，幸福都不会自动成真，都需要依靠劳动来实现。劳动能够帮助人们成就理想，实现个人与社会价值，给予人们充分的获得感、成就感和幸福感。劳动，让平凡的人生变得不平凡。无论在什么地方，无论做什么工作，只要能够发光发热，就都能够创造属于自己的辉煌，就都是光荣和幸福的。进入新时代以来，我国广大劳动群众在实现“中国梦”的伟大进程中拼搏奋斗、争创一流、勇攀高峰，为决胜全面建成小康社会、创造幸福生活发挥了主力军作用，用智慧和汗水营造了劳动光荣、知识崇高、人才宝贵、创造伟大的社会风尚，谱写了“中国梦·劳动美”的新篇章。

与此同时，在外来文化和价值观的多重冲击下，人们的幸福观也面临着诸多消极影响，有些人甚至形成了错误的幸福观。有些人认为坐享其成、不劳而获就可以收获幸福，最后在懒惰与庸碌中与幸福失之交臂；有些人认为只要有金钱就能够拥有幸福，于是在追求金钱的过程中陷入拜金主义与享乐主义的泥沼，最后迷失在低级趣味之中，甚至给自身和家庭造成无法挽回的损失。不正确的幸福观有百害而无一利，终究会害人害己，不会使人得到真正的幸福。所以，我们不仅要追求幸福生活，更要树立正确的幸福观，走正确的幸福追求道路。

知识链接

以正确的幸福观助推中国梦

幸福，是古今中外人们亘古不变追求的重要目标。进入新时代，在人民群众物质生活水平得到空前提高的同时，金钱至上、享乐主义和极端个人主义等错误观念也时有抬头。科学的幸福观应该充分体现物质幸福与精神幸福的统一、个人幸福与社会幸福的统一、当前幸福与长远幸福的统一、创造幸福与享受幸福的统一。

（一）坚持物质幸福和精神幸福的统一，提升个人幸福感

人类具有精细的思辨能力和丰富的精神世界，除了物质需求以外还有精神需求。从物质需求的满足中体验到的幸福是短暂、低级的幸福，在精神需求得到满足时所体验到的幸福才是恒久、深刻的。纸醉金迷、精神空虚的富翁和胆战心惊、夜不能寐的腐败官员毫无幸福感可言，而那些不计报酬、无私奉献的义工往往是倍感幸福的。将物质和精神割裂开来的禁欲主义幸福观和享乐主义幸福观都是错误的，在满足物质需求的同时不断充实精神生活、提升精神境界，使物质和精神有机统一起来，才能更好地提升个人幸福感。

（二）坚持个人幸福与社会幸福的统一，实现人民幸福梦

马克思说：“那些为共同目标劳动因而使自己变得更加高尚的人，历史承认他们是伟人；那些为大多数人们带来幸福的人，经验赞扬他们为最幸福的人。”社会性是人类的本质属性。将个人幸福和社会幸福割裂开来，只求个人幸福的态度是极其自私的，在民不聊生的年代要实现个人幸福谈何容易，社会幸福是个人幸福的基础，个人幸福和社会幸福不可分离。在追求幸福的道路上，应该把个人幸福与社会幸福有机结合起来，以求最大限度地实现个人幸福和社会幸福的整体提升。

（三）坚持当前幸福和长远幸福的统一，实现美丽中国梦

恩格斯在《自然辩证法》中指出：“我们必须时时记住，我们不能过分陶醉于对自然界的胜利。”科学幸福观强调人与自然和谐共处，强调当前幸福和长远幸福统一。我们既要积极追求、创造当前幸福，还要科学把握、规划好长远幸福，最终做到当前幸福与长远幸福的有机统一。我们要实现经济发展、环境友好、人民幸福的理想社会，要实现美丽中国梦，让大家在风景如画、舒适迷人的环境下幸福地生活、学习、工作。

（四）坚持创造幸福与享受幸福的统一，实现民族复兴梦

恩格斯说：“劳动创造了人本身。”在劳动过程中，人们能够获得知识、磨炼意志、净化灵魂；在劳动过程中，人的各项才能都得到最大限度的发挥，人生价值得到最大限度的实现。在深层意义上来讲，幸福不仅在于享受劳动创造的成果，而且还在于劳动创造活动本身。人们在社会实践过程中，在劳动创造过程中，不仅获得了用于延续自身生存的物质资料，同时也发展了自身的能力，充实了自己的精神生活、提升了自己的精神境界，最终获得了真正的幸福。

人们常常在创造性的劳动过程中感到非常快乐，在劳动创造获得丰硕成果以后感到内心的无比喜悦和幸福。“幸福都是奋斗出来的。”“伟大梦想不是等得来、喊得来的，而是拼出来的、干出来的。”“我们都在努力奔跑，我们都是追梦人。”每个中华儿女都应该开拓创新、勤奋踏实、努力进取，为实现中华民族伟大复兴的中国梦贡献力量。

二、奋斗的青春最幸福

奋斗是当今时代的主旋律，国家发展和社会进步为每一个人都提供了奋斗拼搏的空间和追求幸福的机会。新时代大学生要努力抓住时代机遇，把握个人成长的关键节点，为自己谋划劳动和奋斗的青春之路，以收获幸福为人生目标。

奋斗本身就是一种幸福。奋斗和幸福是不可分割的整体，二者相依而生，相伴而行。幸福作为一种原始的内生驱动力蕴含在奋斗之中，奋斗则作为一种必要路径支撑着幸福的实现。离开了奋斗支撑的幸福将会变得浅薄和虚幻，脱离了幸福牵引的奋斗则会失去航向和动力。奋斗者是精神最为富足的人，也是最懂得和最会享受幸福的人。中国人民自古以来就明白，世界上没有坐享其成的幸福，想要幸福就必须奋斗。虽然有些人因为时代和人生际遇实现了“一夜暴富”，或者“一夜成名”，但如果没有持续的奋斗予以支撑，这些所谓的成功与幸福都会很快成为过眼云烟。对大学生来说，奋斗是唯一的幸福可持续之路。

一直以来，中国人民都坚持用奋斗创造幸福生活，在劳动中彰显强大的生命力和创造力，通过辛勤劳动、诚实劳动、创造性劳动创造物质财富，丰富精神世界。正是有了奋斗者们长期以来的辛勤劳动，我们才能拥有历史的辉煌和今天的成就。与此同时，奋斗者们也在劳动创造中实现个人价值，提高思想境界，享受人生幸福。所以，只有奋斗的人生才称得上幸福的人生。

在当今时代，人人都有通过辛勤劳动实现自身发展的机会，只要有志气、有闯劲，普通劳动者也可以在宽广舞台上展示自己的人生价值。无论从事什么劳动，都要干一行、爱一行、钻一行。在工厂车间，就要弘扬“工匠精神”，精心打磨每一个零部件，生产优质的产品；在田间地头，就要精心耕作，努力赢得丰收；在商场店铺，就要笑迎天下客，童叟无欺，提供优质的服务。只要踏实劳动、勤勉劳动，在平凡岗位上也能取得不平凡的业绩。劳动，让平凡的人生变得不平凡。无论在什么地方，无论做什么工作，只要能够发光发热，就都能够创造属于自己的辉煌，每一个劳动者都是光荣的，都是幸福的。

模范故事

冲在前头，干在实处——郑志明

机器手臂活动范围超出标准，客户要求两周内交付产品，咋办？“时间这么紧，我们做不了，你们更是做不了。”有外企工程师断言。广西汽车集团有限公司装备制造技师、高级技师郑志明（如图2-4所示）却说：“哪怕加班加点连轴转，也要攻克技术难题！”

图2-4　郑志明

连夜组织人员研究技术难点，数百次反复进行试验，郑志明和他的团队啃下了硬骨头，及时完成了订单。“干好一件事，要有攻坚克难的毅力和追求卓越的志向。”郑志明说。

时年四十多岁的郑志明在单位是一名经验丰富的“老师傅”。车工、钳工、铣工、磨工、数控，他样样都会，甚至还练就了一手绝活：手工锉削平面，可将零件尺寸精度控制在0.005毫米以内；手工画线钻孔，孔的位置精度误差能控制在0.05毫米以内。如此技艺，与郑志明的兴趣和勤奋分不开。郑志明小时候活泼好动，喜欢组装小玩具；参加工作后，他虚心求教，勤奋刻苦。与郑志明相熟的同事说：“那小子有股拼劲，别人口中的难事，在他看来全是乐事。”

前段时间，一些口罩生产线的耳带焊接工序不过关。郑志明主动请缨，负责生产线改良工作，将耳带焊接工序纳入自动化技术研究，使得单条口罩生产线日产量从2.5万只提升至6万只。郑志明说：“凡事要冲在前头，更要干在实处。”

多年来，郑志明收获了不少成果：他带领团队自主研制完成515项工艺装备，交付使用1236套工艺和工程设备；他参与设计制造的涂装、焊接、装配等各类先进的自动化生产线超10条，为企业创造直接经济收益高达6002.95万元；由他自主设计制造的各种工艺装备，每年可为公司节省成本超过1000万元。

独木不成林，一花不是春。这些年，郑志明还悉心辅导青年员工，为公司培养了一批高素质技能人才。2018年至2019年，他辅导的青年员工中有14人次在省部级技能大赛中获奖，5人次在国家级技能大赛中获奖。郑志明说：“作为新时代的产业工人，我们就是要有理想、守信念、懂技术、会创新。”

青春由磨砺而出彩，人生因奋斗而升华。新时代大学生必须明白只有奋斗才能带来幸福生活、只有通过奋斗才能实现个人与社会价值的朴实道理。大学生们始终要为人生耕耘、为人民耕耘、为祖国耕耘，如果没有国家和民族的幸福，个人的幸福就不会实现；没有个人的幸福作为支撑，国家和民族的幸福也无从谈起。在奋斗拼搏的过程中，大学生们应当与时代同步伐、与人民共命运，只有自觉将人生目标同国家和民族的前途命运紧紧联系在一起，才能最大程度地实现人生价值，升华人生境界。大学生们既是追梦者，也是圆梦人。追梦需要激情和理想，圆梦需要奋斗和奉献。大学生们应该在奋斗中释放青春激情、追逐青春理想，以青春之我、奋斗之我，为民族复兴铺路架桥，为祖国建设添砖加瓦。大学生们要始终牢记，民族复兴的使命要靠奋斗来实现，人生理想的风帆要靠奋斗来扬起。新时代是奋斗者的时代，青春年华只有在为国家、为人民的奉献中才能焕发绚丽光彩。同人民一起奋斗，青春才能亮丽；同人民一起前进，青春才能昂扬；同人民一起实现梦想，青春才能无悔。

班级：________　　姓名：________　　学号：________

实践活动——手工作品交易会

制作一个有实用价值的手工作品。可以每个人独立制作，也可以组成小组共同完成。如制作一个有文化特色的护照夹、冰箱贴、小扇子、茶托等。课后举行一次作品交易会，然后完成相关问题的讨论。

【过程记录】

确定自己要做什么作品：

制作过程及完成情况：

与他人交换的过程：

心得体会：

【结果评价】

教师可参考表 2-1 对学生的手工作品交换情况进行评价。

表 2-1　手工作品交易会评价表

评价标准	分值	分数小计	教师评价
参与活动的积极性	20		
作品的完成情况	20		
与他人交换的情况	20		
交换对象对作品的评价情况	20		
活动后的感想	20		

项目三　树立正确的劳动价值观

热爱劳动是中华民族的优良传统美德，更是我们新时代追求卓越、奋勇前进的精神力量。践行劳动、尊重劳动，方可自在；热爱劳动、享受劳动，方可自为。面包与牛奶由劳动创造，诗与远方也由劳动实现，而我们不断追求的美好未来更是由劳动所兑现。

学习目标

1. 学会积极主动地劳动。
2. 学会诚信地劳动。
3. 学会有合作地劳动。

思维导图

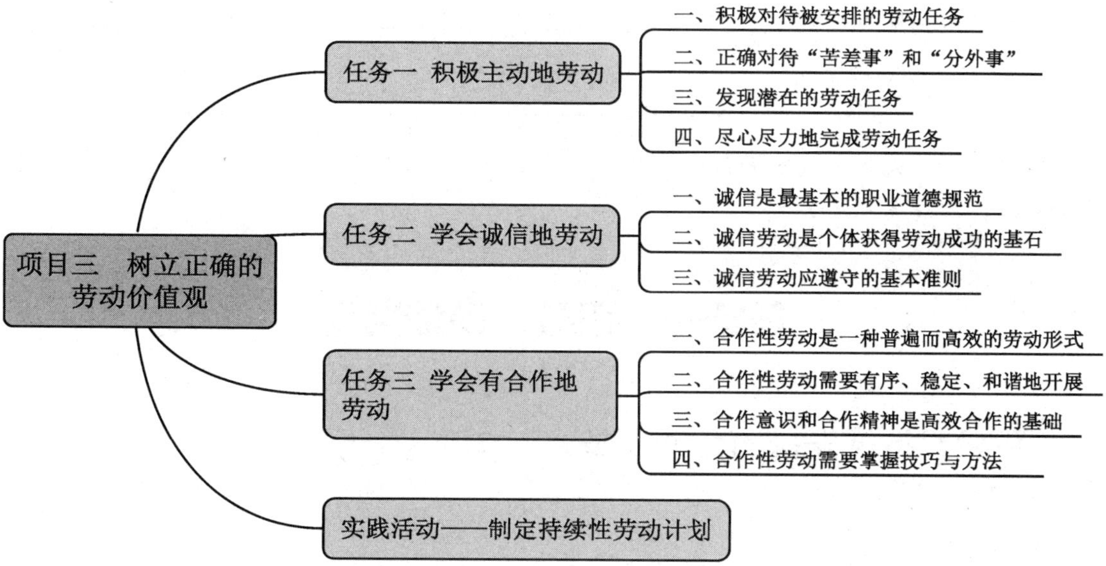

课堂导入

部分青少年劳动价值观异化五大怪象

怪象一：好逸恶劳、嫌贫爱富，不尊重劳动和普通劳动者。受社会不良风气及家庭教育不当影响，一些孩子从小形成了“劳动分贵贱”的错误价值观。“爸爸妈妈教育我，如果不好好学习，以后就要去扫大街、当清洁工、进工厂、回家种田”……在他们幼小的心灵里，劳动已然分了贵贱。

怪象二：小皇帝、小公主层出不穷，“老儿童”“巨婴”越来越常见。由于当前青少年的教育环境和成长氛围，本来应该由家庭承担的劳动教育被大量的课外补习替代，小皇帝、小公主层出不穷。如今，甚至出现了“老儿童”现象。天津一所高校的一名女大学生，一上大学就带妈妈过来陪读，妈妈白天在外面打工，早中晚过来送饭，给孩子洗衣服，还承包了宿舍的卫生。除了这种陪读的，还有大学生定期寄脏衣服回家洗，或者花钱雇钟点工去宿舍打扫卫生，部分大学生生活自理能力堪忧。

怪象三：推崇不劳而获、坐享其成。当前，在学生群体中超前消费的苗头已经显现，中小学生使用奢侈品、高档化妆品的新闻频现报端，大学校园贷、裸贷案例层出不穷。据了解，陷入裸贷的女大学生中有部分人是因追求奢侈品而无法自拔，还有的不顾学习痴迷于炒期货、黄金和互联网金融 P2P，追求“一夜暴富”“嫁个富二代，少奋斗 10 年”。

怪象四：不思进取，青年“啃老”现象日益凸显。随着城乡经济条件的改善，大中专毕业生不就业或慢就业的情况比较常见。如果找不到“不苦不累，冬暖夏凉，坐办公室”的工作，有些青年宁可回家“啃老”，每天在家上网打游戏，或者拿着父母的钱周游世界，吃喝挥霍。

怪象五：“年轻人宁送外卖不进工厂”，职业教育没有吸引力。据一些企业的人事负责人称，现在职业学校的毕业生不愿意去工厂，这其中还包括职业技能大赛上的佼佼者。目前，大量产业工人从制造业流向快递行业，工匠流失现象严重，而这些工匠恰恰又是中国制造业转型升级最缺的人才。

你对上面现象的看法：____

____

____

课外查阅相关资料或根据自己的理解，用简要的语言对资料内容进行概括，并形成自己的观点，准备课堂发言。

任务一　积极主动地劳动

一、积极对待被安排的劳动任务

在我们的日常生活和学习中，家长、老师和同学会给我们安排一些劳动任务，如日常家务、班级值日、义务劳动等。要做到积极主动地劳动，首先就应该积极对待被安排的劳动任务。

（一）欣然接受被安排的劳动任务

当他人安排给你劳动任务时，你是欣然接受、一口拒绝还是婉言推辞？的确，面对这些被安排的劳动任务，我们可能会有各种各样的想法：“我没做过，不会做”“我做过很多遍了，没有挑战性”等。显然，这些都不是积极对待劳动任务的态度。

其实，上述家庭和学校的日常劳动任务，对于青年学生来说，并不是很繁重或者难度很大的任务，我们不应把它们看成一种负担。从心理学上讲，态度具有指向性和对象性等特征，影响着我们的行为倾向，也影响我们对行动对象的选择，即态度能够使我们趋近某些事物或逃避某些事物。积极对待劳动任务，第一步就是要做到毫无怨言、欣然接受劳动任务。

（二）及时完成被安排的劳动任务

及时行动是积极主动的表现之一。然而，很多人觉得，安排给我们的劳动任务都是一些重复性任务，自己对任务不感兴趣而又不得不完成，就产生了对劳动任务的抵触心理，因此在执行任务时，能拖则拖。久而久之，面对劳动任务，就养成了消极拖延的习惯；拖延之后，又由于时间紧迫，草草应付完成，无法保证劳动质量，也体会不到劳动带来的成就感，从而更加抵触劳动任务，由此就陷入了拖延和抵触的循环。

古人说："明日复明日，明日何其多。我生待明日，万事成蹉跎。"唯物辩证法认为：内因是事物自身运动的源泉和动力，是事物发展的根本原因，外因是事物发展、变化的第二位的原因。内因是变化的根本，外因是变化的条件，外因通过内因而起作用。对劳动任务抵触和拖延，根本原因在我们自己身上。

要克服拖延，就要在接到劳动任务之后，给自己设定任务完成期限和完成标准，充分利用好劳动时间，合理分解劳动任务，及时付诸行动，高效开展劳动。

（三）克服劳动过程中的懒惰情绪

让身体安逸是人类的自然需求。因此，懒惰情绪可以说是人皆有之，劳动过程中存在懒惰情绪也是正常的。但是，积极主动劳动的人，能够通过自我调整克服这种懒惰情绪。

实际上，懒惰是一种心理上的厌倦情绪，表现在行为上是一种散漫的、松懈的、不振作的状态。曾国藩说："百种弊病，皆从懒生。懒则弛缓，弛缓则治人不严，而趣功不敏。一处弛则百处懈矣。"可见懒惰之人，是很难有一番成就的。《易经》有言："天行健，君子以自强不息。"勤劳是中华民族的传统美德和民族精神。中华民族依靠勤劳创造了灿烂的华夏文明；中国人民依靠勤劳取得了改革开放的辉煌成就。在劳动过程中，我们应该继承和发扬勤劳这一传统美德，主动克服自己的懒惰情绪，真正做到勤快劳动，用勤劳铸就青春风采。

二、正确对待"苦差事"和"分外事"

在实际劳动过程中，难免会存在一些"苦差事"，也会存在一些"分外事"。对待这两者的态度，直接影响你是否能够积极主动地劳动。

（一）做别人不愿意做的"苦差事"

对于一些因难度大或者比较烦琐而大家都不想做的任务，即所谓的"苦差事"，有些人选择将其留给队友，也有些人不计较、不抱怨，主动接受了"苦差事"并克服困难、高质量地完成了任务。从事隧道爆破的"大国工匠"彭祥华（如图 3-1 所示）就属于后者。2015 年，他参建川藏铁路拉林段，他所在的路段是其中施工最难的一段，路段地质情况非常复杂，生态脆弱，施工要求非常高。一次地质勘探，需要技工沿绳索从五六十米高的悬崖上顺势而下，脚下就是波涛汹涌的雅鲁藏布江。不少工友都不愿去接这份“苦差事”，但彭祥华却挺身而出，独自一人“飞舞”于悬崖峭壁之上，顺利完成了勘探任务。正是凭借在川藏铁路拉林段建设任务中的突出贡献，2017 年，彭祥华获得了中华全国铁路总工会“火车头奖章”，并获得中国中铁“十大专家型工人”的称号。

试想，如果你遇到彭祥华经历的这种情况，你会选择逃避还是主动承担？彭祥华完成了这种高难度的劳动任务，既证明了自己的能力和专业实力，又得到了同事们的尊重和认可。有时，换个角度，“苦差事”也是考验和锻炼自己的机会，我们应该主动去做一些“苦差事”，提高自己处理复杂事务的能力。

图 3-1　彭祥华

（二）主动承担分外的劳动任务

什么是分外的劳动任务？顾名思义，就是不属于自己任务范围的劳动任务，其中包括一些职责归属不是很明确的劳动任务。在学校和班级安排的劳动任务中，常有这种职责归属不明确的任务。有种观点认为，分外的劳动任务，不做没有错，但是做得不好却有可能给自己造成不良影响，是“费力不讨好”的任务，“多一事不如少一事”，所以我们应该对分外劳动任务视而不见。但这样好吗？答案无疑是否定的。

我们应该正确理解“分外”二字。在一个集体中，所有的任务都是有关联的，虽然有职责分工，但最终落脚点还是在集体任务是否按计划完成上。如果其他人的劳动任务没有完成，集体任务也不可能完成，同样也会影响到自己的劳动。因此，我们应该培养整体思维和大局意识，在完成分内任务的基础上，只要有助于整个劳动任务的顺利完成，就应积极去做，并且尽全力做好，不要计较任务是“分内”的还是“分外”的。

（三）主动帮助别人完成劳动任务

在日常劳动过程中，你肯定遇到过这种情况：自己手头的活已经做完了，可以停下来休息一会了，但是队友的劳动任务还没有完成。这个时候，你会选择休息还是主动帮助队友一起干活？换位思考一下，我们在劳动过程中也同样会遇到各种困难，也会希望得到别人的帮助。因此，在队友非常忙碌、疲于应付劳动任务的情况下，我们应该主动伸出援助之手，主动和队友沟通，确认任务目标、任务实施进度、后续分工，确保尽快完成劳动任务，避免“好心却帮了倒忙”。确认自己要做的任务之后，再有针对性地着手去做。

要特别提出的是，在帮助他人劳动的过程中，要做到真诚地为他人提供帮助，即真正做到帮助别人既不为获得表扬，也不求回报。送人玫瑰，手有余香。长此以往，你会发现，当你需要帮忙时，也会很快得到他人的真心帮助。

三、发现潜在的劳动任务

积极主动地劳动，除了积极对待他人安排的劳动任务之外，还有一个很重要的层面，就是积极主动地发现和设计劳动任务。如何才能精准发现、合理设计劳动任务呢？

（一）努力做到“眼里有活”

“眼里有活”，是一种眼力，一种积极向上的能动性，就是我们常说的“有眼色”，知道自己要做什么，而不是像陀螺一样，“抽一下、动一下”，等着别人来安排任务。“眼里有活”源于积极主动的态度。在劳动过程中，有的人会觉得自己“闲来无事”。其实，并不是真像他们所说的“已经把活儿干完了，没活可干”，而是他们不想了解、也不去了解还有哪些活可干。而“眼里有活”的人，“脑中想事”，愿意花心思思考，善于发现自己周围的任务，并能够主动发现自己身上可以改进的地方。因此，同样的一个劳动任务，不同的人去做往往有不同的结果，“眼里有活”的人能够更出色地完成劳动任务。“眼里有活”，本质就是在没有人要求和督促的情况下，依然能够自觉发现并完成任务。要做到“眼里有活”，最关键的是完成“要我做”到“我要做”的转变，在劳动过程中真正做到主动思考任务、主动发现任务、主动关注过程和主动改进方法。

模范故事

敢拼敢搏将任务做得尽善尽美的“钢铁侠”——李纲

2009 年，李纲（如图 3-2 所示）大学毕业后进入中建二局三公司天津分公司担任一名实习技术员。因为他工作认真负责，敢干敢拼，2010 年 5 月他升任为技术部部长。

图 3-2　李纲

提及不到一年时间就转为技术部部长的事，李纲说："可能是我责任心比较强。当时项目迎接检查多，很多人嫌累。但是我觉得这是非常好的锻炼机会，主动承担了工作，很少休息，把接到的每一个任务尽量做得尽善尽美。"

2010 年，公司接下了廊坊万达 65 万平方米的建设工程。因为一些原因耽误了工期，当年 12 月份，李纲被公司紧急征召过去，与 17 名同事一同奋战。

作为项目上唯一一名技术员，李纲像"开了挂"一样拼命工作，争取把耽误的工期"抢"回来。春节期间李纲一直坚守在岗位上，那年他没有回家过年。除夕一早，他像往常一样赶赴工地上班，结果发现工地除了门卫空无一人。原来除夕当天公司放了半天假，李纲忙得把这事给忘个干净。

由于连续工作，李纲极度疲劳，每天回到宿舍倒头就睡。一段时间下来，他的脚伤因为没有得到及时护理而发炎溃烂，路都走不了，不得不在一个周六请假半天卧床休息。但是，从早上 6 点到中午 12 点电话不断，他就躺在床上处理工作。"那段时间我是咬牙硬扛下来的，一天三餐都是点外卖应付过去的，以至于后来一看见快餐就想吐。"李纲说。

"用责任和担当来做好每一件事。"这是李纲当时的工作信条。也正因为李纲敢拼，他在工地上就有了"钢铁侠"的称号。

（二）设计实施方案

当发现身边潜在的可以开展的劳动任务时，接下来要做的就是设计一个明确、合理的实施方案。发现潜在的劳动任务和接受他人安排的劳动任务，所需要的意识和能力是不同的，前者的要求更高。设计实施方案，首先要做好和劳动服务对象或相关工作人员的对接和沟通，明确他们的实际需求，如要组织开展社区劳动服务，就先要和社区工作人员沟通确认。此外，在实施方案中，要说明劳动目标、地点、对象、形式、实施过程、任务清单、人员分工等，确保实施方案清楚明了、具有可行性。

当我们踏上工作岗位，在未来的事业发展过程中，如果只会承担别人安排的任务的话，是很难真正有所成就的。追求事业的过程也是坚持劳动的过程。如果能够基于自己的事业发展目标，善于发现、主动规划、合理设计和全力实施，就一定能在自己的工作领域不断取得突破和发展。

四、尽心尽力地完成劳动任务

把任务变成行动需要执行力。而能否把行动变成期待的结果，则取决于我们在完成劳动的过程中是否能够尽心尽力地完成每一项任务。新冠病毒肺炎疫情暴发以后，3 万余名工人在火神山、雷神山坚守岗位，竭尽全力，24 小时不停地轮班作业，忙碌起来一天只睡四五个小时乃至通宵无眠，有的工人甚至吃住都在挖掘机等机械设备和车辆上。正是由于他们的全力付出，火神山医院、雷神山医院才能在极短的时间内双双建成，在打赢疫情防控阻击战中发挥支柱性作用。

（一）不折不扣地落实

不论是做被安排的劳动任务，还是做自己主动发现的劳动任务，都要不折不扣、保质保量地落实，这是开展劳动最起码的要求。我们首先应该明确劳动任务的目标和要求，根据劳动任务的特点，制定合理的劳动计划。之后，要严格按照劳动任务目标和劳动计划，一步一个脚印、踏踏实实地开展劳动。在劳动过程中还要做到认真仔细，及时发现可能出现的问题，并尽快想办法解决。劳动完成之后，要将自己的劳动成果和劳动任务目标进行比对，找出差距并尽力弥补，尽可能高质量地把劳动任务完成到位。在落实的过程中，提高劳动效率也是非常重要的。我们还应该在劳动中不断学习各种劳动技能，积累更多的劳动经验，增强自己的劳动能力，确保更加高效地完成劳动任务。

（二）全身心地投入

尽心尽力地劳动，除了要不折不扣地完成劳动任务，还要有满腔的热忱和精益求精的精神，主动发挥自己的聪明才智，全身心地投入劳动任务。这样，可以使原本平凡的事情变得不平凡，把简单重复的劳动变成艺术。季羡林先生曾撰文回忆和他相邻生活了10年之久的德国女房东，她虽只是一个平平常常的德国家庭主妇，但因其对家务的尽心，又显得实在不平常："地板和楼道天天打蜡，打磨得油光锃亮。楼门外的人行道，不光要扫，而且用肥皂水洗。人坐在地上，决不会沾上半点尘土。"这种对劳动的尽心和投入，给季羡林先生留下了极为深刻和美好的印象，意义显然已经超越了劳动本身。

"全身心地投入"不仅是劳动的准则，也是人生的准则。在事业上取得过成就的人，在自己的工作领域一定是全身心投入过的。我们未来无论从事何种职业，都要全身心投入其中，尽自己最大的努力，在工作过程中勇于迎接挑战，主动克服困难，改进和完善自己的工作，不断地追求进步。

邹彬（图3-3所示）是中建五局总承包公司的一名质量管理员，也是2018年全国两会最年轻的"九五后"代表之一。16岁初中毕业后，由于家庭经济条件限制，邹彬就跟着父亲在建筑工地摸爬滚打，和灰浆、挑泥沙、搬砖头……工地上的脏活、重活总离不开他。空闲时间，他主动模仿老砌匠的样子学砌砖。有一次，一位老师傅回到工地时发现自己未砌完的墙凭空高出了一米多，而且质量并不比自己做得差，细问之下得知是邹彬的"杰作"。

图3-3　邹彬

建筑工地的工作，大多是按件、按量计价，收入与工作完成量紧紧挂钩。追求速度和产量从而提高收入是建筑工人们的工作常态。有的工人认为在质量上能达到标准即可，但邹彬却不这么认为："不管做什么事，都要做好。进入砌筑行业是生活所迫，但我也不能把它只当成一份谋生职业。应该尽我所能去做好，这样自己才安心。我的性格是做事就要力求完美。所以我希望我负责砌的每一面墙都是高品质的。"有时，为了砌好一面墙，邹彬会反复推倒重来好多次。看到别人好的"作品"，他主动上门请教，甚至还将墙绘成草图带回家反复研究和琢磨。通过一块块砖的砌合、一面面墙的完工、一次次的反复钻研，邹彬不断提高自己的技术水平。也正因邹彬的坚持和努力，在多个工地上经过几年劳动实践，邹彬的手艺日益娴熟精湛，速度和质量都能同时保证。

后来，邹彬进入职业学校学习，他突出的"手艺活"很快便使他崭露头角。2014 年 7 月，邹彬代表中建集团参加第 43 届世界技能大赛砌筑项目中国选拔赛，以第一名的成绩进入国家集训队；2015 年 8 月，他前往巴西圣保罗参加第 43 届世界技能大赛，获得砌筑项目的优胜奖，实现了中国在该项比赛砌筑项目上零的突破；2016 年他在湖南"十行状元、百优工匠"砌筑工竞赛中摘得桂冠。后来，他又获得了"全国技术能手""全国优秀农民工""湖南省五一劳动奖章"等荣誉。当记者问他"你认为自己取得成功的关键是什么？"邹彬回答道："在我看来，从事一种工作，不能是领导要求你做成什么样，你就做成什么样。一定要有负责的态度，用严格的标准要求自己。一面 12 平方米的墙，一般要花一天时间砌好，我只要半天，而且墙纵横两向的缝隙都能控制在 1 厘米的标准以内，砖面干干净净不沾水泥。"

任务二　学会诚信地劳动

一、诚信是最基本的职业道德规范

道德规范是社会规范的一种形式，逐渐形成于生活和生产实践活动中，是对人们行为和关系普遍规律的概括和反映。道德规范既是一种行为准则，调整人与人之间的利益关系，又是一种标准，用于评价人们的行为。我国的道德规范包括基本道德规范、社会道德规范、职业道德规范和家庭美德规范。其中，诚信是基本的社会道德规范，也是基本的职业道德规范。

诚信是基本的社会道德规范。中共中央印发的《新时代公民道德建设实施纲要》中提出了"爱国守法、明礼诚信、团结友善、勤俭自强、敬业奉献"二十字的公民基本道德规范。其中明礼诚信就是要求公民无论在任何场合、无论从事什么活动，都要讲文明、讲礼貌、讲诚实、讲守信。这里的诚信体现在生活劳动中，即诚信地从事日常生活劳动，遵守劳动规则，实事求是，言行一致。

诚信是基本的职业道德规范。职业道德规范特指在职业活动中，所有从业人员应该遵守的行为准则和规范的总和。我国社会主义的职业道德规范包括爱岗敬业、诚实守信、办事公道、服务群众、奉献社会。这里的诚实守信即诚信，即要求在职场中诚实地从事劳动，坚守信用，并将其贯穿于整个劳动过程中。要全面地理解诚信劳动，首先需要了解诚信的一般含义，进而知晓劳动情境下诚信的特定内涵。

（一）诚信即遵守社会规范

诚信是社会生活中个人与个人、个人与社会、组织与组织之间都必须遵守的、能促进社会健康和可持续发展的一种社会道德。作为一种社会道德，诚信既是一种观念、意志和品质，存在于特定的社会关系中并借助于这种关系表现出来；又是一种行为规范，植根于人类生产劳动和生活劳动的各个角落，是具有明显社会性和实践性的活动规范，能调节人们之间的利益关系，帮助人类建立和维护良好的社会秩序。

诚信是为人做事的基本准则，是职业道德的基本要求，是社会赖以生存和发展的基石。“诚”即诚实无欺、诚实做人、诚实做事、实事求是，是指个体真诚的内在道德品质；“信”即有信用、讲信誉、守信义、不虚假，是内在诚实的外化。诚实、守信是联系在一起的，诚实是守信的基础，守信是诚实的具体表现；不诚实很难做到守信，不守信也很难说是真正的诚实。当今社会，随着经济的转轨、社会的转型、多元文化价值观的冲击以及信息技术的高速发展，作为基本的社会道德规范，诚信对于个人、企业和政府来说都尤为重要。个人诚信才能立足于社会，赢得尊重，获得友谊，通往成功；企业诚信才能从义中取利，获得最强竞争力，赢取市场；政府诚信才能取信于民，治国安邦。

（二）诚信劳动即遵守劳动中的规则

劳动具有规范性。无论是生产劳动还是生活劳动都要讲诚信，遵守规则或规范，这是社会道德和职业道德的最基本要求。诚信地劳动要求劳动者在劳动过程中遵守劳动规则、规定和规范，履行岗位职责，合理合法地劳动。劳动中的诚信既表现在个人的观念、意志和品质上，又表现在劳动的行为规范上。由此，可以将诚信劳动定义为在生产劳动和生活劳动中，始终把诚信作为根本准则，在个人品质上，树立诚信的观念，秉持诚信的意志和品质；在行为规范上，实事求是，谨慎许诺，言行一致，信守承诺，严格遵守规范，认真履行职责，知错能改，并勇于承担责任。

诚信劳动中的诚信主要体现在三个层面：①对劳动过程中所涉及的他人、团体和组织讲诚信。例如，在服务劳动中，要对自己服务的客户讲诚信，实话实说，言而有信。②在劳动过程中讲诚信，包括在劳动材料的选用、操作工序的遵守和操作技能的掌握等方面，杜绝偷工减料、欺诈等失信行为。③对劳动成果讲诚信，注重质量，反对假冒伪劣、窃取他人劳动成果等不诚信行为。

诚信劳动中的劳动主要包括日常的生活劳动和生产劳动两个方面。在日常的生活劳动中，讲诚信就是要做到自己的事情自己做，且要保质保量地完成任务。在生产劳动中，诚信劳动体现为严守规范、认真踏实、一丝不苟、精益求精的工匠精神。具体来说，就是始终保持严谨认真的劳动态度，杜绝投机取巧的行为。在劳动过程中，从业者对每件产品、每道工序都凝神聚力、精益求精，即使已经做得很好了，还要做得更好，“即使做一颗螺丝钉也要做得最好”。在劳动成果上，应执着追求产品的尽善尽美，质量的精益求精。

二、诚信劳动是个体获得劳动成功的基石

人是社会性动物，无法离开社会而独立存在。人类的劳动也存在于一定的社会关系中，

通过人与人之间的合作来实现。这种合作需要诚信去维持和巩固。因此，诚信是劳动中最基本也是最重要的态度、习惯和素养。对于个体而言，诚信劳动是个体在职场生存和发展的基石。劳动是财富的源泉，也是幸福的源泉。人世间的美好梦想，只有通过诚实劳动才能实现；发展中的各种难题，只有通过诚实劳动才能破解；生命里的一切辉煌，只有通过诚实劳动才能铸就。

（一）诚信是职场交往的基本准则

诚信是立身处世、社会交往的基本原则。人的社会性体现在人际交往上，而诚信作为一种社会道德规范，是人际交往的基础。没有诚信，个人在社会上将寸步难行。孔子云："人而无信，不知其可也"，一个不讲诚信的人，无法与他人正常交往，也就不能在社会中立足。诚信是一个人首先应具备的品质，没有诚信，其他良好品德也就无从谈起。诚信是交友之道，是处理人际关系的纽带。人们常说："心诚则灵""精诚所至，金石为开"，只有思想、品行端正，才会获得他人的尊重和信任，才能建立良好的社会关系，在职场中站稳脚跟，从而获得个人全面而自由的发展。

（二）诚信劳动是个体获得职业发展的基石

诚信是获得劳动成功的基石。诚信不仅是个体做人、做事和处世的信条，还是立足职场的基本准则、成就事业的基石、通达行事的凭证、实现自我价值的保障。成功人士必备的品质包括：诚信、坚韧、顽强、执着和勤奋。其中诚信是排在第一位的，是建立个人口碑的关键所在，是职业发展的助推器。诚信劳动会使人获得更多的发展和晋升机会。

模范故事

用良心做事，靠诚信盖房——李江福

在李江福（如图 3-4 所示）的工地干过的工人都知道，老李"人仗义、讲信誉"，但"认死理、爱较真。"李江福在建筑行当里干了 30 年，带过不知道多少工人，但却从没有拖欠一个工人的工资。

图 3-4　李江福

众所周知，建设单位支付工程款往往都是在年终才能到位，但李江福发工资从来没跨年度。用他的话说，“无论什么情况，我都要保证每年春节前把工资送到工人手上。”

2007 年底，由于个别业主严重拖欠工程款，致使项目部无法全部兑付工人工资，缺额高达上百万元。有人对李江福说：“跟大伙解释一下，等节后款项到位后再补发给大家，相信兄弟们都会理解的。”

但李江福却过不了自己心里这道坎：“二十多年咱没拖欠过工人一分钱，这次也不能破例！”于是，他回家做妻子的思想工作，把自家的独家院房产廉价变卖，仅剩的一套房也拿到银行抵押贷款，硬是赶在春节前把工资足额发放到了工人手里。“我也是穷人家的孩子，知道出来挣钱的不容易，所以就算再难，也不能亏了兄弟们。”鲜为人知的是，为按时给工人兑现工资，2002 年至 2007 年，李江福及其工作人员曾 3 次在春节前遭遇车祸，损失上百万元。

虽然李江福对待工人非常仗义，但在工程质量上他绝不留情面。“盖楼是个良心活，我这辈子绝不建‘豆腐渣工程’！”三十年来，李江福对自己所负责的工程都要亲自查验把关，从不允许偷工减料，质量不合格的工序坚决返工重来。

李江福甚至和工人们签署诚信责任书，双方约定：“工程部按时足额发放工资，绝不会拖欠一分钱，但工人必须严格按规范操作，施工时绝对不能马虎大意和偷工减料。”也正是李江福的坚持，三十年间，他承建了上千项工程，没有出现过一起工程质量事故或安全事故，也没有一次延误工期，甚至连一次纠纷都没发生过。

事实上，在 2007 年李江福荣获全国建设系统劳动模范后，他就不再满足于个人讲诚信、建优质工程了，他要把每栋楼都建成“诚信大厦”，而且将每个工地都办成“诚信学校”。为此，李江福在每个建筑工地都设立了道德讲堂和职工之家，定期给工人上课。

三、诚信劳动应遵守的基本准则

在劳动中，诚信不仅是一种劳动态度，更应成为一种行为习惯，贯穿于全部劳动过程。我们无论从事什么劳动，无论承担什么角色，无论处于什么劳动阶段，都要树立正确的诚信劳动观，坚定地崇尚、维护、恪守和实践诚信原则，谨慎许诺，恪守承诺，履行职责并积极承担责任。以下是几条诚信劳动中应遵守的基本准则。

（一）实事求是地承诺

诚信也就是实事求是，诚实无欺。在劳动中，我们应根据自身的能力和水平，谨慎承诺，量力而行，不逞能，不说假话、大话和空话，有多大能力办多大事。“夫轻诺必寡信，多易必多难”，其意思就是告诫人们不要轻易承诺，一旦承诺了，就要努力兑现诺言。所谓“言必信”，就是指我们在劳动中不能把诺言当成戏言，必须经过慎重考虑，实事求是地承诺。否则，不仅自己的名誉和信用受损，还会引起他人的不满，破坏劳动规则。要做到实事求是地承诺，首先要正确地认识自己，客观评价自己的能力和外在条件，切忌未经思考就轻易承诺。其次要适度承诺，承诺的内容要具有可行性和可操作性。最后要讲究承诺的策略，眼光放长远，说话要给自己留有余地。

在职场中，从事每份工作都有其任务和职责，为了加强自我管理和约束，切实履行工作职责，有时候需要书写一份岗位承诺书，对自己的实际情况进行说明，并对工作的完成度给出承诺。以下是一则某学校的老师在入职时所提交的岗位承诺书。在岗位承诺书中，他对自己的能力和水平进行实事求是的陈述，并对工作中应遵守的规范给出承诺。这则岗位承诺书也将是检验他劳动诚信度的一个凭证。

知识链接

岗位承诺书

教育是神圣的，教师的职业道德是崇高的。为了提高自身的思想道德素质，做学生健康成长的引路人，以高尚的情操感染人，以渊博的知识教育人，以科学的方法引导人，以良好的形象影响人，按照《中小学教师职业道德规范》的要求，本人向学校、家长和社会郑重承诺：

（1）依法执教，自觉遵守有关法律法规，宣传先进文化，不发表、不传播有害学生身心健康的思想和违背国家法律法规的任何言论。

（2）爱岗敬业，热爱学校，把教育作为一份提升学生和自己的神圣事业。不随意停、调课，不对工作敷衍塞责，不说任何损害学校名誉的话，不做任何有失师表形象的事。

（3）热爱学生，尊重学生人格，尊重学生受教育权，平等公正地对待学生，保护学生合法权益。不歧视、不侮辱、不体罚或变相体罚学生，对任何学生均一视同仁。

（4）严谨治学，向课堂教学要质量，以复合型教师为自身进取目标，树立终身学习观念。不违规加重学生课业负担，不从事以盈利为目的的第二职业和有偿补课，在教学活动中不出现使用通信工具等影响正常教育教学的行为。

（5）尊重家长，认真听取家长的意见、建议；坚持家访，讲究方法，妥善处理学校、家长、学生之间各种问题和矛盾。

（6）自尊自爱，严于克己，讲究礼节，衣着庄重、文雅大方，装扮符合教师形象。不穿奇装异服，不浓妆艳抹，不佩戴转移学生注意力的饰物。

（7）保证安全。尽职尽责地做好安全工作，坚持安全教育，强化安全管理，加强安全防范，履行一岗双责安全管理责任，保证学生在校期间的安全。

（8）在教育过程中，遵循严而有格、严而有度、严而有恒、严而有方的原则。坚持做到八不，即：不体罚、变相体罚学生；不呵斥、讽刺、挖苦学生；不将学生赶出教室和赶回家；不以多写作业惩罚学生；不进行有偿家教；不乱收费；不让学生帮老师干活；在交往中不收礼。

承诺人：__________

日　期：__________

（二）不折不扣地遵守劳动规范

诺言是对他人的保证，只有不折不扣地履行和实现诺言，它才有实际的价值和意义。诚信劳动不仅是一种态度，更是一种实实在在的行动，并贯穿于整个劳动过程，体现在实践中就是不折不扣地遵守劳动规范。在劳动中首先要谨慎承诺，一旦承诺便要践诺履约，无论遇到任何困难都要坚守并贯彻到底。承诺无大小，再小的事也要认真对待，再艰难的承诺也要不折不扣地履行，所谓一言九鼎、一诺千金、一言为重百金轻，也就是这个意思。履行诺言首先要做到主动自律，时刻提醒自己实践诺言；其次，践诺要符合法律规范和道德要求。合理、合法的事情要义无反顾坚持到底，不合理、不合法的事情坚决不做。生产劳动中履行承诺就是指严格遵守企业规范和标准，不折不扣地履行岗位职责。任何马虎或疏忽都会引发木桶效应（短板效应），成为自己工作中的短板，影响整体的劳动进程、产品质量、个人声誉和职业发展。

木桶效应是指由多块木板构成的木桶，其价值在于盛水量的多少。但是决定盛水量的关键因素不是最长的木板，而是最短的木板。若想增加木桶的盛水量只有换掉短板或者将其加长。在劳动中遵守劳动规范时，往往是操作不当的环节决定着整体的劳动质量和效果。只有诚信地劳动，一丝不苟地遵守劳动规范，丝毫不打折扣，才能立足职场，取得成就。

（三）执着追求高质量的劳动成果

诚信劳动并不是嘴上说说而已，关键是看实效，体现在劳动中，即追求高质量的劳动成果。我们常说“言必信，行必果”“精益求精”“追求卓越”，说的就是这个道理。高质量地完成劳动既能彰显个人能力，又能体现出个体的劳动态度和素质。要做到这一点，首先要对自己高标准、高要求，坚决杜绝随意糊弄、弄虚作假、指鹿为马的现象发生；其次还要有执着的精神，坚持不懈。在追求高质量劳动成果的过程中会出现各种难题和阻力，这时不能轻言放弃，否则前功尽弃，违背了诚信的原则。

模范故事

“金手天焊”——高凤林

被誉为“大国工匠第一人”的高凤林（如图 3-5 所示）可以说是执着追求高质量劳动成果的典型代表。他是航天特种熔融焊接工，被称为“金手天焊”。他所从事的航天火箭的焊接工作难度大，精度高。火箭高度可达 20 层楼，体重可达数百吨，但仅仅一个密封圈、螺丝甚至几克的杂物就能让它在飞行中轰然解体。焊枪的每一次点焊，力道、时间把握不对，都是巨大隐患。火箭发动机上一个焊点的宽度仅为 0.16 毫米，焊接时间误差仅限 0.1 秒，并且每种材料的焊接方式均不相同。这些都对焊接工的技术要求特别高。高凤林靠着对知识、技术、操作的综合把握以及对质量和效益的执着追求，先后为 90 多枚火箭焊接过火箭发动机，长三甲系列运载火箭、长征五号运载火箭的第一颗火箭发动机都在他手中完成焊接，无一处失误。他还先后攻克了航天焊接 200 多项难关，包括对 16 个国家和地区参与的国际项目的技术攻坚。高凤林能够获得今天的成就和荣誉，凭借的就是他精益求精、追求极致的工匠精神。他说：“我做事，干到一般般都觉得丢脸，要干就干到最好”“做事要让人竖起大拇指”。

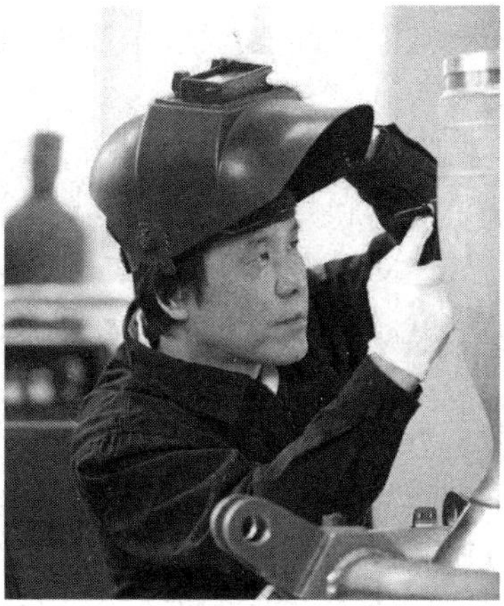

图 3-5　高凤林

（四）勇于承担劳动责任

对人守信，对事负责，是诚信劳动的基本要求。诚信意味着责任，责任是诚信的保障和最终归宿，是获得劳动成功的一扇大门。恪守诚信落实到具体的劳动中，就是踏踏实实做好自己的事，并敢于对劳动负责，不推卸责任。要做到这一点，首先，要树立负责任的观念，以认真负责的态度去劳动；其次，要做好分内事，承担应该承担的任务，完成自己的使命；最后，还要诚恳地面对失误和问题，敢于承担责任，知错能改，并寻找补救的方法，这也是一种诚信，是在生产劳动中必备的素质。

任务三　学会有合作地劳动

一、合作性劳动是一种普遍而高效的劳动形式

合作性劳动是多人在生产、生活中为达到共同利益和目的而合作进行的劳动。

合作性劳动满足人类群体的需求。在生产、生活中有许多一个人无法独自进行的劳动，有些是因为个体的力量不够或能力不足，有些是因为劳动的内容较为复杂或技术含量高，有些则是因为群体合作能够提高效率或增加效益。正所谓“单丝不成线，独木不成林”，人们需要通过合作来汇集成员的力量、技能和智慧，以实现群体的共同目标。同时，合作性劳动能够带来超越个体的劳动力量，能够产生“1+1＞2”的劳动效果，加快速度又能提高质量，由此增加劳动效益，创造更大的劳动价值，带来多方共赢的局面。例如，高效率、高质量、高收益的现代化生产流水线，将商品制造过程分解为一道道工序，按规定的顺序和一定的时间安排每道工序，由技术娴熟的工人专门负责每道工序的实施，大大提升了劳动效率。

合作性劳动能满足人际情感的需求。马斯洛的需要层次理论中的第三层次是社交需求，就是情感和归属的需求，人是群居性的动物，渴望获得美好的感情。在合作性劳动中，人与人之间发生社交联系，进而获得不同体验的个人情感。例如，与家人合作劳动，能够增加家庭成员之间的亲密感，促进家庭关系和谐；与朋友合作劳动，能够建立美好的友情，获得深厚的友谊；与他人共同劳动解决难题，能够获得被需要感和集体感。合作性劳动能满足自我发展的需求。在知识上，合作性劳动能够创造成员相互学习、取长补短的机会，个体能从他人身上习得知识；在能力上，合作性劳动需要周密计划、合理组织、充分沟通，以避免分工不明、摩擦争吵等问题影响劳动进程，从而可以锻炼个体的沟通交流能力、组织计划能力、团队领导能力等；在价值上，合作性劳动能充分发挥个体的体力和智力，创造出财富和价值，同时满足了自身需要、他人需要和社会需要，由此实现个人价值。

二、合作性劳动需要有序、稳定、和谐地开展

合作性劳动不仅能满足人类群体的需求、人际情感的需求、自我发展的需求，而且能够在很大程度上提升劳动效益，创造出“1+1＞2”的价值。同时，合作性劳动还能培养人

们的劳动意识，增加劳动知识，提升劳动技能。合作性劳动是劳动的重要形式之一，在日常的劳动中，我们应该有序、稳定、和谐地开展合作性劳动。

（一）建立合作性劳动关系

建立合作性劳动关系是开展合作性劳动的前提。进行比较繁重、无法独自完成的生产劳动时，可以寻求合作伙伴，并表明合作意向。应该“主动出击”，而不是害怕拒绝，打退堂鼓。在建立合作性劳动关系时应持各方平等的态度，将合作性劳动关系保持在稳定而又相对平衡的位置。合作性劳动的关键在于实现共赢，在合作前指明合作目标及双方所得利益，可提升双方进行合作劳动的热情。

（二）制定合作性劳动规则和计划

制定合作性劳动规则和计划能够规范合作团队的行动，推动合作性劳动有序开展。首先，在制定合作性劳动规则和计划时，各方持有平等的话语权，应顾全大局，把握好各方利益平衡点；其次，制定的规则和计划应具备一定的长远性，不仅仅局限于当前，还可以根据后续的情况动态调整，以制定具有更大合作效益的规则和计划。

（三）遵守规则，执行计划

规则和计划可以保证整个团队的生产劳动有序进行。在合作团队中，每个人都应自觉遵守规则、执行计划、完成分内的劳动任务，在劳动的过程中大家应认真负责，积极遵守团队的契约，遇到问题时利用集体智慧解决，形成一个积极上进、和谐融洽的团队。假若团队成员在制定规则和计划之后，都不把它当回事，也不管自己的工作，那么最后也不会达成最初制定的目标，相互之间也会渐渐缺乏信任和交流。因此，我们在执行计划的过程中不仅要做好分内的任务，学会团队配合，同时也要主动挑大梁，与其他成员进行良好的沟通。

以上是开展合作性劳动的“三部曲”，积极主动建立合作性劳动关系是开展合作性劳动的第一步，而制定相关规则和计划是保障有序、稳定开展劳动的关键，只有大家都遵守团队的制度，做好分内工作，团队才能真正持续稳定运行。

三、合作意识和合作精神是高效合作的基础

在合作性劳动中，合作意识与合作精神是合作能力的基础，也是团队高效完成劳动任务的助推器。合作意识与合作精神源于团队成员自觉的内心动力和已达成共识的价值观。团队成员只有拥有强烈的合作意识与合作精神，和其他成员互帮互助、共享信息与成果，才会真正快乐地投入劳动，实现最大程度的共赢。

（一）认识合作的重要性

认识到合作的重要性是培养合作意识和合作精神的前提，只有正确认识了合作的重要性，才会主动踏出合作的第一步。在合作性劳动中，你不是孤立无援的个人。团队中的成员是帮助你顺利完成劳动的力量，合作是促进双方共赢的手段。在合作过程中，懂得取长补短，懂得与他人沟通，懂得先人后己，才能分享他人的信息和反馈。合作是实现双赢的

钥匙，学会合作能使自己更加高效地完成劳动任务。

（二）学会感受、尊重和欣赏他人

合作性劳动不能一味地肯定自己，还需要学会感受他人、尊重他人和欣赏他人。①在合作之中，每一个人都是独特的，他们的利益诉求、思考方式、行为习惯都各不相同。因此，我们需要换位思考，站在他人的角度感受合作，这样才能明白自己看到的事物并不一定是正确的，才能真正理解他人的所作所为。②团队成员的任务量各不相同是十分常见的，计较任务量的多少是没有任何意义的，我们需要肯定他人付出的努力和汗水，尊重他人的劳动成果，因为尊重他人就是尊重自己。③人总是有一种渴望被人欣赏的愿望。真诚地欣赏他人能使其获得存在感，产生愉悦感，充满自信心。因此，在合作性劳动中，我们不妨试着欣赏他人，那么他人就会倾注更多精力，表现更加出色，从而使合作更为和谐、默契。

知识链接

学会欣赏他人

一个春暖花开的中午，一个小姑娘和爸爸在公园里散步。她发现一个老太太紧裹着一件厚厚的大衣，脖子上围着一条围巾，那穿戴仿佛是在滴水成冰的三九隆冬。小姑娘说："爸爸，你看，那位老太太的穿着真是太奇怪、太可笑了!"

当时爸爸的表情有些严肃，沉默了一会儿说："女儿，我突然发现你缺少一种本领，就是欣赏别人的本领。这说明你在与别人的交往中，缺少了一些热心和友善。"

小姑娘觉得爸爸太小题大做了，很不服气地问："那你不觉得老太太穿得太多了吗?"

爸爸说："恰恰相反，我觉得老太太很值得欣赏。她穿着大衣，围着围巾，也许是因为生病初愈，身体还没有完全康复，也许是因为别的什么原因。但你仔细看，她专注地看着树枝上漂亮的丁香花，表情是那么安详、愉快。她是那么热爱鲜花、热爱春天、热爱大自然。我觉得老太太的神情令人感动!难道你不认为她很美吗?"

小姑娘认真地观察了之后，觉得确实像爸爸说的那样，从老太太脸上的笑容可以看到她的内心像怒放的鲜花一样充满了动人的色彩。爸爸领着小姑娘走到老太太面前，微笑着说："夫人，您欣赏鲜花的神情真令人感动，您使这春天变得更加美好了!"

老太太似乎有些激动："谢谢，谢谢您!先生。"随后，她从提包里取出一小袋饼干，一边递给了小姑娘一边夸赞地说："这孩子真漂亮……"

事后，爸爸对小姑娘说："渴望得到欣赏，是人的本性。一定要学会真诚地欣赏别人，因为每个人都有值得欣赏的优点和特点。当你学会真诚地欣赏别人之日，就是你得到别人更多欣赏之时。"

在我们生活中，遇到比自己好的，不应去"羡慕嫉妒恨"，而要保持清醒的头脑去欣赏，要明确你欣赏的是什么。

（三）学会分享

萧伯纳曾说："你有一个苹果，我有一个苹果，彼此交换一下，我们仍然各有一个苹果；但你有一种思想，我有一种思想，彼此交换，我们就都有了两种思想，甚至更多。"分享是人们与社会产生联系的一种方式，本质上是一种互利行为，在互利中选择、巩固和发展彼此的社会关系。因此，在合作性劳动中，同伴之间互相分享能够促进彼此之间的沟通与交流，也能推动彼此共同进步。分享是合作关系的助推器，学会分享是培养合作意识与合作精神的重要内容。

四、合作性劳动需要掌握技巧与方法

（一）分工协作的策略

为了达成合作性劳动的目标，我们需要将整个劳动任务合理分解为若干子任务，由团队成员分别承担各项子任务并完成相应工作。在分工时，我们应当对自己和他人有客观的认识，根据每个人的特点布置合适的子任务。尺有所短，寸有所长，并不完美的我们可以通过取长补短、合理分工、相互协作来争取完美的结果。团队成员各司其职、各尽其力，就会顺利、高效地朝着目标推进。可以设想一下，如果一个人没有完成他的子任务，不仅会拖累合作团队，影响整体进度，还有可能导致整个劳动任务无法完成。

首先，试着审视自己，认识他人。我们需要明确自己具备什么样的劳动能力，适合完成哪些劳动任务，不要一味地否定自己，也不能高看自己，要尽量得出客观、合理的评价。与此同时，我们也要努力发现他人的长项，不贬低他人的能力，或许他人比自己更为适合这项劳动任务。在共同目的之下，在合作团队面前，我们自己与他人无所谓高下，没有谁更为优秀，只有谁更为适合。

其次，合理匹配成员与任务。关于劳动分工，一方面要考虑团队成员的特点，另一方面要考虑劳动任务的特点，然后进行两相比较，挑选出最为合适的成员承担该项任务。值得注意的是，有时候我们没法完美匹配，总有成员需要负责一些并非最适合自己的任务。此时，我们关注的是团队整体利益，从合作劳动大局出发，尽可能合理地安排。完成匹配之后，我们需要了解工作要求，明确职责范围，摆正心态，充分发挥自己的作用。

最后，扮演好合作中的角色。在合作性劳动中会出现特点鲜明的角色，这些角色促进了成员间的协作，推动了劳动进程，使得劳动结果尽善尽美。例如，领导者角色是团队的负责人或管理人，负责统筹、协调各项工作，能调动人力、物力，能解决突发状况和成员矛盾，他具有组织有力、沉着冷静、公正客观等特点，深受成员信赖。实干者角色一般是任务的具体完成人，负责按照分工和计划完成相应任务，能服从安排、踏实可靠，他具有严谨仔细、务实可靠、注重成效等特点。智多星角色一般是策划人或推进者，负责为方案实施提供多种可行性思路，为问题处理提供一些建设性意见，能顺利推进方案策划和任务实施，他富有想象力和创造力，具有肯动脑筋、思维活跃、个性鲜明等特点。审议员角色一般是任务的监督人或检查人，负责督促成员保时、保质、保量地完成各自的任务，能及时指出合作中的问题和不足，他具有清醒理智、一丝不苟、追求完美等特点。

知识链接

西游记取经团队成员角色分析

《西游记》中的取经师徒组成了一个团队（如图 3-6 所示），而现代管理学认为：一个团队的最佳组成人数为 4～25 人。看来我们的祖先已经认识到这一点，只是没有总结。那我们来分析一下他们的组织架构：首先可以肯定，他们是一个成功的团队！

图 3-6 西游记取经团队

先分析唐僧，他是这个团队的最高领导，是决策层，在企业里面就好比是总经理。他运用自己的强硬管理方式和制度（紧箍咒）来管理团队，并且通过“软权力”和“硬权力”的结合来调动整个团队，从根本上讲，几个徒弟很服他，佩服他的学识（软权力），因为唐僧是当时著名的高僧，而且通晓梵文，按现在衡量高层管理人员的标准，他是同声传译员而且是个工商管理硕士，德高望重，绝对是个优秀的管理者，他领导团队去西天取经，并获得了成功。

孙悟空应该是这个团队中的职业经理人，具体一点就是部门经理，他本领高强，到哪里都能混口饭吃，而且此人社会关系和社会资源极其丰富，但性格有点“猴急”。从个人素质上讲，孙悟空是非常优秀的，总经理（唐僧）布置的任务都能高效完成，而且处处留下美名，颇有跨国公司职业经理人的风范。

猪八戒虽然不太受人喜欢，但是作为组织中的小人物，他本身还是有很多优点的，而且在许多方面还起了不小的作用，如调节矛盾，运用公共关系协调众人之间的配合，这都是他对组织的贡献。他本人幽默、可爱，充当着组织润滑剂的角色，所以在组织中功不可没。没有猪八戒的团队是残缺的，而且也是不完美的。用一句话来概括：猪八戒是公司中跨部门沟通的典范！

沙僧朴实无华，工作踏实，从企业的角度讲，他的角色是“广大劳动者”，他兢兢业业，是劳动的模范。他虽然没有职业经理人的风光与协调关系者的公关本领，但是他所做的工作却是最基础的。在团队中，每个人都应该向他学习，主动挑起自己的责任，努力工作，从而为团队贡献自己的力量。

白龙马更是一个默默无闻的劳动者，他任劳任怨，主要工作就是唐僧的司机兼座驾，偶尔在关键时刻挺身而出，表现一下。

在认同他们优秀的同时，我们还要认识到他们的缺点，比如，唐僧性格优柔寡断，不明是非；孙悟空个人英雄主义严重，无视组织的纪律和制度；猪八戒悟性较差，贪吃、好色；沙僧缺乏主见，工作欠灵活等。这些都是我们应该注意的，只有熟悉自己的缺点，我们才能将工作做好。

（二）沟通交流的策略

参与合作性劳动的每个成员都是独特的，对于同一个问题会产生不同的看法，如果成员之间无法达成一致，就会引发矛盾甚至争吵。这种情况对于合作性劳动来说是极具危害的，说明团队成员在沟通交流上出现了问题。为此，我们可以参考著名的“六顶思考帽”来解决这一问题。利用这些“帽子”，每位成员可以充分表达自己的意见，使混乱的思路变得清晰，使无意义的争吵变为有价值的讨论。这些“帽子”分别是黄帽、白帽、绿帽、蓝帽、黑帽、红帽，不同颜色的帽子代表了不同的思考和讨论的规则，为团队成员提供了沟通协商的框架。

黄帽：黄色是积极的、阳光的，代表乐观与肯定，黄帽成员可以发表具有希望的、正面的想法。当你戴上黄帽的时候，你可以寻找事物的闪光点，如“这样合唱气势会比较强”“这样做的话大家都能学到些东西”。黄帽成员为交流协商带来可行的建议。

白帽：白色是纯洁的、理性的，代表中立和客观，白帽成员需要陈述问题和事实。白帽成员关注的是资料与信息，如制作蛋糕需要什么原料、锤头可以钉钉子。当你戴上白帽的时候，你必须持中立和客观的态度，不受感情、直觉等主观因素影响。

绿帽：绿色是充满生机的，代表创新与冒险，绿帽成员可以提出新的、具有创造性的想法。当你戴上绿帽的时候，你不需要期待任何结果，可以随心所欲地想象，如“我们可以把鱼画在天空中”。绿帽成员创造了新的点子，为交流协商带来新的可能的方向。

蓝帽：蓝色是冷静的、平和的，代表控制与组织，蓝帽成员需要规划、管理沟通协商的过程。当你戴上蓝帽的时候，可以探讨需要达成的目标、总结目前的讨论结果、提出接下来的步骤等，如“目前我们可以先整理资料”“接下来我们需要做什么”。

黑帽：黑色是阴暗的、负面的，代表逻辑与批判，黑帽成员可以合乎逻辑地质疑、批判、否定。当你戴上黑帽的时候，你可以对事物的负面进行逻辑判断，如“我认为这个数据是错误的”“这样使用锯子的话会受伤”。

红帽：红色是热情的、激烈的，代表感觉和情绪，红帽成员可以表达自己的直觉、感受等主观性的看法。当你戴上红帽的时候，你不需要任何解释或证明，你可以表达“我喜欢这个摆盘”“我预感这个计划行不通”。但红帽不可以过度使用，以避免争辩。

在合作性劳动的沟通协商中，可以尝试使用“六顶思考帽”，但也不能过度使用。团队成员意见不统一或者问题比较复杂时，我们不妨用这个方法试试。

（三）领导与管理的策略

不同于独立性劳动的单打独斗，合作性劳动需要领头雁指引方向，以确保合作团队不会迷失路途。根据实际情况，我们可以选择成为团队的管理者，或者是被管理的一员。

1. 树立团队标杆

在合作团队中，管理者无疑是一面旗帜、一面镜子、一个标杆。团队成员始终关注着管理者的一举一动、一言一行，反过来管理者的言行举止潜移默化地影响着每一位成员。试想管理者如果出言不逊、行为恶劣，团队成员怎会给予信任、抱以希望、言听计从呢？因此，想要领导和管理好团队，管理者必须树立标杆，以身作则，发挥榜样作用。在劳动过程中，管理者要投入饱满的热情，付出加倍的努力，带头高效完成任务，从而使团队成员心服口服、积极看齐，让他们也能高效完成任务。在这一过程中，管理者不仅能锻炼办事能力，还能提升领导能力。

2．做好劳动规划

确定合作目标、制定劳动规划是团队管理者的主要任务。为了实现团队的共同利益和目的，管理者需要仔细倾听各方的诉求，充分考虑各种因素，正确认识利害关系，并在此基础上制定明确、详细、合理的劳动规划。同时，管理者还需要引导团队成员参与目标确定、规划制定以及劳动实施的全过程。对此，管理者要发挥引领团队的作用，需要具备一定的远见卓识和大局观念，做好倾听、思考、解释工作，展现积极、担当、奋进的风貌，点燃每一位成员的劳动热情，使得全体成员朝着目标顺利进发。

3．营造和谐环境

团队管理者除了要激发每位成员的劳动热情，还要创设机会与成长并存的和谐环境。在这种环境下，成员能够全身心投入劳动，积极挑战困难，充分发挥才能。因此，管理者在了解成员特点和建立互信的基础之上，可以为成员提供锻炼和试错的良好机会，搭建公平、适宜的竞争平台，还可以采取一些激励或惩罚措施，如口头赞美、物质奖励、恰到好处的批评等。管理者要能够综合运用各种方式营造和谐的环境，提升成员的积极性、主动性和创造性，使团队充满生机与活力。

班级：________________　　　　姓名：________________　　　　学号：________________

实践活动——制定、执行持续性劳动计划

按照自己的情况，从身边劳动做起，制定、执行一个持续性的劳动计划并且不断完善。具体要求是针对某项复杂劳动，制定一个月的劳动计划，并坚持执行。例如，打扫房间并整理衣物，或者修剪房间附近的杂草并做一些绿化设计和调整。

【过程记录】

确定行动目标：

选择行动方法：

进行具体行动：

心得体会：

【结果评价】

教师可参考表 3-1 对学生持续性劳动计划的制定和执行情况进行评价。

表 3-1　持续性劳动计划的制定和执行情况评价表

评价标准	分值	分数小计	教师评价
参与活动的积极性	20		
计划制定得是否科学	20		
选择的行动方法是否合适	20		
具体计划的完成情况	20		
活动后的感想	20		

项目四　弘扬中国精神

在长期实践中，我们培育形成了爱岗敬业、争创一流、艰苦奋斗、勇于创新、淡泊名利、甘于奉献的劳模精神，崇尚劳动、热爱劳动、辛勤劳动、诚实劳动的劳动精神，执着专注、精益求精、一丝不苟、追求卓越的工匠精神。劳模精神、劳动精神、工匠精神是以爱国主义为核心的民族精神和以改革创新为核心的时代精神的生动体现，是鼓舞全党全国各族人民风雨无阻、勇敢前进的强大精神动力。

学习目标

1. 了解和弘扬劳模精神。
2. 了解和弘扬劳动精神。
3. 了解和弘扬工匠精神。

思维导图

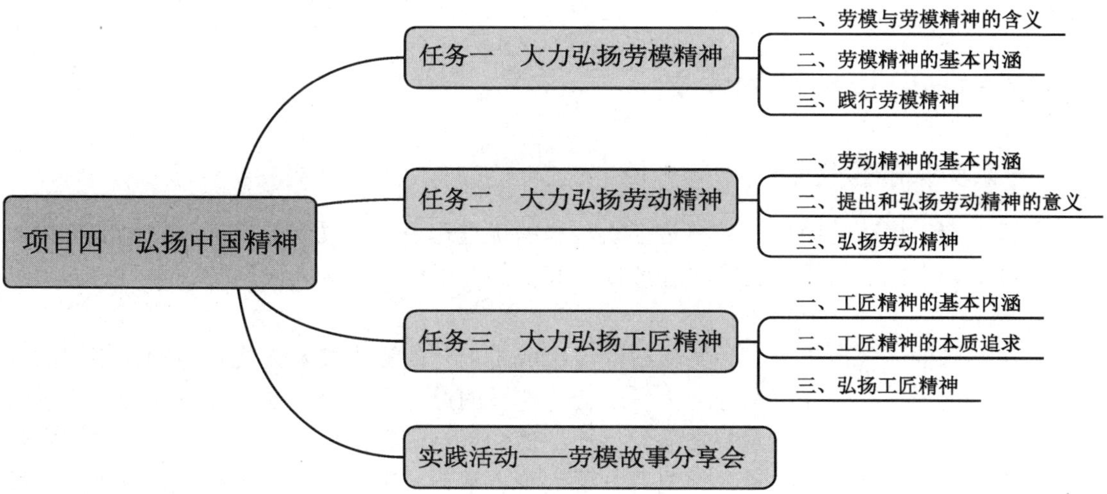

课堂导入

学习劳模，到底应该学什么？

挥洒汗水，彰显劳动者的价值；撸起袖子，干出劳动者的风采。2020 年“五一”期间，分布在各条战线的、在工作岗位上贡献突出的一百多名劳动者被评为劳动模范。在疫情持续的背景下，一百多名劳动者被评为劳动模范，更显意义重大。越是面对疫情影响，越是要弘扬劳模精神。只有这样，才能围绕新目标、新任务，汇聚起重整行装继续新征程的合力，取得疫情防控和经济社会发展双胜利。

观点一：要学习他们身上闪耀的信仰光彩。这些劳模身上有一个共同点，那就是穿越眼前的迷雾，相信并为“美好的未来”而奋斗。重温他们的故事，想想这些平凡人把不可能变为可能的过程，心底就有“相信”，眼中便有光彩，就能走过风雨看到彩虹。

观点二：要学习他们实干、苦干的劲头。无论哪个时代的劳模，都是在某个方面有所建树的劳动者。从 2020 年评选出的劳模来看，高级技工、科研精兵的人数在增加，知识型、技能型、创新型劳模不断涌现，只要具有精益求精的工匠精神，多做一点点、创新一点点，日积月累，就能奏响高质量转型发展强劲主旋律。

观点三：要学习他们奋力创业创新的闯劲，让劳动更有质量和效率。抓创新就是抓发展，谋创新就是谋未来。许多劳模身上都涌动着创造、创新、创业的激情。作为新时代的劳动者，更应将劳模精神融入创新驱动发展潮流，不断提升自身素质，让劳动更有质量和效率。

你对上面观点的看法：______________________________

____

____

课外查阅相关资料或根据自己的理解，用简要的语言对资料内容进行概括，并形成自己的观点，准备课堂发言。

任务一　大力弘扬劳模精神

一、劳模与劳模精神的含义

（一）劳模的含义

劳模即劳动模范的简称。劳模是工人阶级的优秀代表，是民族的精英、国家的栋梁、社会的精英、人民的楷模。国家评选劳模，其目的在于鼓励全国人民向劳模学习，为国家争光。

在共和国的光辉历史上，各条战线涌现出成千上万的先进模范人物。他们在不同的发展阶段，始终走在改革开放和社会主义现代化建设的最前线，以忘我的献身精神，激励着一代又一代劳动者为祖国的繁荣富强而拼搏。他们是推进我国先进生产力发展和先进文化发展的代表，是当之无愧的时代领跑者。他们身上承载和彰显的劳模精神一直发挥着引领作用，丰富和拓展了中国精神内涵，充分展现了我国新时代工人阶级和劳动群众的高度自信，已成为社会主义核心价值体系的重要组成部分。

模范故事

杂交水稻之父——袁隆平

袁隆平（如图 4-1 所示）是“杂交水稻之父”、中国工程院院士、“共和国勋章”获得者，是令人尊敬和爱戴的科学家。他是杂交水稻研究的开创者，是世界上第一个将水稻的杂交优势成功地应用于生产的科学家。他发明了“三系法”籼型杂交水稻，成功研究出了“两系法”杂交水稻，创建了超级杂交水稻技术体系。他几十年来致力于杂交水稻技术的研究、应用与推广，对我国粮食安全、农业科学发展和世界粮食供给贡献巨大。他“用一粒种子改变世界”，解决全球百分之六十人口的吃饭问题。袁隆平的贡献旷古烁今，“杂交水稻之父”名副其实。

治学态度影响深远。袁隆平是新中国培养的第一代大学生，饱受困难挫折，阅尽人间沧桑。无论境遇如何，他的身上始终流淌着家国天下的热血，青春年华挥洒在田间地头，须眉皓然仍然孜孜不倦于攀爬超级杂交水稻的巅峰。一路走来，袁隆平的科研不乏质疑、失败、挫折，他始终保持埋头苦干、不畏艰苦的科研基本功，终于闯出一片新天地。他那句“哪有搞科学研究不失败的呢”，一直鼓舞着无数科学家勇攀高峰；他那句“做科研不要怕冷嘲热讽，不要怕别人说你标新立异”，一直激励着年轻学子勇闯创新的殿堂。

图 4-1　袁隆平

高尚情操受人敬仰。袁隆平的人生原则是淡泊名利、踏实做人。他无数次拒绝了来自国外的高薪聘请，因为他知道他和杂交水稻的根都在中国。功名之下不忘初心，他始终铭记投身科学研究的激情与梦想，始终铭记把杂交水稻不断带向更高境界的不渝追求。对待成就，他极富人情味，常怀感恩心，把发明杂交水稻的功劳归功于党和人民。生活中，他既不追逐时尚的消费观，也不把个人的财富看成是负担，曾因为多看了几眼豪车上新闻，却依然选择普通的车子下试验田。“如果老想着享受，哪有心思搞科研呢?”这就是他对待生活的态度。

（二）劳模精神的含义

劳模精神，是指“爱岗敬业、争创一流、艰苦奋斗、勇于创新、淡泊名利、甘于奉献”的精神，是对新时代劳模这一群体所展现的宝贵精神的总结，这二十四字劳模精神在任何时候都不过时，是伟大时代精神的生动体现。

劳模精神引领时代精神，劳模价值创造社会价值。尽管不同时代阶段的劳模群体呈现出不同的多元组合，以体现对不同劳动价值的肯定，但总体上，社会对劳动价值的评判，正在从“出大力，流大汗”“苦干加巧干”，向“知识型”“创造社会效益、经济效益”方向转变。这样的变化，正是新中国从农业社会、封闭自足的社会，向工业化、现代化、世界化社会转变的体现。每一个时代阶段所推举出的劳模，都代表着该时代阶段的先进生产力和健康向上的力量，并且劳模精神的本质是永远不变的。它包括爱岗敬业、为国为民的主人翁精神，争创一流、与时俱进的进取精神，艰苦奋斗、艰难创业的拼搏精神，勇于创新、不断改进的开拓精神，淡泊名利、默默耕耘的“老黄牛”精神，甘于奉献、乐于服务的忘我精神，紧密协作、相互关爱的团队精神。

新时期劳模精神不仅体现在艰苦创业、踏实苦干之上，更表现为不断学习新知识，刻苦钻研新技术，努力掌握新本领，持续增强学习能力、创新能力、竞争能力和创业能力。进入新时代，我们要深刻把握劳模精神的崭新意蕴与当代价值，大力弘扬劳模精神，推动全社会形成尊重劳动、劳动光荣的良好风尚。

二、劳模精神的基本内涵

劳模是优秀劳动者的典型代表，劳模精神激励了千千万万普通劳动者坚守信念、立足岗位、开拓创新、建功立业。深入体会劳模精神的丰富内涵，清晰阐述劳模精神的内在逻辑，准确判断劳模和劳模精神研究的学术定位，对于解读劳模本质、探究劳模品格、宣传劳模价值和弘扬践行劳模精神，具有重要的理论价值和重大的实践意义。

（一）劳模精神是工人阶级先进性的集中体现

在中国革命、建设、改革的各个历史时期，我国工人阶级都具有走在前列、勇挑重担的光荣传统，我国工人运动都同党的中心任务紧密联系在一起。劳模作为工人阶级的优秀代表，是时代的引领者，在工作生活中发挥了先锋和排头兵作用，他们以辛勤劳动、诚实劳动和创造性劳动，持续推动着社会进步、国家发展和民族复兴。劳模精神作为劳模的思想内核、行动指南和精神灯塔，成为推动时代前进的强大精神动力，充分体现了工人阶级先进性的主体地位，彰显了工人阶级的伟大品格，推动了工人阶级的成长进步。

（二）劳模精神是工人阶级主人翁意识的集中凸显

主人翁意识是劳模精神的内在本质，是正确认识和理解劳模精神的关键词。正是因为自觉的、强烈的主人翁意识，劳模才以车间为家、以厂为家、以企为家、以国为家，才具有积极主动的岗位意识、职业意识、进取精神和创新精神，才能在本职工作中充分发挥积极性、主动性和创造性，才能够艰苦奋斗、淡泊名利、甘于奉献，自觉把人生理想、家庭幸福融入国家富强、民族复兴的伟业之中，最终建构起个人与集体、个人梦与中国梦、小家与国家民族融合统一的发展共同体和命运共同体。

（三）劳模精神是社会主义核心价值观的生动诠释

劳模精神的重要元素和构成因子，像岗位意识、职业精神、进取精神、拼搏精神、创新精神、家国情怀和奉献精神等，是对社会主义核心价值观的生动诠释和现实呈现。可以说，劳模精神是社会主义核心价值观的具象化、人格化和现实化。一方面，劳模是遵循社会主义核心价值观的典范样本，是社会主义核心价值观的模范实践者、生动传播者和最有说服力的检验者；另一方面，劳模之所以能够生成劳模精神，能够成为全社会学习的典范，一个重要原因就在于其主动自觉地遵循并践行了社会主义核心价值观。

（四）劳模精神是时代精神的生动体现

劳模精神是引领时代新风的精神高地，生动体现了时代精神的精神实质、主要特征和重要内容。一方面，劳模精神具有鲜明的时代特征，是时代精神的生动体现。作为一种文化精神，劳模精神不是一成不变的，而是实践的、创新的、鲜活的、生动的存在，随着国家意识形态、经济社会形势和时代变迁而不断演变发展。另一方面，劳模精神推动了时代精神的发展，丰富了时代精神的内涵。在劳模的创造性实践和不断探索中，激发出蕴含着自主性、首创性、先进性元素的劳模精神，呈现着社会进步的发展方向。劳模精神不断为时代精神注入新能量，凸显并丰富时代精神的内涵。

（五）劳模精神是民族精神的重要组成部分

一方面，劳模精神是民族精神核心要素的集中体现。劳模精神既体现了以爱国主义为核心的团结统一、爱好和平、勤劳勇敢、崇德尚礼、公而忘私的民族情怀，又体现了知行合一、自立自强的人生追求。另一方面，劳模精神是民族精神创新发展的重要推动力量。劳模精神始终与时俱进，创新丰富了民族精神。一代又一代劳模，用自己的辛勤劳动、诚实劳动和创造性劳动，为民族精神注入新能量，不断丰富着民族精神的博大内涵。

（六）劳模精神是劳动精神的积极呈现

劳模精神继承并发展了中华民族传统优秀的劳动观念，树立并彰显了一种辛勤劳动、诚实劳动、创造性劳动的新理念，营造并弘扬了一种劳动光荣、技能宝贵、创造伟大的时代风尚，生成并传播了一种劳动者平等、劳动者可敬、劳动最光荣、劳动最崇高、劳动最伟大、劳动最美丽的劳动观。也正因如此，劳动者才能通过自己的劳动，收获满足感、快乐感、尊严感，在创造丰富物质财富的同时，也拥有丰盈的精神世界。

（七）劳模精神当代品格的核心要素是工匠精神

从本质上讲，工匠精神是一种基于技能导向的职业精神，它源于劳动者对劳动对象品质的极致追求，它具有精益求精、专注执着、严谨慎独、创新创造、爱岗敬业以及情感浸透、自我融入的基本内涵，既表现了极致之美的品质追求，又体现了敬业之美的精神原色，更展现了创造之美的价值升华。工匠精神是劳模精神的重要构成要素，也是劳模精神当代品格的核心体现。工匠精神充分凸显了新时代劳模爱岗敬业、精益求精、追求卓越的精神品质和价值导向，可以说，工匠精神是对劳模精神的重要深化和丰富发展。

（八）劳模精神是培育时代新人的重要手段

一方面，劳模精神作为社会主义核心价值观的生动体现，更容易为人们所接受，更方便为人们所模仿，将对培育时代新人起到重要推动作用。另一方面，通过强化教育引导、舆论宣传、文化熏陶、实践养成、制度保障，培养和造就具有劳模精神的时代新人，就能够激发广大劳动者干事创业的积极性、主动性和创造性。因此，要紧密围绕培养时代新人这个重大命题，在全社会，特别是各级学校教育中，培育、弘扬和践行劳模精神，引导全社会，特别是青少年，树立正确的劳动价值观，全面提升劳动者的整体素质和精神品格。

（九）劳模精神是文化自信的重要支撑

一方面，劳模精神是中国特色社会主义文化的重要组成部分，始终贯穿于建设中国特色社会主义文化的全过程。劳模精神植根于中华民族劳动过程，特别是中国特色社会主义伟大实践，充分继承并发展了中华优秀传统文化和社会主义先进文化。另一方面，弘扬和践行劳模精神，有助于坚定文化自信，推动社会主义文化繁荣兴盛。弘扬和践行劳模精神，有助于牢牢把握意识形态工作领导权，有助于培育和践行社会主义核心价值观，有助于加强思想道德建设，有助于促进中国特色社会主义文化繁荣发展。

（十）劳模精神是实现伟大复兴中国梦的重要力量

一方面，劳模精神是实现伟大复兴中国梦的宝贵精神财富。在全社会弘扬和践行劳模精神，营造尊重劳动、尊重知识、尊重人才、尊重创造的社会氛围，涵养以辛勤劳动为荣、以好逸恶劳为耻的社会风气，培育积极健康、开放包容的社会心态，才能够让“劳动光荣、创造伟大”成为时代强音，让“辛勤劳动、诚实劳动、创造性劳动”成为普遍认同的价值准绳。另一方面，劳模精神是实现伟大复兴中国梦的强大精神力量。要实现伟大复兴中国梦，实现从制造大国向制造强国的华丽转身，建设知识型、技能型、创新型劳动者大军，必须要大力弘扬和践行劳模精神。如此，才能够真正为中国经济社会发展汇聚强大正能量，才能真正为实现中华民族伟大复兴中国梦增砖添瓦。

三、践行劳模精神

（一）“学”劳模精神

大国工匠李万君（如图 4-2 所示），三十年如一日奋战在工厂一线，394 道工序，道道精准；“航空”手艺人胡双钱（如图 4-3 所示），三十年专注于航空制造技术，经手零件上千万，却没有出现一次质量事故。这是对本身技术何等精益求精？对自身要求何等严苛？我们当以此为学习榜样，克己奉公，坚守岗位，力求把每一件小事做得完美。

图 4-2　李万君

图 4-3　胡双钱

（二）“思”劳模精神

巾帼英雄艾晓慧（如图 4-4 所示），男人堆里的女劳模，八岁当家，一边上学，一边工作，一边照顾母亲，江汉油田唯一的女站长，艰难困苦终出头，誓为祖国献石油。是什么信念让这位劳模在如此艰苦的岗位上一干就是那么多年？是对工作的高度负责，是对自己的高度负责。现在我们从事着各色各类的工作，我们当立足工作岗位，保持高度负责的态度，为全面建成小康社会添砖加瓦。

图 4-4　艾晓慧

（三）“践”劳模精神

空谈误国，实干兴邦，“氢弹之父”于敏（如图 4-5 所示）在创新中实践，在实践中创新，多年潜心科研终获大成。可以说实干是连接“知”与“行”的桥梁，一“实”胜百“巧”。我们应该学习于敏十年磨一剑的精神，立足岗位实际，沉下心来踏踏实实干事，一点一滴积累，积小流终成大海。

图 4-5　于敏

（四）“悟”劳模精神

用自身实际行动诠释劳模精神，像广大劳模那样“干一行、爱一行、专一行、精一行、成一行”，让劳模精神不断发扬光大，我们定能攻坚克难、坚毅前行，汇聚起风雨无阻向前进的强大精神力量。

任务二　大力弘扬劳动精神

一、劳动精神的基本内涵

劳动是国家发展的动力，是民族复兴的基石。1889 年 7 月，由恩格斯领导的第二国际在巴黎举行代表大会，会议决定把每年的 5 月 1 日这一天定为国际劳动节，以此向全世界的劳动者致敬。中华人民共和国成立后，党中央高度重视“五一”国际劳动节，通过表彰全国劳模和先进工作者，弘扬劳动精神，树立正确劳动观和价值观。

劳动精神是每一位劳动者为创造美好生活而在劳动过程中秉持的劳动态度、劳动理念及展现出的劳动精神风貌。党的十八大以来，国家领导人关于劳动和劳动精神的系列重要讲话是我们正确理解劳动精神的重要依据，也是大力弘扬劳动精神的重要参考。我们要在全社会大力弘扬劳动精神，提倡通过诚实劳动来实现人生的梦想、改变自己的命运。劳动是财富的源泉，也是幸福的源泉。人世间的美好梦想，只有通过诚实劳动才能实现；发展中的各种难题，只有通过诚实劳动才能破解；生命里的一切辉煌，只有通过诚实劳动才能铸就。

劳动精神是全体劳动者共同的精神财富。劳动精神是对广大劳动者劳动实践的高度肯定与科学总结，是人类为了自身的幸福而不懈努力奋斗的实践结晶。人民创造历史，劳动开创未来，劳动是推动人类社会进步的根本力量。“劳动创造了人本身”“劳动是唯一价值源泉”“劳动创造财富、劳动使人幸福”等，积淀成为劳动者的精神力量。正是一代代劳动者的共同努力，创造了辉煌的人类历史，书写了地球家园的绚烂篇章。

伟大的时代需要伟大的精神，伟大的精神来自伟大的人民。中华民族历来就有勤劳勇敢、自强不息的优良传统，辛勤劳动、诚实劳动、创造性劳动的理念和劳动最光荣、劳动最崇高、劳动最伟大、劳动最美丽的价值观。中华人民共和国历史上涌现出了一大批热爱劳动的先进典型，像不怕苦不怕累、艰苦奋斗的铁人王进喜；“高标准、严要求、行动快、工作实、抢困难、送方便”的纺织工人赵梦桃；带领团队埋头苦干二十余载，建成 500 米口径球面射电望远镜（FAST）的中国天眼之父南仁东；把高铁打造成中国名片的于延尊等。在他们身上、在长期的劳动实践中沉淀起来的精神，是社会发展的动力源泉。

知识链接

FAST 的应用价值

500 米口径球面射电望远镜（Five-hundred-meter Aperture Spherical radio Telescope，FAST）如图 4-6 所示，位于中国贵州省，是中国国家“十一五”重大科技基础设施建设项目。

FAST 的建设涉及了众多高科技领域，如天线制造、高精度定位与测量、高品质无线电接收、传感器网络、智能信息处理、超宽带信息传输、大量数据的存储与处理等。FAST 关键技术成果可应用于诸多相关领域，如大尺度结构工程、公里级范围高精度动态测量、大型工业机器人研制以及多波束雷达装置等。FAST 的建设经验将对中国制造技术向信息化、极限化和绿色化的方向发展产生影响。

图 4-6　500 米口径球面射电望远镜（FAST）

FAST 把中国空间测量能力由地球同步轨道延伸至太阳系边缘，将深空通信数据下行速率提高几十倍，将我国的脉冲星到达时间测量精度由 120 纳秒提高至 30 纳秒，成为当时国际上最精确的脉冲星计时阵，为自主导航这一前瞻性研究提供了脉冲星钟。FAST 可进行高分辨率微波巡视，以 1 赫兹的分辨率识别微弱的空间信号，作为被动战略雷达为国家安全服务。FAST 还可作为“子午工程”的非相干散射雷达波接收系统，以较高的分辨率和观测效率跟踪探测日冕物质抛射事件，服务于太空“天气预报”。

FAST 作为一个多学科基础研究平台，有能力将中性氢观测延伸至遥远的外太空，探测暗物质和暗能量，寻找第一代天体。FAST 曾用一年时间发现了约 7000 颗脉冲星，可用于研究极端状态下的物质结构与物理规律。

二、提出和弘扬劳动精神的意义

（一）劳动精神是我国国家领导人系列重要讲话精神的组成部分

劳动是推动经济社会发展的根本力量，是人的本质。全面建成小康社会，进而建成富强、民主、文明、和谐的社会主义现代化国家，根本上要靠劳动来实现。我国国家领导人高度重视劳动，对劳动和劳动者的地位、作用、意义进行了深刻论述，明确了提出和弘扬劳动精神，是全心全意依靠工人阶级根本方针、“尊重劳动、尊重知识、尊重人才、尊重创造”重大方针的深化，是对以人民为中心的发展思想的坚持和发展。

（二）劳动精神是对广大劳动者劳动实践的高度肯定与科学总结

在革命、建设和改革中，广大劳动者展示了奋勇拼搏、艰苦创业的风采，成为激励一代又一代劳动者的强大精神力量。随着社会发展和科技进步，资本、知识、技术的力量凸显，人们对劳动的理解发生了很大变化，有人忽视劳动的价值，低估劳动者的作用，急功近利、心态浮躁，期望走“终南捷径”、一夜暴富。事实证明，无论劳动的具体形态、劳动与其他生产要素之间的关系怎样变化，劳动是唯一价值源泉这一点始终都不可改变。劳动精神的提出和弘扬，对于进一步焕发广大劳动者劳动热情，释放创造潜能，协调推进“四个全面”战略布局、为实现中华民族伟大复兴的中国梦建功立业，将产生重要的推动作用。

（三）劳动精神是对马克思主义劳动价值论、劳动观的丰富和发展

劳动至上是马克思主义的重要原则，劳动价值论是马克思主义政治经济学的理论基石。马克思主义认为：劳动是人类最基本和最重要的社会实践，是人类社会生存和发展的根本前提，它是如此重要，以至于我们在某种意义上不得不说：“劳动创造了人本身”“在劳动发展史中找到了理解全部社会史的钥匙”。提出和弘扬劳动精神，对劳动在人类活动中的地位及劳动者的尊严给予了应有的肯定和褒扬，是新形势下对马克思主义劳动观的坚持和延伸。

（四）劳动精神是社会主义核心价值观的应有之义，与劳模精神、工匠精神相互包容

践行社会主义核心价值观，应实践爱国、敬业、诚信、友善的个人行为准则，敬业就是对劳动的尊重、崇尚和热爱，就是要求做到辛勤劳动、诚实劳动、创造性劳动，这与劳动精神高度一致。“爱岗敬业、争创一流、艰苦奋斗、勇于创新、淡泊名利、甘于奉献”的劳模精神彰显劳动的价值、展现劳动者的境界，是劳动精神的集中体现。工匠精神体现劳动者钻研技能、精益求精、敬业担当的职业精神，是对劳动精神的精粹提升。劳动精神是劳模精神、工匠精神的基础，与劳模精神、工匠精神一脉相承又各有侧重，劳动精神面向广大劳动者，劳模精神面向劳模群体，工匠精神则面向有一技之长的产业工人。

模范故事

深空探秘者——孙泽洲

孙泽洲（如图 4-7 所示），男，汉族，1970 年 11 月出生，中共党员，大学本科学历，中国空间技术研究院空间飞行器总体设计部型号总设计师，研究员。孙泽洲同志曾获国家科学技术进步奖（特等奖 1 项、一等奖 1 项），国防科学技术奖（特等奖）及全国五一劳动奖章等多项荣誉。

图 4-7　孙泽洲

作为我国月球和深空探测航天器设计领域专家和学术带头人、中青年科技创新领军人才、国家“万人计划”科技创新领军人才，孙泽洲长期致力于月球和深空探测领域的研究和工程实践。他先后任嫦娥一号副总设计师、嫦娥三号总设计师、嫦娥四号总设计师和火星探测器总设计师，在月球环绕、软着陆、巡视探测器系统设计及测控通信技术等方面取得了突出的科技成果，圆满地完成了我国首次绕月探测任务、首次月面软着陆及巡视探测任务，以及国际首次月球背面软着陆及巡视探测任务，为我国月球和深空探测领域的发展贡献了力量。

潜心研究、刻苦攻关

2004 年我国的探月工程正式立项，孙泽洲作为嫦娥一号副总设计师，分管测控与数传、天线、机构与结构、热控、数管、供配电六个分系统的总体技术工作。副总设计师岗位，需要把握总体需求，确保总体的高效和系统优化，也要求对各个专业的知识都有所掌握，专业跨度非常大。通过刻苦钻研，阅读大量书籍，向相关专家请教，他很快就把“课”补到专业水准。在总体设计过程中，他带队采用系统工程的方法进行综合设计，提出了利用数管功能实现热控和供配电管理等设计思路，大大提高了系统可靠性；在测控系统设计过程中，他带队创造性地设计了我国首个深空探测测控数传星载系统，解决了月球探测卫星的 40 万公里远距离地月测控通信的设计难题；在月食方案设计过程中，他带队综合利用多学科技术，进行系统顶层优化，有效解决了长时间阴影对卫星安全的影响。通过不断的专注研究和不懈的技术攻关，他带队解决了环月探测的诸多关键技术难题，确保了我国首次月球环绕探测任务的圆满成功。

夙兴夜寐、勇于创新

嫦娥三号探测器承担着探月工程第二阶段“落”的使命，是我国第一个在地外天体软着陆的探测器，其研制面临着全新的技术挑战。一般卫星的新研产品和新技术占比只有 20%～30%，而嫦娥三号新研产品和新技术占比却达到了 80%，特别是 12 分钟软着陆过程，完全是靠探测器自主完成的。作为总设计师，面对月面软着陆和巡视探测任务要求和全新技术需求，孙泽洲从系统任务分析入手，带领研制团队完全自主进行技术上的原始创新，同时进行了上万次数学仿真、成百上千次桌面联试以及多次模拟月球重力环境和月表地形地貌等大型地面试验，应用智能控制、热控等新技术，解决了大速度增量的变推力着陆减速、自主着陆导航和避障控制、大温差（-180℃至 120℃）/长期低温（14 天的-180℃）环境的热控保障、非结构化地形上移动的自主导航与遥控操作等技术难题，最终突破了月面软着陆和巡视核心技术，形成了一系列自主创新科研成果。嫦娥三号探测器在国际上首次实现月面软着陆和巡视的联合探测，首次基于对月测距测速、地形识别传感器及变推力发动机实现月面自主避障软着陆，首次采用重力辅助两相流体回路技术实现极端温度环境下的月面生存，圆满完成了我国首次月面软着陆和巡视探测任务。

敢为人先、追求卓越

2016 年，嫦娥四号研制任务和我国首次火星探测任务正式立项，作为两个探测器的双料总设计师，孙泽洲开始了一面飞“月背”、一面奔“火星”的“超常”职业生涯。为了获得更多的科学探测成果，他将嫦娥四号的目标确定为月球背面软着陆，这是人类第一次近距离精细探测月球背面。要实现月球背面软着陆探测就必须解决月球背面探测器与地球之间多目标远距离中继通信难题，利用自身测控通信专业特长，孙泽洲创新性地提出了基于地月平动点的中继通信总体方案，利用单个中继节点实现了对月双目标中继。因为史无前例，所以嫦娥四号通信系统研制过程中经历了很多挫折，为了解决一个又一个难题，孙泽洲带领团队反复地进行试验验证，试验经常做到凌晨，早晨8点钟又开始第二波试验，最终，他带队成功地实现了月球背面探测器与地球之间数据中继通信的全时覆盖。在中继通信系统搭建的“鹊桥”的支持下，嫦娥四号探测器成功实现了人类首次月球背面软着陆和巡视探测。

在月球探测任务实施的同时，更远的火星探测征程开始了。我国首次火星探测任务以一步实现“绕、着、巡”为任务目标，这在世界上是从来没有过的，任务难度非常大。面对困难，孙泽洲迎难而上，高起点高目标确定探测器系统方案，带领团队集智攻关，远赴新疆戈壁、内蒙古草原进行大量的外场试验，建造火星环境模拟试验设施，完成了火星进入气动防热、火星大帆面减速伞、行星际测控通信等多项关键技术攻关，为火星探测任务的顺利完成奠定了坚实的基础。

在狠抓技术攻关的同时，作为团队的带头人，孙泽洲非常注重人才培养和团队建设，对年轻人亲手培养、严格要求，并打造和谐的工作氛围，形成了嫦娥四号探测器研制团队“思维严谨、不耻下问、集思广益、信息共享”的内在精神，从而打造了战斗力强、凝聚力强的嫦娥团队。

三、弘扬劳动精神

弘扬劳动精神，就是要弘扬勤劳勇敢、爱岗敬业、诚实守信的实干精神。全面建成小康社会，我国亿万劳动群众是主体力量。广大劳动群众要爱岗敬业、勤奋工作、锐意进取、勇于创造，不断谱写新时代的劳动者之歌。勤劳勇敢是指有毅力、有勇气、有胆量的劳动。爱岗敬业是指尊重劳动、崇尚劳动、热爱劳动，做到辛勤劳动、勤奋工作。诚实守信是指脚踏实地、恪尽职守，遵守法律法规和政策，遵循职业道德和标准。全体劳动者都要牢记“大道至简、实干为要”的道理，脚踏实地、撸起袖子加油干，在劳动中实现自身价值。

弘扬劳动精神，就是要弘扬锐意进取、建功立业、甘于奉献的奋斗精神。锐意进取是指意志坚决地追求上进。建功立业是指建立功勋、成就大业。甘于奉献是指在劳动中忘记“小我”，不计较个人得失，时时铭记祖国需要。锐意进取、建功立业、甘于奉献的奋斗精神，是劳动精神的更高体现。每一个劳动者都应牢记“幸福是奋斗出来的”，生命不息、奋斗不止，在劳动中实现美好的未来。

弘扬劳动精神，就是要弘扬精益求精、严谨专注、追求卓越的创新精神。精益求精是指以高品质的要求对待自己的产品，不惜花时间费精力、精雕细琢、注重细节，把一件事情做到极致。严谨专注是指耐得住寂寞、经得住诱惑，不达目的绝不放弃。追求卓越是指为了质量而孜孜不倦、乐此不疲。精益求精、严谨专注、追求卓越的创新精神，是劳动精神的专业要求。新时代劳动者要勇于创新、追求品质，为建设“质量强国”提供源源不竭的动力。

我们生在新时代，只有大力弘扬和践行劳动精神，树立正确的劳动价值观，才能进一步激发劳动者的劳动热情，用劳动托起中华民族伟大复兴的中国梦。

知识链接

体现劳动人民智慧的古建筑

1．**长城**

长城（如图 4-8 所示）是我国古代劳动人民创造的奇迹。自春秋战国时期开始，修筑长城一直是一项大工程。据记载，秦始皇使用了近百万劳动力修筑长城，占全国人口的 1/20，当时没有任何机械，全部劳动都得靠人力，而工作环境又是崇山峻岭、峭壁深壑。可以想见，没有大量的人力进行艰苦的劳动，是无法完成这项巨大工程的。

2．**故宫**

故宫（如图 4-9 所示），故宫宫殿建筑主体采用木结构、黄琉璃瓦顶、青白石底座，饰以金碧辉煌的彩画，是无与伦比的古代建筑杰作，也是世界现存最大、最完整的木质结构古建筑群。

图 4-8　长城

图 4-9　故宫

3．**苏州园林**

苏州园林（如图 4-10 所示）一般指苏州古典园林，其在世界造园史上有独特的历史地位和价值，苏州园林的建造以写意山水的高超艺术手法进行装饰，蕴含浓厚的中国传统思想和文化内涵，是东方文明的造园艺术典范，是中华园林文化的翘楚和骄傲，是中国园林的杰出代表。

图 4-10　苏州园林

4. **布达拉宫**

布达拉宫（如图 4-11 所示）是一座规模宏大的宫堡式建筑群，被称为“世界屋脊明珠”，它是拉萨乃至青藏高原的标志，收藏着极为丰富的文物和工艺品，同时也珍存着独一无二的雪域文化遗产。

图 4-11　布达拉宫

任务三　大力弘扬工匠精神

一、工匠精神的基本内涵

工匠精神属于职业精神的范畴，是从业人员的一种职业价值取向和行为表现，与其人生观和价值观紧密相连，是从业过程中对职业的态度和精神理念。具体而言，它是指从业人员，尤其是工匠们，对产品精雕细琢、精益求精的理念，是不断地雕琢产品、改善工艺、使产品升华的基础。工匠精神的核心是对品质的追求，工匠精神的目标是打造本行业的精品。其基本内涵包括；敬业、精益、专注、严谨、踏实。

（一）全身心投入的敬业精神

敬业是从业者基于对职业的敬畏和热爱而产生的一种全身心投入的，认认真真、尽职尽责的职业精神状态。中华民族历来有“敬业乐群”“忠于职守”的传统，敬业是中国人的传统美德，也是当今社会主义核心价值观的基本内容之一。早在春秋战国时期，孔子就主张人在一生中始终要“执事敬”“事思敬”“修己以敬”。“执事敬”，是指行事要严肃、认真、不怠慢；“事思敬”，是指临事要专心致志、不懈怠；“修己以敬”，是指加强自身修养，保持恭敬谦逊的态度。宋代大思想家朱熹将“敬业”解释为“专心致志，以事其业”。

（二）追求卓越的精益精神

精益即精益求精，是指对精品的执着坚持和追求，孜孜不倦，反复改进，不断完善，将品质不断提高的精神。精益求精是从业者对每件产品、每道工序都凝神聚力、追求极致的职业品质。正如老子所说："天下大事，必作于细"。能基业长青的企业，无不是精益求精才获得成功的。瑞士手表得以誉满天下、畅销世界，靠的就是制表匠们对每一个零件、每一道工序都精心打磨、专心雕琢的精益精神。

（三）持之以恒的专注精神

专注就是指内心笃定而着眼于细节的耐心、执着坚持，并且专心致志、忠于职守的精神，这是一切"大国工匠"所必须具备的精神特质。从中外实践经验来看，工匠精神都意味着一种执着，即一种几十年如一日的坚持与韧性。成功的企业大都"术业有专攻"，它们一旦选定行业，就一门心思扎根下去，心无旁骛，在一个细分产品上不断积累优势，在各自领域追求卓越。其实，在中国早就有"艺痴者技必良"的说法。古代工匠大多穷其一生只专注于做一件事，或几件内容相近的事情，如《庄子》中记载的游刃有余的庖丁、《核舟记》中记载的奇巧人王叔远等。

模范故事

日本"寿司之神"——小野二郎

一直坚持做寿司的小野二郎（如图 4-12 所示）在他 86 岁那年，被评为"全世界最年长的米其林三星大厨"，可以称得上是一位真正的餐饮匠人。

图 4-12　小野二郎

他的寿司小店位于东京银座地下一层，铺面很小，座位不及十座，没有豪华的装潢，空间也略显逼仄，甚至连厕所都在店外面。这里没有菜单，小野二郎根据当天买来的材料定菜品；这里也没有酒水饮料和小菜，只卖寿司，平均用餐时间仅 15 分钟。但它两度被"美食圣经"《米其林指南》评为三星。

顾客们半围在吧台外依次落座，每个人面前都有一个碟子用来放寿司。小野二郎捏起寿司如行云流水一般，仿佛一首交响曲，从开始到完结，始终保持自己的节奏。小野二郎捏寿司时，表情严肃，目光有神。他观察自己的每一位顾客，比顾客观察他更仔细。如果是女士，他会把寿司捏得略小；如果顾客是左撇子，他放寿司的位置也会有所改变；他会提前安排顾客的位置并记住，以不打乱用餐的节奏。他太认真了，以至于很多客人都说在小野二郎面前用餐会感到紧张。

“这么简单的东西，味道怎会如此有深度？”食客们用幸福的语气问。“每种食材都有最美味的理想时刻，要把握得恰到好处。”小野二郎说。在他的店里，为使章鱼口感柔软，不似橡胶那么僵硬，要对之按摩 40 分钟；为呵护米饭的弹性，要使米饭的温度贴近人的体温；做学徒，先要练习拧滚烫的毛巾，随之是练习用刀及如何料理鱼，大约 10 年后，才允许上台煎蛋……

小野二郎七十岁前，餐厅食材由他亲自挑选，他每天骑车去菜市场，从最信任的商贩那儿“领取”属于他的东西。商贩们说：“有些米只供给二郎，因为只有他知道怎么煮。”“若有 3 千克野虾，那我就会留着，直到他来。”“好东西是有限的，要交到最好的人的手上才行。”

“我一直重复同样的事情以求精进，我总是向往能有所进步，我会继续向上，努力达到巅峰，但没人知道巅峰在哪里。”小野二郎说。

追求技艺的完美，对细节一丝不苟，在重复中精益求精，此即日本传统文化推崇的“职人”生活。“职人”，社会身份即手艺人、匠人，但它同时也是一个精神身份，意味着一种成就、修养和品格。在《留住手艺》一书中，日本作家盐野米松写道：“他们就是这样：了解素材的特性、磨炼自身的技艺、做出好的东西。这是他们的生活本身，是他们的人生哲学。”

（四）一丝不苟的严谨精神

严谨精神，就是指严密、谨慎、细致的精神。真正的工匠一丝不苟、严谨执着，他们精雕于作品的细致入微，精进于事业的精益求精。作为一名从业人员，理应严格遵循工作标准，杜绝粗心大意、随意和盲目，在精、细、实上认真做好工作的每一个细小环节。因为细节决定成败，细节成就伟大。錾刻大师孟剑锋，每创作一件作品，都需要经过很多步骤，每一个步骤都需要精雕细刻，如此精心打造，才能有精美的作品问世。

模范故事

工艺美术师——孟剑锋

孟剑锋（如图 4-13 所示）是中国工艺美术集团的一名錾刻工艺师，从业二十年来，他追求极致，对作品负责，对口碑负责，对自己的良心负责，将诚实劳动内化于心，这是大国工匠的立身之本，是中国制造的品质保障。

2014 年北京 APEC 会议期间，参会的各国元首都收到了一份来自中国的国礼。这份中国的国礼取名为“和美”，是放于一个金色盘子里的一条色泽晶莹的“白丝巾”。这条“白丝巾”的特别在于没人能够将它抓起来，因为它采用了有着近三千年历史的錾刻技艺。

传统的錾刻作品大都为铜器，很少有用于金银器的錾刻，而命名为“和美”的这个国礼，设计要求是一个超级精美的錾刻银器。更为繁难的是，作品所需要的纹理不是规范的几何图形，而是要求呈现出纺织物自然柔美的垂落状态，要表现出纺织物的自然褶皱，并且在宽度只有 0.1 毫米的皱褶中也要錾刻上花纹，表现出纺织品随着光线移动而产生的明暗变化，再现真切的丝光感。如何让一张厚度仅有 0.6 毫米的银片幻化为这件国礼？錾刻使用的主要工具叫錾子。古代的錾刻工匠凭着一把錾子，就能够在金属器皿上錾刻出千变万化的浮雕图案。在20世纪80年代建成的一个老厂房里，中国工艺美术集团錾刻师孟剑锋已经敲了23年的錾子，作为行中高手，他受命制作这份国礼。工欲善其事，必先利其器，一件独具特色的錾刻作品需要适合的錾子才能被制作出来。孟剑锋从古錾子上触摸到前辈的智慧，从古法中探寻并获得启示。八天后，孟剑锋终于造出了最适合用于此次任务的那把錾子。

实际面对的錾刻对象，是厚度只有0.6毫米的银片，要根据设计图案，在这块薄薄的银片上錾出细密的经纬线，交错成为细致的纺织纹理。錾刻过程中，只要有一次用力稍多而錾透了银片，整个作品就会前功尽弃而报废。这就是传说中不许出现一丁点差错的工作。孟剑锋做到了，“国礼”作品终于完成了，金色的盘子里面，一块洁白柔软的“丝巾”自然叠放，接受礼物的人都情不自禁地伸手想去拿那块“丝巾”。如今这份錾刻的国礼已经成了行里的技艺传奇。

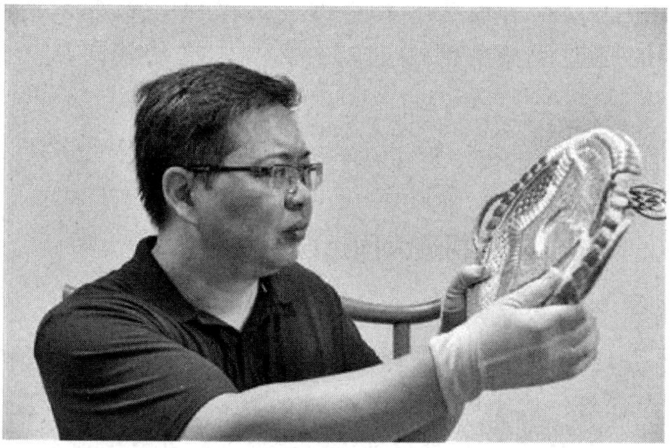

图4-13　孟剑锋

（五）寓巧于拙的踏实精神

踏实精神，就是指工作时切实、不浮躁的精神。真正的工匠都踏实且务实，他们能执着于简单的事情重复做，以“笨功夫”练就了炉火纯青、登峰造极的技艺。在工作中，真正的工匠要做到扔掉“花架子”，杜绝浮躁，摒弃好高骛远，踏实努力，埋头苦干，以“笨功夫”练就自己的真本事。越王勾践遭到失败后并没有心灰意冷，而是脚踏实地一步步恢复实力，才有了“苦心人，天不负，卧薪尝胆，三千越甲可吞吴”的神话。陈景润摘取“数学皇冠上的明珠”，靠的是长年累月一点一滴地演算推进，几大麻袋的演算纸就是最好的例证。

二、工匠精神的本质追求

（一）国家层面：从“制造大国”变为“制造强国”

国家富强、民族振兴、人民幸福是中华民族伟大复兴的中国梦的基本内涵。中国梦本质上反映了中华民族始终坚守和传承的一种信仰，而工匠精神则是对这种信仰的一种务实追求。

中国已是名副其实的制造大国，小到鞋、袜、打火机，大到家电、汽车、轮船，几乎所有行业，中国制造在全球都广受欢迎，并且其市场仍在不断拓展。但是，中国却不是制造强国，与世界制造强国相比，我国一些产品在质量、工艺和设计水平等方面还存在差距。一些企业习惯于走捷径、赚快钱，信奉“差不多就行”，粗制滥造、“山寨”抄袭现象并不鲜见。我国制造业整体呈现大而不强、产品档次整体不高、自主创新能力弱的现状。

2017 年的中央经济工作会议提出了“三个转变”：推动中国制造向中国创造转变，中国速度向中国质量转变，制造大国向制造强国转变。要实现这三个转变，就需要创造具有工匠精神的社会环境，需要建立培育工匠精神的制度，需要培养大批具备工匠精神的人才。

没有工匠精神，就不可能打造中国制造的金字招牌。工匠精神要求企业在产品的个性化、质量和档次上下功夫，要人无我有，而非千篇一律；要追求质量，而非粗制滥造。互联网时代，工匠精神不仅体现了对产品精心打造、精工制作的追求，还要求不断吸纳最前沿技术，创造出新成果。

弘扬工匠精神，将在全社会倡导一种“做专、做精、做细、做实”的作风；树立工匠精神，将带动我国的制造业从中低端走向中高端，推动我国从“制造大国”变为“制造强国”。

知识链接

从制造大国迈向制造强国

1．从“一无所有”到门类最齐全

“中国制造”意味着什么？网上曾流传一个视频，主题是“在美国可以不用中国制造的产品吗？”美国挑战者在 24 小时不用中国制造的产品后，得出的答案是“可以，就是活不下去”。他翻了一遍身上服饰的标签，发现全都印着“中国制造”，就连手里的苹果手机也是在中国组装的。

众所周知，中国制造已经“席卷全球”。在世界 500 多种主要工业产品中，中国有 220 多种工业产品的年产量位居全球第一。

70 年前，中国制造却几乎“什么都不能造”。“而今，我国拥有 41 个工业大类、207 个工业中类、666 个工业小类，形成了独立完整的现代工业体系，是全世界唯一拥有联合国产业分类中所列全部工业门类的国家。”工信部原部长苗圩如是说。

如今，中国制造业实现了从小到大的历史性跨越。一个典型的代表是汽车，据赛迪智库工业经济研究所研究室主任介绍：1956 年 7 月 14 日，“第一汽车制造厂”第一批 12 辆以前苏联“吉斯 150”为原型的解放 CA10 型卡车下线，正式结束了“中国造不出汽车”的历史。2018 年，全国汽车年产量超过 2780 万辆，占全球的 30%，连续十年蝉联全球第一。

中国制造马达强劲、蹄疾步稳。我国工业增加值从 1952 年的 120 亿元增至 2018 年的 30 多万亿元。

经过 70 年的发展，我国制造业形成了体系化的产业链和全球化的供应链，建成了一批规模化的产业基地和产业集群，在国际产业分工中扮演着不可或缺的角色，稳居世界第一制造大国地位。

2．从学习模仿到创中国品牌

1994 年，九阳发明了全球第一台全自动家用豆浆机，中国品牌、中国制造在全球家电行业崭露头角。25 年来，九阳专注创新，推出不用手洗豆浆机、无涂层蒸汽饭煲、炒菜机器人等一系列原创智能新品，见证着中国家庭厨房的变迁。九阳的原创之路证明，不靠别国的技术，靠自身专注原创的那份匠心，中国品牌、中国制造一样能够占据全球家电行业领先地位。

回顾 70 年来，中国制造从学习模仿和代工起步，逐步走向原创创新和铸造中国品牌。

新中国成立后，中国制造的发展大致可分为 4 个阶段。第一阶段是 1949 年至 1977 年的自我发展阶段。新中国成立初期，我国从前苏联学习并建立起一整套工业体系。1970 年，我国第一颗人造地球卫星东方红一号卫星成功发射。

第二阶段是 1978 年至 2000 年的代工阶段。改革开放之后，“三来一补”合作模式兴起，中国制造自此起飞。“三来一补”指的是“来料加工、来件装配、来样加工、补偿贸易”，本质是利用国内低成本优势，通过两头在外——原料在外、市场在外的业务模式，为国际企业代工，赚取基本加工费，形成了中国制造的初期形态。

第三阶段是 2001 年至 2010 年的全球化阶段。随着加入 WTO，我国迅速融入全球大市场，分享全球化红利。国内制造企业通过积极参与全球产业链分工，让我国快速成为“世界工厂”。同时，我国通过扩大开放，既快速推进了自身经济增长和工业化进程，又对全球产业链构建起到了巨大的促进作用。国内优秀制造企业已开始走向全球，而机床、汽车等行业的国内大型制造企业也成功进行了国际并购。

第四阶段则是从 2011 年到现在，是中国制造迈向高质量发展的阶段，也是制造大国迈向制造强国的阶段。

3．从制造工厂到产业链高端

华为在德国慕尼黑发布 Mate30 系列手机，起步价为 799 欧元，最高定价甚至高达 2095 欧元。华为并非打着高价的噱头，而是一直将自己的产品定位为高端产品。多个机构的数据显示，目前华为手机在全球市场销量排名第二。

曾几何时，在产业链处于低端的中国制造终于站在了高处。2010 年，华为手机的销量仅有 300 万台。2019 年 5 月，华为手机全球市场销量已经破亿。

中国制造业正由大谋强。2010 年以来，我国多年稳居世界第一制造大国，并向制造强国迈进。一大批拥有自主知识产权的创新产品涌现出来。2018 年，我国共有 120 家企业入选世界 500 强，其中，以制造业为主营业务的企业有 50 多家。与中国制造业共同成长的还有联想。1984 年，联想在中关村一间小房子里诞生，现在已成为一家年营业额超过 3500 亿元的全球化高科技公司。

4．创新驱动发展

“70 年来，我国制造企业不断加大研发投入，技术创新水平不断提高，成为促进我国制造业持续快速发展的根本动力和源泉。”苗圩举例说。发电、输变电、通信等产业从过去的“跟跑”到“并跑”甚至走向“领跑”，部分已经处于国际领先地位。

（二）企业层面：深耕细作，提升质量

据统计，欧洲、日本中小企业的平均寿命为 12.5 年；美国竞争相对激烈，中小企业的平均寿命也达 8.2 年；而在中国，中小企业平均寿命只有 3.7 年，其中，小微企业平均寿命

还不到 3 年。在《福布斯》“2016 年度全球最具价值品牌排行榜”中（共 100 个品牌），中国企业无一入榜，而在其另一份榜单——“2015 年全球企业 2000 强”中，中国却有十几家企业进入了 100 强。可以看出，中国企业数量众多，但生命周期短，能做强做大的企业寥寥无几。中国企业不乏实力雄厚者，能在全球叫得响的品牌却是凤毛麟角。那么，为什么中国企业很难实现长寿，为什么中国企业很难获得世界美誉？原因之一恐怕就是：中国企业缺乏工匠精神。

另据统计，全球寿命超过 200 年的企业，日本最多，共有 3146 家；德国次之，有 837 家；荷兰有 222 家；法国有 196 家。为什么这些长寿的企业能大量出现在这些国家？中国也不乏百年老店，但与上述国家相比，我们的工匠精神传承做得还远远不够。如今，我国约有 220 种工业品年产量居世界第一，是名副其实的“世界工厂”，然而在全球市场上，谈起品质和质量，却很少把中国制造排在前面。中国制造产量大、附加值偏低，产品主要集中在中低端市场，知名的国际大牌很少，中国企业的转型升级需要更多具有工匠精神的企业管理者和员工。

诚然，改革开放以来，中国经历了令全世界瞩目的高速发展时期，已经积累了充足的生产供给。然而，在注重速度与效率的时代，面对大量的机会，人们容易变得心浮气躁、急功近利。在快速发展并创造充足供应的同时，一些中国企业丢掉了对产品质量的重视和保障。

当前，工业发展进入 4.0 时代，“中国制造”正在向“中国创造”强力挺进，中国庞大的制造业正在产业转型、产品转型、工艺转型中增品种、提品质、创品牌，谋求质的飞跃，国家的供给侧结构性改革对我国生产服务质量提出了新的要求。在此背景下，我们更需要工匠精神的回归。正确看待工匠精神，努力培育工匠精神，认真践行工匠精神，是每一个企业在新的经济背景下发展的必由之路。

（三）个人层面：认真敬业，一丝不苟

工匠精神落在个人层面，就是一种认真精神、敬业精神。其核心是：不是仅把工作当作赚钱养家的工具，而是树立起对职业敬畏、对工作执着、对产品负责的态度，极度注重细节，不断追求完美和极致，给客户无可挑剔的体验。与工匠精神相对的，则是“差不多精神”——满足于 90%，差不多就行了，而不追求 100%。我们应摒弃这种“差不多精神”，将一丝不苟、精益求精的工匠精神融入每一个环节，做出打动人心的一流产品。

三、弘扬工匠精神

弘扬工匠精神是社会文明进步的重要标尺，是中国制造前行的精神源泉，是企业竞争发展的品牌资本，是员工个人成长的道德指引。

“工匠精神”还包括追求突破、追求革新的创新内蕴。古往今来，热衷于创新和发明的工匠们一直是世界科技进步的重要推动力量。新中国成立初期，我国涌现出一大批优秀的工匠，如倪志福、郝建秀等，他们对社会主义建设事业的贡献非常突出。改革开放以来，“汉字激光照排系统之父”王选（如图 4-14 所示）、“中国第一、全球第二的充电电池制造商”王传福（如图 4-15 所示）、从事高铁研制生产的铁路工人和从事特高压、智能电网研

究运行的电力工程师等都是“工匠精神”的优秀传承者，他们让中国创新重新影响了世界。

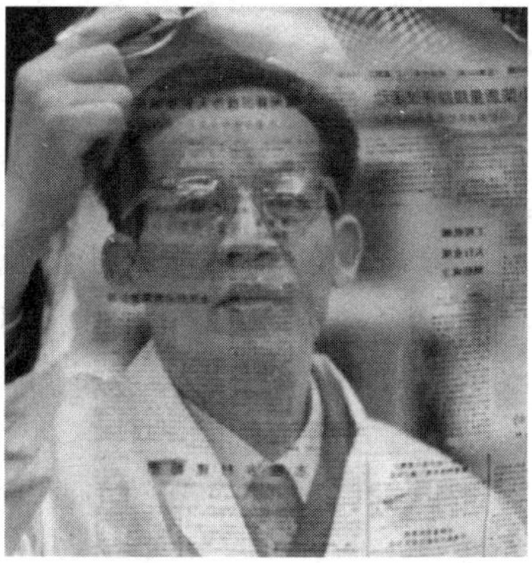

图 4-14　王选

图 4-15　王传福

模范故事

汉字激光照排系统之父——王选

一、中国印刷业告别铅与火，迎来光与电

从北宋的毕昇发明活字印刷术开始，中国工人用手码字块的印刷历史延续了数百年，直到 20 世纪 70 年代，一项由国家支持的科技攻关项目“汉字信息处理工程”启动，才使长期以来的人力劳作得以解放。两院院士、北京大学教授王选发明的“激光照排技术”为中国印刷带来了一次翻天覆地的革命。

从 1975 年开始，王选主持我国计算机汉字激光照排系统和以后的电子出版系统的研究开发，跨越当时日本的光机式二代机和欧美的阴极射线管式三代机阶段，开创性地研制当时国外尚无商品的第四代激光照排系统。

所谓激光照排技术，就是将文字和图像通过计算机分解为点阵，然后控制激光使感光底片曝光，用曝光点的点阵组成文字和图像。通俗一点讲，实际上就是电子排版。电子排版系统的诞生，给出版印刷行业带来了一次革命性的变革。使用激光照排系统不但可以避免铅字排版的低效益和对工人的健康伤害，还具有易改动、成本低和效率极高等特点。目前我国绝大多数的报纸、杂志和书籍都在使用着这套系统，它比古老的铅字排版系统的效率至少提高 5 倍。

一项原创性核心技术可以改变一个时代。激光照排技术的诞生，使我国在发明了活字印刷后，实现了中国印刷技术的第二次革命，让中国印刷业告别铅与火，迎来光与电。这一中国科技进步史上的颠覆性创新，使原创者王选教授当之无愧地被誉为“当代毕昇”。

二、激光照排开辟中国 IT 业技工贸道路

王选主持研发的原创技术称霸全球中文照排市场，成就方正 20 年企业创新发展模式。半导体及芯片技术的发展，使得英特尔可以携其“芯片技术”独霸 PC 市场；个人电脑的兴起，令微软倚仗“视窗技术”称雄软件世界。同样，激光照排技术的问世也使中国的方正在全球中文照排市场上攻城略地，横扫千军，一个庞大的“方正帝国”因此悄然崛起。

创造改变中国。从激光照排技术的成功，到方正帝国的崛起；从技术的创新，到企业运营模式的探索，激光照排技术带给中国的，不仅是科技的革命，更是整个国家对于IT产业发展方向的思考。而王选作为该项技术的发明者、企业的领军人，其创造为先、技术当家的思路成就了一个产业，也引导方正在“技工贸”道路上走过了整整20年。

三、激光照排雄霸全球中文照排市场

方正激光照排系统的研究始于1975年5月，由王选主持研制，当时遭到的非议颇多。然而，王选敏锐地意识到，要实现技术的跨越必须从高起点开始，直接从第四代激光照排技术开始研制。在他主持下，项目组实现了技术上的突破，1987年5月22日，世界上第一张整页输出的中文报纸诞生，标志着方正将自己的核心技术成功地转化为推动社会生产力发展的产品。随后，方正的激光照排技术迅速产业化并被市场广泛接受，到1991年，方正激光照排系统把外国厂商全部赶出中国，99%的报社、90%的出版社和印刷厂采用了这一技术。

一项原创性核心技术可以开创一个市场，托起一个企业。从20世纪80年代后期开始，方正激光照排系统又出口日本、新加坡等地，并在国外引起轰动。如今，第八代方正激光照排系统已经在国内市场处于绝对垄断地位，市场占有率达到95%，并在全球中文照排市场占据90%的份额。迄今，方正激光照排系统已经创造了十几亿元的利润。

班级：________________ 姓名：________________ 学号：________________

实践活动——劳模故事分享会

自新冠肺炎疫情爆发以来，举国上下万众一心，众志成城抗击疫情。在这场疫情防控阻击战中，医护人员等“战士”冲锋在前，在人民与病毒之间砌起高墙，在没有硝烟的战场上冲锋陷阵；纺织等保障供应行业的劳模“战斗”在后，他们立足岗位，以行动支援前线。

请以班级或院系为单位，围绕新冠肺炎疫情中涌现出的各行各业的劳模事迹举办一场“记新冠肺炎疫情之劳模故事分享会”，讲述他们的故事，感受并颂扬他们所传递的劳模精神。讲述的形式可以是单个故事讲述或串讲故事，也可以是配乐诗朗诵等。

【过程记录】

确定参与故事分享会的形式：

准备要点及完成情况：

心得体会：

【结果评价】

教师可参考表 4-1 对学生讲述的劳模故事进行评价。

表 4-1 “记抗击新冠肺炎疫情之劳模故事分享会”活动评价表

评价标准	评价细则	分值	分数小计	教师评价
故事选取	故事真实、典型	20		
	体现自身的感悟	10		
	抗疫故事体现时代精神	10		
语言表达	语速适当，表达有节奏感	10		
	吐字清晰，声音洪亮	15		
形象风度	举止自然得体，精神饱满	10		
	适当运用手势、表情等辅助表达	10		
综合表现	讲述效果好，富有较强的感染力	15		

项目五　了解劳动与安全保障

劳动有合法劳动与非法劳动之分。合法劳动是崇尚劳动、热爱劳动的基本前提，劳动者的合法劳动受到人们的称赞，能够得到法律的保护。非法劳动会遭受人们的谴责，一切非法劳动都不能得到法律的保护，并且会遭到法律的严厉打击。大学生在劳动过程中，不仅要遵守劳动纪律，还要遵守法律法规。此外，大学生作为高素质的人才，理应懂得保障自己的劳动权益，使自己的合法劳动不受侵犯。这就需要我们了解必要的、与求职就业息息相关的法律法规，以便在劳动中遭受侵犯时用法律武器捍卫自己的权利。

学习目标

1. 了解劳动安全和劳动保护的基本内容。
2. 了解常见的安全标志。
3. 了解劳动防护用品的分类，以及正确使用和佩戴方法。
4. 了解有关劳动的法律法规。
5. 了解遵守安全操作规程和劳动纪律的意义。

思维导图

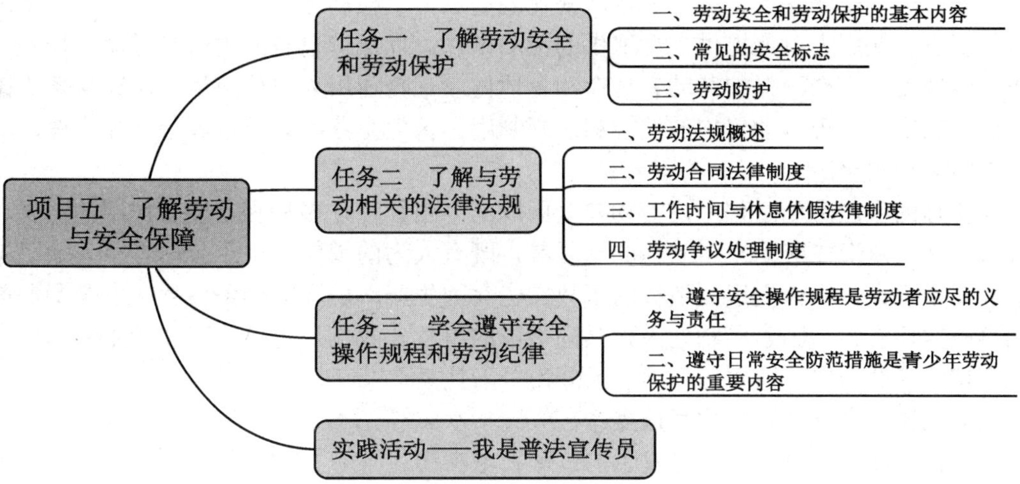

课堂导入

劳动安全该如何保障？

现象一：2019 年，全国接连发生多起煤矿爆炸事故，就其煤矿发生安全事故的根源来看，除去井下地质条件不可抗拒的自然因素外，很大程度上是煤矿职工和管理人员违章作业、违章指挥、违反劳动纪律等人为的“三违”所致。煤矿安全事故的频发，严重危害了社会正常的生产、生活秩序，在给国家造成重大物质损失的同时，也严重侵害、威胁着广大劳动者的生命、健康和利益。

现象二：近年来，我国 30 到 50 岁的青壮年由于长时间加班工作导致过度疲劳而猝然死亡的“过劳死”现象日益突出。有专家呼吁：出现在某些行业的“996”工作制所引发的加班问题存在违法性，事关劳动权利与义务的配置问题，劳动法需要一场“启蒙运动”，需要建立普通劳动者对劳动权益保护的观念。

你对上面现象的看法：____

____

____

课外查阅相关资料或根据自己的理解，用简要的语言对资料内容进行概括，并形成自己的观点准备课堂发言。

任务一　了解劳动安全和劳动保护

一、劳动安全和劳动保护的基本内容

劳动安全是指劳动者在生产劳动过程中的安全和健康没有受到威胁，不存在危险、危害的隐患，是免除了不可接受的损害风险的状态。全面完整地理解劳动安全的含义，不仅需要从保障劳动安全的多重主体立场去理解，还要了解劳动安全问题产生的原因。从不同主体来看，劳动安全保护是劳动者依法获得的基本劳动权利之一，在生产劳动过程中劳动者有权要求企业用人单位提供安全卫生的劳动条件，以保护自身的生命和健康；加强劳动保护，实现安全生产，保护劳动者生命和身体健康是企业用人单位应尽的法律义务；国家可以通过制定一系列劳动保护的法律和法规制度，督促企业用人单位履行法律责任，保障劳动者的劳动安全。

在实际的生产劳动过程中，劳动安全问题的产生往往是多种因素综合作用的结果，需要综合治理。从造成劳动安全问题的原因看，既有人为的因素，由于劳动者个人缺乏安全知识和安全意识、操作失误而造成的事故；也有因生产环境和安全条件存在安全漏洞而出现的事故；还有人为因素和物的因素共同造成的事故。我们还可以将可能发生的劳动安全问题，按生产劳动岗位性质的不同，区分为以下几类：

（1）在矿井中可能发生的瓦斯爆炸、火灾、水灾等。

（2）在机械加工过程中可能发生的绞碾、电击伤。

（3）在建筑施工过程中可能发生的高空坠落、物体打击。

（4）在交通运输过程中可能发生的车辆伤害事故。

（5）在有毒有害作业过程中可能发生的职业病侵害等。

除了上述因生产劳动的直接因素导致的劳动安全问题，广义的劳动安全问题还包括由间接因素导致的安全问题，如劳动者工作时间太长会造成过度疲劳、积劳成疾；女工从事过于繁重的或有害妇女生理卫生的劳动也会对女性劳动者身体造成危害等。由此可见，保障劳动安全不仅指在生产劳动过程中要防止中毒、车祸、触电、塌陷、爆炸、火灾、坠落、机械外伤等危及劳动者人身安全的事故发生，还要防止由于不当的工作时间和工作强度造成的健康问题的产生。因此，为保障劳动者的劳动安全与卫生，不仅需要国家制定相关的劳动保护的法律法规，对企业用人单位的生产安全进行严格管理，还需要劳动者个人掌握必要的劳动安全知识，自觉遵守生产劳动安全规范，养成劳动安全意识，做好个人安全保护。

劳动安全与卫生保护，又称劳动保护，是指以保障劳动者在生产劳动过程中的安全与健康为目的的工作领域及在法律、技术、设备、组织制度和教育等方面所采取的相应措施，包括安全技术规程、劳动卫生规程、对女工和未成年工特殊保护以及各种劳动保护管理制度等。在我国，劳动保护具有重大的政治、经济、社会意义，可以从以下三个方面去理解：

（1）劳动保护是我们国家的一项重要政策，也是社会主义企业管理的一项基本原则。劳动人民是国家的主人，他们通过自己的劳动为国家创造巨大的物质财富，国家把对劳动人民在生产劳动过程中的保护放在重要地位。

（2）劳动保护也是发展社会主义经济的重要条件。社会生产力是由人的因素和物的因素所构成的，而人是生产过程中能动性活动的决定性因素，我们要保护和发展生产力，最重要的还是要保护劳动者，保护他们在生产过程中的安全与健康。

（3）劳动保护是影响社会安定的重要因素。任何时候出现安全事故，都给国家经济带来损失，同时还会给家庭带来极大的不幸，甚至还会给社会带来不安定的因素，造成一定的社会影响。因此，政府要求把劳动保护工作贯穿在企业生产劳动的全过程，做到减少和消灭工伤事故，保障劳动者的劳动安全；保证劳动者有适当的休息时间，减轻劳动强度，减少职业危害，实现安全生产和文明生产。

二、常见的安全标志

安全标志是用以表达特定安全信息的标志，由图形符号、安全色、几何形状（边框）或文字构成，分为禁止标志、警告标志、指令标志和提示标志等类型。下面对安全标志的描述引用于《安全标志及其使用导则》（国标）。该标准规定了传递安全信息的标志及其设置、使用的原则，适用于公共场所、工业企业、建筑工地和其他有必要提醒人们注意安全的场所。

安全色和安全标志是在特定工作环境中，为了提醒劳动者做好防护而设置的。每一种安全色、每一个安全标志都具有特定的含义，需要我们正确识别。

1．安全色

按照我国安全色标准规定，安全色有红色、蓝色、黄色、绿色四种，如图 5-1 至图 5-4 所示。①红色表示禁止、停止，用于禁止标志。例如，机器设备上的紧急停止手柄或按钮、禁止触动的部位都使用红色。红色有时也用于防火。②蓝色表示指令，必须遵守。③黄色表示警告和注意，如厂内危险机器和警戒线、行车道中线、安全帽等。④绿色表示安全状态或可以通行。例如，车间内的安全通道、行人和车辆通行标志，消防设备和其他安全防护设备都用绿色。

图 5-1　禁止吸烟（主色为红色）

图 5-2　必须洗手（主色为蓝色）

图 5-3　当心火灾（主色为黄色）

图 5-4　紧急出口（主色为绿色）

2. **安全标志**

安全标志分为禁止标志、指令标志、警告标志和提示标志四类。安全标志牌要求被放在醒目的地方。

（1）禁止标志：含义为禁止人们的不安全行为。其基本形式为带斜杠的圆形框，圆环和斜杠为红色，图形符号为黑色，衬底为白色，如图 5-5 所示。

图 5-5　禁止标志

（2）指令标志：含义是强制人们必须做出某种动作或采用防范措施。其基本形式是圆形边框，图形符号为白色，衬底为蓝色，如图 5-6 所示。

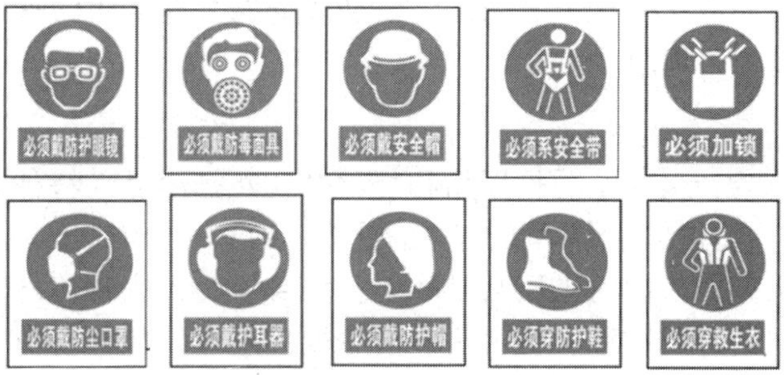

图 5-6　指令标志

（3）警告标志：提醒人们对周遭环境引起注意，以避免可能发生的危险。其基本形式为正三角形边框，边框及图形符号为黑色，衬底为黄色，如图 5-7 所示。

图 5-7　警告标志

（4）提示标志：向人们提供某种信息，如标明安全设施或场所。基本图形是正方形边框，图形符号为白色，衬底为绿色，如图 5-8 所示。

图 5-8　提示标志

三、劳动防护

（一）劳动防护用品分类

劳动防护用品一般按国标《劳动防护用品分类与代码》分类，该标准适用于劳动防护用品生产、统计、订货、储运、经营和分发等方面的管理、信息处理和交换。

1．概念和作用

劳动防护用品就是劳动者在劳动过程中为防御物理、化学、生物等有害因素伤害人体而穿戴和配备的各种物品的总称。劳动防护用品又称劳动保护用品或个人防护用品。

劳动防护用品是劳动安全工作的重要组成部分。当技术措施尚不能消除生产过程中的危险和有害因素，达不到国家标准或有关规定要求时，或不能进行技术改造时，穿戴劳动防护用品就成为既能完成生产任务又能保证劳动者的安全和健康的唯一手段，也是保护劳动者安全和健康的最后一道防线。

2．**分类**

劳动防护用品分为一般劳动防护用品和特种劳动防护用品（特种劳动防护用品实行生产许可制度），按人体防护部位劳动防护用品通常分为 9 大类。

（1）头部防护用品。头部防护用品是为防御头部不受外来物体打击和其他有害因素而配备的个人防护装备。生产过程中伤害头部的主要因素有物体打击伤害、高处坠落伤害、机械伤害、污染毛发（头皮）伤害。头部防护用品按防护功能分为普通（一般）防护帽、防尘帽、防水帽、防寒帽、安全（防冲击）帽、防静电帽、防高温帽、防电磁辐射帽、防昆虫帽和其他头部防护用品，如图 5-9 所示为安全帽。

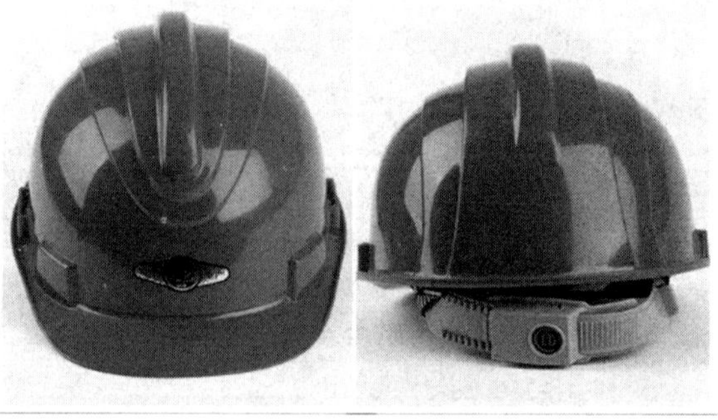

图 5-9　安全帽

（2）呼吸器官防护用品。呼吸器官防护用品是为防御有害气体、粉尘、烟、雾经呼吸道吸入，或直接向使用者供氧或清净空气，保证尘、毒污染或缺氧环境中作业人员正常呼吸的防护用具。生产过程中伤害呼吸器官的主要因素有生产性粉尘和生产性有害物。呼吸器官防护用品按防护功能分为防尘口罩、防毒口罩、防酸碱口罩、给氧装备和其他呼吸器官防护用品；按形式又可分为过滤式和隔离式两类，如图 5-10 所示为防尘口罩。

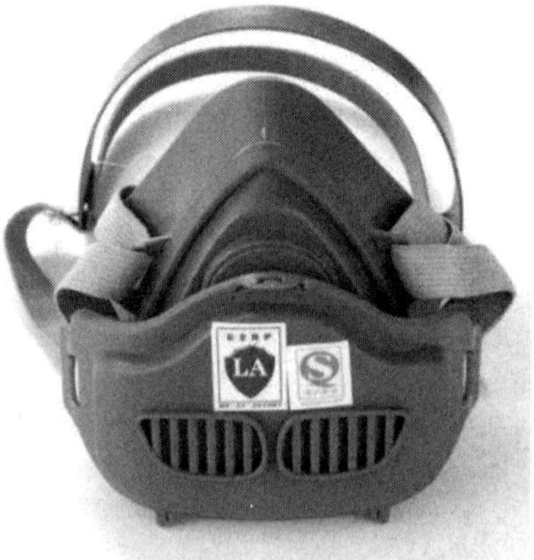

图 5-10　防尘口罩

（3）眼/面部防护用品。眼/面部防护用品是为防御眼/面部不受烟雾、尘粒、金属火花和飞屑、热、电磁辐射、激光等伤害而配备的个人防护用品。常见的生产过程中眼/面部伤害主要有异物性眼伤害、化学性眼/面伤害、非电磁辐射眼伤害、电磁辐射眼伤害、微波和激光眼伤害。眼/面部防护用品按防护功能分为防尘风镜（面罩）、防水眼罩、防冲击眼罩（镜）、防毒面罩、防高温面罩、防电磁辐射眼镜、防射线眼镜（罩）、防酸碱面罩、防风沙面罩、防强光眼镜（面罩）等。如图 5-11 所示为防冲击眼镜。

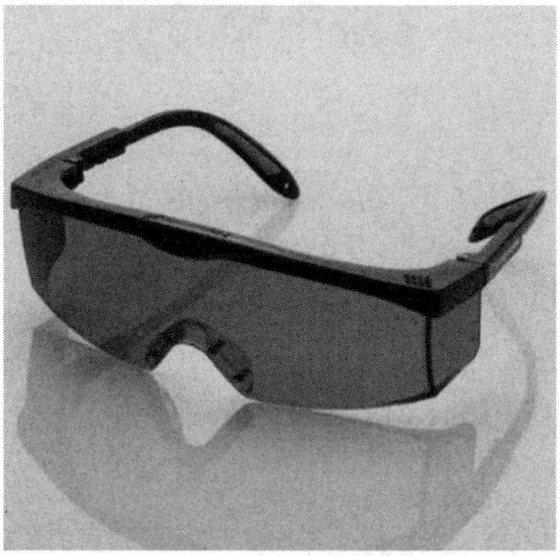

图 5-11　防冲击眼镜

（4）听觉器官防护用品。听觉器官防护用品是为防御噪声侵入耳道，预防噪声对人身引起的不良影响而配备的个人防护用品。生产过程中对听力的损害因素有机械性噪声、空气动力性噪声、电磁性噪声。听觉器官防护用品按防护功能分为防水耳塞、防寒耳罩、防噪声耳塞（罩）等；按形式又可分为耳塞、耳罩和头盔 3 类，如图 5-12 所示为防噪声耳塞。

图 5-12　防噪声耳塞

（5）手部防护用品。手部防护用品用于防御手部不受外来物体打击和其他危险因素侵害。生产过程中对手部的伤害因素是多种多样的，大致可归纳为下列几种因素：火与高温、低温、电磁与电离辐射、电击、化学腐蚀、撞击、切割、擦伤、微生物侵害以及感染等。手部防护用品按防护功能分为普通（一般）防护手套和防水手套、防寒手套、防毒手套、防静电手套、防高温手套、防射线手套、防酸碱手套、防油手套、防震手套、防切割手套及绝缘手套等，如图 5-13 所示为绝缘手套。

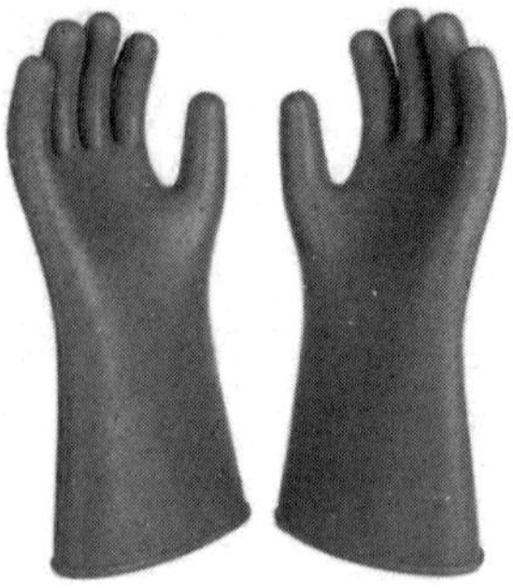

图 5-13　绝缘手套

（6）足部防护用品。足部防护用品是为防御足部不受外来物体打击和其他危险因素而配备的个人防护用品。生产过程中对足部的伤害因素主要有重物、锐利物品、高温、低温、化学物质、电等。足部防护用品按防护功能分为防尘鞋、防水鞋（靴）、防寒鞋（靴）、防冲击鞋（盖）、防静电鞋、防高温鞋（靴）、防酸碱鞋（靴）、防油鞋（靴）、防烫脚盖、防滑鞋、防穿刺鞋（靴）等，如图 5-14 所示为防烫脚盖。

图 5-14　防烫脚盖

（7）躯干防护用品。躯干防护用品是为防御躯干不受外来物体打击和其他危险因素而配备的个人防护用品。生产过程中对躯干的伤害因素主要有高温、强辐射、低温、化学物质、电等。躯干防护用品就是通常讲的防护服，根据防护功能分为普通（一般）防护服、防水服、防寒服、防毒服、防静电服、防高温服、防电磁辐射服、防酸碱服、防油服、防昆虫服、防风服、阻燃服、防砸背心及水上救生衣等，如图 5-15 所示为水上救生衣。

图 5-15　水上救生衣

（8）护肤用品。护肤用品用于防止皮肤（主要是手、面等外露皮肤）受化学、物理等有害因素的危害。生产过程中对皮肤的伤害因素主要有高温、低温、紫外线、化学物质等。护肤用品根据防护功能分为防毒、防射线、防油及其他劳动护肤用品 4 类。

（9）其他劳动防护用品，包括防高温的遮阳伞、防坠落用品的安全带（绳）和安全网、水上救生圈（筏、艇）、电绝缘地板及防滑垫等。

（二）劳动防护用品的正确使用和佩戴方法

1．安全帽使用注意事项

戴安全帽时要将下颌带和后帽箍拴系牢固，以防安全帽滑落与碰掉；热塑性安全帽可用清水冲洗，不得用热水浸泡，不能放在暖气片上、火炉上烘烤，以防帽体变形；安全帽使用超过规定限值，或者受过较严重的冲击后，虽然肉眼看不到裂纹，也应予以更换。一般塑料安全帽使用期限为三年；佩戴安全帽前，应检查各配件有无损坏，装配是否牢固，帽衬调节部分是否卡紧，绳带是否系紧等，确信各部件完好后方可使用。

2．防护眼镜和面罩使用注意事项

（1）选用经产品检验机构检验合格的产品。

（2）产品尺寸要适合使用者的脸型。

（3）镜片磨损粗糙、镜架损坏，会影响操作人员的视力，应及时调换。

（4）防护眼镜要专人专用，防止传染眼病。

（5）焊接防护眼镜的滤光片和保护片要按规定作业需要选用和更换。

（6）防止重摔重压，防止坚硬的物体摩擦镜片和面罩。

3．耳塞的使用和注意事项

（1）在佩戴各种耳塞时，要先将耳廓向上提拉，使耳甲腔呈平直状态，然后手持耳塞柄，将耳塞体部分轻轻推向耳道内，并尽可能地使耳塞体与耳甲腔相贴合。但不要用劲过猛过急或插得太深，以自我感觉适度为宜。

（2）戴后感到隔声不良时，可将耳塞稍稍缓慢转动，调整到效果最佳位置为止。如果经反复调整仍然效果不佳时，应考虑改用其他型号规格的耳塞。

（3）佩戴泡沫塑料耳塞时，应将圆柱体压成锥形体后再塞入耳道，让锥形体自行回弹，充满耳道。

（4）佩戴硅胶耳塞时，应分清左右，不能弄错；插入耳道时，要稍稍转动放正位置，使之紧贴耳道壁。

4．防护手套使用注意事项

（1）防护手套的品种很多，首先应明确防护对象，然后再仔细选用。例如，耐酸碱手套有耐强酸（碱）的，有耐低浓度酸（碱）的，而耐低浓度酸（碱）手套不能用于接触高浓度酸（碱）。切记勿误用，以免发生意外。

（2）使用防水、耐酸碱手套前应仔细检查，观察表面是否有破损，简易办法是向手套内吹口气，用手捏紧手套口，观察是否漏气。漏气则不能使用。

（3）绝缘手套应定期检验电绝缘性能，不符合规定的不能使用。

（4）橡胶、塑料等材质的防护手套用后应冲洗干净、晾干，保存时避免高温，并在防护手套上撒上滑石粉以防粘连。

（5）操作旋转机床禁止戴手套作业。

5. **安全带使用注意事项**

（1）在使用安全带时，应检查安全带的部件是否完整，有无损伤，金属配件的各种环不得是焊接件，边缘应光滑，产品上应有“安鉴证”。

（2）使用围杆安全带时，围杆绳上应有保护套，不允许在地面上随意拖着绳走，以免损伤绳套，影响主绳质量。

（3）悬挂安全带不得低挂高用，因为低挂高用在人员坠落时产生的冲击力大，对人体伤害也大。

任务二　了解与劳动相关的法律法规

一、劳动法规概述

（一）简介

我国现行劳动法规主要有：《中华人民共和国劳动法》（以下简称《劳动法》）、《中华人民共和国劳动合同法》（以下简称《劳动合同法》）、《劳动争议调解仲裁法》（以下简称《仲裁法》）等。

《劳动法》是国家为了保护劳动者的合法权益，调整劳动关系，建立和维护适应社会主义市场经济的劳动制度，促进经济发展和社会进步，根据宪法而制定颁布的法律。

《劳动法》作为维护人权、体现人本关怀的一项基本法律，其内容主要包括：劳动者的主要权利和义务；劳动就业方针政策及录用职工的规定；劳动合同的签署、变更与解除程序的规定；集体合同的签署与执行办法；工作时间与休息时间制度；劳动报酬制度；劳动卫生和安全技术规程等。

（二）《劳动法》规定的权利

1. **劳动者权利**

（1）平等就业的权利。《劳动法》规定，凡具有劳动能力的公民，都有平等就业的权利，即劳动者拥有劳动就业权。劳动就业权是有劳动能力的公民参加社会劳动并按劳取酬的权利。公民的劳动就业权是公民享有其他多项权利的基础。

（2）选择职业的权利。《劳动法》规定，劳动者有权根据自己的意愿、自身的素质、能力、志趣和爱好，以及市场信息等选择适合自己才能、爱好的职业，即劳动者拥有自由选择职业的权利。选择职业的权利有利于劳动者充分发挥自己的特长，促进社会生产力的发展。这既是劳动者劳动权利的体现，也是社会进步的一个标志。

（3）取得劳动薪酬的权利。《劳动法》规定，劳动者有权依照劳动合同及国家有关法律取得劳动薪酬。获取劳动薪酬的权利是劳动者持续劳动不可少的物质保证。

（4）获得劳动安全卫生保护的权利。《劳动法》规定，劳动者有获得劳动安全卫生保护的权利。这是对劳动者在劳动中的生命安全和身体健康，以及享受劳动权利的最直接的保护。

（5）享有休息的权利。我国宪法规定，劳动者有休息的权利。为此，国家规定了职工的工作时间和休假制度，并发展了劳动者休息和休养的设施。

（6）享有社会保险和福利的权利。为了给劳动者患疾病时和年老时提供保障，我国《劳动法》规定，劳动者享有社会保险和福利的权利，即劳动者享有包括养老保险、医疗保险、工伤保险、失业保险、生育保险等在内的劳动保险和福利。社会保险和福利是劳动力再生产的一种客观需要。

（7）接受职业技能培训的权利。我国宪法规定，公民有受教育的权利和义务。所谓受教育既包括接受普通教育，也包括接受职业教育（职业技能培训）。接受职业技能培训的权利是劳动者实现劳动权的基础条件，因为劳动者要实现自己的劳动权，必须拥有一定的职业技能，而要获得这些职业技能，就必须获得专门的职业技能培训。

（8）提请劳动争议处理的权利。《劳动法》规定，当劳动者与用人单位发生劳动争议时，劳动者享有提请劳动争议处理的权利，即劳动者享有依法向劳动争议调解委员会、劳动仲裁委员会和法院申请调解、申请仲裁、提起诉讼的权利。其中，劳动争议调解委员会由用人单位、工会和职工代表组成，劳动仲裁委员会由劳动行政部门的代表、同级工会、用人单位代表组成。

（9）法律规定的其他权利。法律规定的其他权利包括：依法参加和组织工会的权利，依法参与民主管理的权利，依法参加社会义务劳动的权利，从事科学研究、技术革新、发明创造的权利，依法解除劳动合同的权利，对用人单位管理人员违章指挥、强令冒险作业有拒绝执行的权利，对危害生命安全和身体健康的行为提出批评、举报和控告的权利，对涉嫌违反《劳动法》的行为进行监督的权利等。

2．用人单位权利

（1）依法建立和完善规章制度的权利。依法建立和完善规章制度的权利源于用人单位享有的生产指挥权，所有用人单位有权根据本单位的实际情况，在符合国家法律、法规的前提下制定各项规章制度，要求劳动者遵守。

（2）根据实际情况制定合理劳动定额的权利。用人单位与劳动者签署劳动合同后，就有权根据实际情况给劳动者制定合理的劳动定额。对于用人单位规定的合理的劳动定额，在没有出现特殊情况时，劳动者应当予以完成。

（3）对劳动者进行职业技能考核的权利。用人单位有权对劳动者进行职业技能考核，并根据考核结果安排其适合的工作岗位和奖金薪酬。

（4）制定劳动安全操作规程的权利。用人单位有权根据《劳动法》相关规定，制定本单位的劳动安全操作规程，要求劳动者在劳动过程中必须严格遵守操作规程。

（5）制定作息时间的权利。用人单位享有根据本单位具体情况和对员工工作时间的要求，合法安排劳动者作息时间的权利。

（6）制定劳动纪律和职业道德标准的权利。为了保证劳动得以正常有序地进行，用人单位有权制定劳动纪律和职业道德标准。劳动纪律是用人单位制定的、劳动者在劳动过程中必须遵守的规章制度。职业道德是劳动者在劳动实践中形成的共同的行为准则，也是对劳动者的职业要求。当然，制定劳动纪律和职业道德标准必须符合法律规范。

（7）其他权利。其他权利包括提请劳动争议处理的权利、平等签署劳动合同的权利等。

（三）《劳动法》的基本原则

1. 就业平等原则

就业平等原则是指劳动者不因民族、种族、性别、宗教信仰、财产状况等的不同而受到差别待遇，都享有平等就业和选择职业的权利、取得劳动报酬的权利、休息休假的权利、享受社会保险和福利待遇的权利及法律规定的其他劳动权利。

2. 劳动自由原则

劳动自由原则是《劳动法》的核心，主要包括择业自由、合同签署自由、合同内容设定自由及合同形式选择自由四个方面内容，即劳动者从事什么工作岗位、进入哪一个用人单位、是否缔结合同关系、合同内容如何确定、选择何种形式的合同、是否继续履行合同，取决于当事人的自由意志。劳动者在就业方面不受任何力量强迫，任何有违劳动者意愿的强迫劳动都应该受到法律的禁止。

3. 三方协调原则

三方协调原则又称三方协商机制，是指政府（通常以劳动行政部门为代表）、雇主组织和工会共同协商处理有关劳动关系的问题，如工资水平、劳动标准、工作时间、休息休假、劳动安全卫生、生活福利待遇等问题。

4. 倾斜保护原则

倾斜保护原则是指《劳动法》倾向于保护劳动者的合法权益。该原则体现了《劳动法》的价值取向，《劳动法》对工资、工时以及休息休假等劳动条件进行了强制性规定，包括最低工资制度、最高工时等，它对用人单位可能出现的强迫劳动者工作、肆意延长劳动时间等行为进行了限制，以确保劳动者的合法权益。《劳动法》之所以倾向于保护劳动者的权益，是因为劳动者相对于用人单位来说在经济、社会等方面处于弱势地位，只有适度地抑制强者并扶助弱者才能平衡两者的不平等。

二、劳动合同法律制度

在市场经济条件下，劳动者和用人单位通过签署劳动合同建立劳动关系，但由于劳动者与用人单位地位不平等，为了更好地保护劳动者的合法权益，构建和发展和谐稳定的劳动关系，我国专门制定了《劳动法》。

用人单位与劳动者之间建立劳动关系，必须签署劳动合同。劳动合同一经签署，就成为规范双方当事人劳动权利和义务的法律依据。

（一）劳动合同的特征

劳动合同的当事人一方是用人单位，另一方是劳动者。用人单位主要指企业、个体经济组织、民办非企业单位及国家机关、事业单位、社会团体等。劳动者指达到法定年龄，具有劳动能力，以从事某种社会劳动获取收入为主要生活来源的自然人。

劳动合同的标的是劳动者的劳动行为。劳动关系建立后，劳动者即有义务按照用人单位的指示提供劳动，将处于静态的、自身拥有的劳动力转化为动态的劳动行为，以实现劳动合同的目的。

劳动合同的双方当事人具有职责上的从属关系。从属关系具体表现在劳动者进入用人单位后，必须服从用人单位的合法管理和指挥，遵守用人单位的劳动纪律和规章制度，接受用人单位的监督。劳动者创造的劳动成果属于用人单位。

（二）劳动合同的形式和内容

1．劳动合同的形式

劳动合同有口头形式和书面形式之分。根据《劳动法》和《劳动合同法》规定，劳动合同的签署形式必须是书面的。《劳动合同法》还规定，已建立劳动关系，未同时签署书面劳动合同的，应当自用工之日起一个月内签署书面劳动合同。用人单位自用工之日起超过一个月不满一年未与劳动者签署书面劳动合同的，应当向劳动者每月支付两倍的工资。

2．劳动合同的内容

劳动合同的内容即劳动合同的条款，指劳动者与用人单位之间设定权利义务的具体规定。劳动合同的内容直接涉及劳动者与用人单位的切身利益，也关系到国家劳动法律、法规和政策的贯彻实施。因此，劳动合同内容不能完全依照双方当事人的自由意愿约定，还必须遵循有关法律对劳动标准的强制性规定。一般来说，劳动合同的内容包括法定条款、约定条款和禁止性条款。

（1）法定条款。①用人单位的名称、所在地和法定代表人或者主要负责人的基本信息；②劳动者的姓名、住址和居民身份证（或者其他有效证件）号码；③劳动合同期限。我国劳动合同可以是有固定期限的，也可以是无固定期限的，或者是以完成一定工作为期限的；④工作内容和工作地点；⑤工作时间和休息休假；⑥劳动报酬；⑦社会保险；⑧劳动保护、劳动条件和职业危害防护；⑨法律、法规规定应当纳入劳动合同的其他事项。

（2）约定条款。约定条款指法定条款以外，双方当事人在劳动合同中协商议定的条款。约定条款的内容只要不违反法律、法规的规定，同法定条款一样，对当事人具有法律约束力。

（三）劳动合同的确立、履行和变更

1．劳动合同的确立

劳动合同的确立指劳动者和用人单位经过相互选择和平等协商，就劳动合同的条款达成协议，从而确立劳动关系和明确相互权利和义务的法律行为。

确立劳动合同应遵循合法、平等、自愿、协商一致、诚实守信原则。合法原则指无论是劳动合同的当事人、内容和形式，还是确立劳动合同的程序，都必须符合有关法律和行政法规的要求；平等原则要求用人单位不得借助经济实力的优势以及劳动力市场中供大于求的就业形势，对劳动者提出不合理的附加条件，双方应平等地决定是否缔约以及平等地确定劳动合同内容；自愿原则指确立劳动合同完全出自双方当事人自己的真实意志，双方在意思表示一致的情况下，经过平等协商而达成协议；协商一致原则指双方当事人要对劳动合同内容达成一致意见；诚实信用原则指确立劳动合同时，双方当事人要依诚实信用的道德标准，讲究信用，恪守诺言，诚实不欺，在不损害他人利益和社会利益的前提下追求自己的利益。

知识链接

关于试用期的规定

在确立劳动合同时，一般都会约定一定时间的试用期，那么《劳动合同法》关于试用期是如何规定的呢?

第十九条规定：劳动合同期限三个月以上不满一年的，试用期不得超过一个月；劳动合同期限一年以上不满三年的，试用期不得超过二个月；三年以上固定期限和无固定期限的劳动合同，试用期不得超过六个月。同一用人单位与同一劳动者只能约定一次试用期。

以完成一定工作任务为期限的劳动合同或者劳动合同期限不满三个月的，不得约定试用期。试用期包含在劳动合同期限内。劳动合同仅约定试用期的，试用期不成立，该期限为劳动合同期限。

第二十条规定：劳动者在试用期的工资不得低于本单位相同岗位最低档工资或者劳动合同约定工资的百分之八十，并不得低于用人单位所在地的最低工资标准。

2．劳动合同的履行

劳动合同的履行指劳动合同的双方当事人按照劳动合同的约定履行各自所应承担的义务的行为。劳动合同的双方当事人应遵守劳动合同约定，全面、合法地履行义务。

3．劳动合同的变更

劳动合同的变更指双方当事人在履行义务过程中，由于法定原因或约定条件发生变化，对已生效的劳动合同进行修改或补充的行为。变更劳动合同，用人单位和劳动者必须协商一致，并且应该采取书面形式。双方当事人的权利义务，从双方约定变更之日起开始实施。

（四）劳动合同的解除和终止

1．劳动合同的解除

劳动合同的解除指在劳动合同确立以后，尚未履行完毕之前，基于单方或双方的意愿，提前结束劳动合同效力的法律行为。用人单位与劳动者协商一致，可以解除劳动合同。劳动者也可以单方面解除合同，即辞职。劳动者应该提前 30 日以书面形式提出辞职。

用人单位单方解除劳动合同，又称辞退或解雇，必须符合法定条件和按照法定程序进行。它可分为即时解除、预告解除和经济性裁员三种情形。即时解除针对劳动者有过错的情况；预告解除指由于劳动合同不能继续履行，用人单位可以提前 30 日通知劳动者本人或额外支付一个月工资后解除劳动合同；经济性裁员应该听取工会意见，并向劳动行政部门报告。

2．劳动合同的终止

劳动合同的终止指劳动合同的法律效力终止。有下列情形之一的，劳动合同终止：①劳动合同期满的；②劳动者开始依法享受基本养老保险待遇的；③劳动者死亡，或者被人民法院宣告死亡或者宣告失踪的；④用人单位被依法宣告破产的；⑤用人单位被吊销营业执照、责令关闭、撤销或者用人单位决定提前解散的；⑥法律、行政法规规定的其他情形。

用人单位违反劳动法律规定解除或者终止劳动合同，劳动者要求继续履行劳动合同的，用人单位应当继续履行；劳动者不要求继续履行劳动合同或者劳动合同已经不能继续履行的，用人单位应当依法支付赔偿金。

知识链接

疫情防控期间停工停产，用人单位能否停止支付工资

张某为某物流公司员工，双方签署的劳动合同约定其从事跨省货物运送工作，月工资为5000元；物流公司于每月月底发放张某当月工资。受疫情影响，物流公司按照所在地区人民政府施行的防疫措施，自2020年2月3日起停工。2月底，张某发现公司未发工资，便询问公司人力资源部门，人力资源部门答复："因疫情属不可抗力，公司与你的劳动合同中止，2月停工你无须上班，公司也没有支付工资的义务。"张某对此不理解，于3月初，通过互联网向劳动人事争议仲裁委员会（以下简称仲裁委员会）申请仲裁，请求裁决物流公司支付2020年2月工资5000元。仲裁委员会裁决物流公司支付张某2020年2月工资5000元。物流公司不服仲裁裁决起诉，一审法院判决与仲裁裁决一致，物流公司未上诉，一审判决生效。

本案的争议焦点是物流公司能否以不可抗力为由拒绝支付张某工资。本次疫情是突发公共卫生事件，属于不能预见、不能避免且不能克服的不可抗力。不可抗力是民法的一个法定免责条款。最高人民法院发布的《关于依法妥善审理涉新冠肺炎疫情民事案件若干问题的指导意见（一）》规定："人民法院审理涉疫情民事案件，要准确适用不可抗力的具体规定，严格把握适用条件。"人力资源社会保障部、最高人民法院等七部门发布的《关于妥善处置涉疫情劳动关系有关问题的意见》规定："受疫情影响导致原劳动合同确实无法履行的，不得采取暂时停止履行劳动合同的做法，企业和劳动者协商一致，可依法变更劳动合同。"因此，受疫情影响的民事合同主体可依法适用不可抗力条款，但劳动合同主体则不适用并不得因此中止履行劳动合同。

本案中，物流公司主张疫情属不可抗力，双方劳动合同因此中止缺乏法律依据，仲裁委员会不予采信。物流公司自2020年2月3日停工，张某2月未提供劳动。根据人力资源社会保障部办公厅发布的《关于妥善处理新型冠状病毒感染的肺炎疫情防控期间劳动关系问题的通知》（人社厅明电〔2020〕5号）规定："企业停工停产在一个工资支付周期内的，企业应按劳动合同规定的标准支付职工工资。超过一个工资支付周期的，若职工提供了正常劳动，企业支付给职工的工资不得低于当地最低工资标准。"仲裁委员会裁决物流公司按照劳动合同约定，支付张某2020年2月工资5000元。一审人民法院判决结果与仲裁裁决一致。

《劳动法》未引入不可抗力免责条款，主要原因是劳动关系是一种从属性的不对等关系，不同于民事关系（民事关系是两个平等主体之间的关系）。如果用人单位因不可抗力而免责，则会直接影响劳动者生存权。劳动报酬是劳动者赖以生存的经济来源，即使出现不可抗力，劳动者的该项权益仍应予以维护，用人单位也应谨慎区分民事关系与劳动关系适用不可抗力的条件、法律后果，避免适用错误，侵害劳动者权益，并因此承担违法后果。

三、工作时间与休息休假法律制度

（一）工作时间

劳动者的工作时间由法律直接规定，或由集体合同或劳动合同直接规定，劳动者 或用人单位不遵守工作时间的规定或约定要承担相应的法律责任。工作时间有以下几种。

1．标准工作时间

标准工作时间指法律规定的、在一般情况下普遍适用的、按照正常作息办法安排的工作日和工作周的工时制度。我国的标准工作时间为劳动者每日工作 8 小时，平均每周工作 44 小时，每周至少休息 1 天。

实行计件工作的劳动者，用人单位应当根据每日工作不超过 8 小时、平均每周工作不超过 44 小时的工时制度，合理确定其劳动定额和计件报酬标准。

2．缩短工作时间

缩短工作时间指法律规定的、在特殊情况下劳动者的工作时间少于标准工作时间的工时制度（每日工作时间小于 8 小时）。缩短工作时间适用于：

（1）从事井下、高温、有毒有害、特别繁重或过度紧张等作业的劳动。

（2）从事夜班工作的劳动。

（3）哺乳期内的女职工。

3．延长工作时间

延长工作时间指工作时间超过标准工作时间（每日工作时间超过 8 小时）。《劳动法》规定，延长工作时间一般每日不得超过 1 小时，因特殊原因需要延长工作时间超过 1 小时的，在保障劳动者身体健康的条件下延长工作时间每日不得超过 3 小时，且每月不得延长超过 36 小时。

4．不定时工作时间和综合计算工作时间

不定时工作时间，又称不定时工作制，指无固定工作时间限制的工时制度，适用于工作性质和职责范围不受固定工作时间限制的劳动者，如企业中的高级管理人员、外勤人员、推销人员及部分值班人员，或是从事交通运输的工作人员，以及其他因生产特点、工作特殊需要或职责范围的关系，适合实行不定时工作制的职工等。综合计算工作时间，又称综合计算工时工作制，指以一定时间为周期，集中安排并综合计算工作时间和休息时间的制度，即分别以周、月、季、年为周期综合计算工作时间，但其平均日工作时间和平均周工作时间应与法定标准工作时间基本相同。

对符合下列条件之一的职工，可以实行综合计算工时工作制：

（1）交通（含铁路、水运、航空）、渔业等行业中因工作性质特殊，需要连续作业的职工。

（2）地质及资源勘探、建筑、制盐、制糖、旅游等受自然条件限制的行业的部分职工。

（3）其他适合实行综合计算工时工作制的职工。

实行不定时工作制和综合计算工时工作制的企业，应根据《劳动法》的有关规定，与工会和劳动者协商，履行审批手续，在保证职工身体健康并充分听取职工意见的基础上，采用集中工作、集中休息、轮流调休、弹性设置工作时间等适当方式，确保职工的休息、生产和工作任务的完成。

5．计件工作时间

计件工作时间是以劳动者完成一定劳动定额为标准的工时制度，由用人单位根据《劳动法》规定的工时制度合理确定其劳动定额和计件报酬标准。

（二）休息休假

根据法律法规的规定，我国目前休息休假可分为以下几种。

1．工作日内的间歇时间

工作日内的间歇时间指劳动者在一个工作日内的休息时间和用餐时间。一般来说，一个工作日内的休息时间的长短、次数可以由用人单位根据本单位的实际情况自主决定，通常劳动者在连续工作 4 小时后应当安排一次休息，其中用餐时间一般不得少于半小时，这种休息时间不计入劳动者的工作时间之内。

2．连续两个工作日之间的休息时间

连续两个工作日之间的休息时间指劳动者在前一个工作日结束至后一个工作日开始之间的休息时间。在标准工作时间下，劳动者每日的工作时间不得超过 8 小时，也就是说，在连续两个工作日之间的休息时间不得少于 16 小时。实行轮班制的劳动者，其班次应平均调换，一般可在休息日之后调换；调换班次时，不得让劳动者连续工作两班。

3．公休日

公休日，即周休息日，是劳动者工作一个工作周后的休息时间。《劳动法》第三十八条规定：“用人单位应当保证劳动者每周至少休息一日。”即用人单位必须保证劳动者每周至少有一次 24 小时不间断的休息。根据国务院关于职工工作时间的规定，一般情况下星期六和星期日为周休息日；用人单位也可以根据本单位的实际情况，灵活确定本单位的周休息日。

4．法定节假日

法定节假日有全体公民放假的节日、部分公民放假的节日、少数民族节日和纪念日。全体公民放假的节日包括元旦、春节、清明节、劳动节、端午节、中秋节和国庆节。全体公民放假的节日如果适逢星期六、星期日，应当在工作日补假。部分公民放假的节日及纪念日包括妇女节、青年节、儿童节和中国人民解放军建军纪念日。部分公民放假的假日，如果适逢星期六、星期日，无须补假。少数民族节日由各少数民族聚居地区的地方人民政府，按照各民族习惯，规定放假日期。

5．年休假

2008 年 1 月 1 日起施行的《职工带薪年休假条例》规定：国家机关、社会团体、企业、事业单位、民办非企业单位、有雇工的个体工商户等单位的职工连续工作 1 年以上的，享受带薪年休假。职工累计工作已满 1 年不满 10 年的，年休假 5 天；已满 10 年不满 20 年的，年休假 10 天；已满 20 年的，年休假 15 天。职工有下列情形之一的，不享受当年的年休假：

职工依法享受寒暑假，其休假天数多于年休假天数的；职工请事假累计 20 天以上且单位按照规定不扣除工资的；累计工作满 1 年不满 10 年的职工，请病假累计 2 个月以上的；累计工作满 10 年不满 20 年的职工，请病假累计 3 个月以上的；累计工作满 20 年以上的职工，请病假累计 4 个月以上的。

四、劳动争议处理制度

劳动争议指劳动关系当事人（即用人单位与职工）之间就劳动权利、义务所发生的纠纷，具体指劳动者与用人单位之间，因适用国家法律、法规和确立、履行、变更、终止劳动合同以及其他与劳动关系有联系的问题而引发的纠纷。

劳动争议处理制度的核心是劳动争议处理机制。劳动争议处理机制是由各种劳动争议处理机构和相互衔接的争议处理程序共同构成的解决劳动争议的制度体系。我国现行劳动争议处理机制的基本框架由以下几方面组成。

（一）协商

劳动争议发生后，当事人可以协商解决，协商一致后，双方可达成和解协议，但和解协议无必须履行的法律效力，由双方当事人自觉履行。协商不是处理劳动争议的必经程序，当事人不愿协商或者协商不成，可以申请调解或提请劳动争议仲裁。

（二）调解

劳动争议发生后，当事人双方愿意调解的，可以书面或口头形式向调解组织申请调解。调解组织接到调解申请后，可依据自愿、合法原则进行调解。调解不是劳动争议解决的必经程序。当事人不愿调解或调解不成，可直接向劳动争议仲裁委员会申请劳动争议仲裁。

（三）劳动争议仲裁

劳动争议发生后，当事人任何一方都可直接向劳动争议仲裁委员会申请仲裁。劳动争议仲裁是劳动争议处理机制的核心，是处理劳动争议的必经程序；未经仲裁的劳动争议案件，当事人不得向人民法院起诉。

知识链接

申请劳动争议仲裁应提交的材料

1. 向劳动争议仲裁委员会递交《劳动人事争议仲裁申请书》一式两份，内容包括：

（1）劳动者的姓名、性别、出生年月、民族、住址、联系电话。

（2）用人单位的名称、单位地址、法定代表人姓名、职务。

（3）仲裁请求和所根据的事实、理由。

（4）证据和证据来源、证人姓名和住所。

（5）致送单位名称。

2. 递交《劳动人事争议仲裁申请书》的同时，向劳动争议仲裁委员会递交下列材料：

（1）身份证复印件一份。

（2）劳动关系相关证明；其他证明材料。

（3）申请人系用人单位的，交企业法人营业执照复印件、法定代表人身份证明。

（4）有委托代理人的，提交授权委托书；委托代理人系律师的，提交律师事务所公函；代理人系公民的，提交代理人身份证复印件。

（四）诉讼

劳动者或用人单位对《中华人民共和国劳动争议调解仲裁法》第四十七条以外情形所做的仲裁裁决（即针对非“终局裁决”案件所做的仲裁裁决）不服，可以向人民法院起诉。当事人不服一审判决，还可上诉，二审判决为生效判决。

任务三　学会遵守安全操作规程和劳动纪律

一、遵守安全操作规程是劳动者应尽的义务与责任

在社会主义制度下，劳动者的权利与义务相互依存、不可分离，两者是统一的，任何权利的实现总要以义务的履行为条件。认真学习《劳动法》，不断增强劳动法律意识，劳动者才能懂得依法维护自己的合法权益。根据《劳动法》规定：劳动者在劳动过程中必须严格遵守安全操作规程。国家制定的安全操作规程，是劳动者在劳动过程中生命安全、身体健康的法律保证，也是进行正常生产活动、维持企业正常运转的保障。劳动者在劳动过程中既享有劳动保护的权利，又负有执行安全操作规程的义务。劳动者只有严格遵守相关规定，文明生产、安全生产，才能保障生产顺利进行，劳动者自身的生命安全和身体健康，也才有切实保障。

劳动者在劳动过程中要自觉执行安全操作规程，必须做到：

（1）遵守劳动纪律：劳动纪律是组织社会劳动的基础，是进行共同工作所必需的。它要求劳动者在共同劳动过程中遵守一定的规则和秩序，听从管理者的指挥和调度。它是每个劳动者按照规定的时间、质量、程序和方法完成自己所承担的生产任务或工作任务的行为准则。

（2）遵守职业道德：职业道德是所有从业人员在职业活动中应该遵循的行为准则，涵盖了从业人员与服务对象、职业与职工、职业与职业之间的关系。我国的职业道德是以为人民服务为核心的社会主义道德在职业活动中的体现。其基本要求是：爱岗敬业、诚实守信、办事公道、服务群众、奉献社会。

（3）严格执行：执行安全操作规程不仅对劳动者的生命和健康有利，也能防止、消除生产过程中的各种职业危害，保证生产顺利进行。

二、遵守日常安全防范措施是青少年劳动保护的重要内容

青少年应当经常参加生产劳动，学习并掌握一定的劳动技能，培养热爱劳动的思想品

质。在劳动中，青少年一定要把安全放在第一位，做到遵守纪律、服从管理、听从指挥，不要随意行动。劳动时不要用劳动工具嬉笑打闹、互相追逐，以防对自己或他人造成伤害。

青少年在劳动中应该如何保护自己的安全呢？

（1）服装得体：要换好适合劳动的服装，服装以透气、舒适为宜。

（2）正确使用工具：要熟悉劳动工具的正确使用方法，避免因方法不当而对自己或他人造成伤害。

（3）了解安全常识：准备中最重要的一项，就是要了解该项劳动的安全常识，避免在劳动中发生危险情况。

（4）遵守劳动纪律：劳动时不和同学玩耍、打闹，特别是使用工具时严禁嬉戏、追逐、打闹；必须在指定范围内参加劳动；不擅自改变劳动的有关规定，服从分配听指挥。

（5）虚心请教：掌握劳动要领不仅能提高劳动的速度和质量，而且能避免事故的发生，要做到认真听取老师或师傅的讲课，记住劳动的程序，领会劳动的操作要领。在劳动过程中，要虚心接受指导，及时改正不正确的动作，遇到不会操作的地方要及时请教。

（6）切忌蛮干，量力而行：各人的体质不同，力气有大有小，盲目蛮干会伤害身体，青少年处于生长时期，更要注意保护身体。

（7）远离危险物品：劳动时不要接触有害物质，如硫酸、农药等，不随便触摸、玩弄电器及电源开关等。应远离没有防护装置的传送带、砂轮、电锯等危险劳动工具，以免发生意外。

（8）注意个人卫生，尤其是在劳动中接触农药等有害物质的，要及时洗手，避免因不小心导致农药中毒。

班级：________________ 姓名：________________ 学号：________________

实践活动——我是普法宣传员

由于大学生在校期间缺少对劳动法律法规知识的系统学习，且欠缺社会经验，在求职的过程中，可能面对各种各样的就业陷阱及侵权行为。现组织学生开展普法宣传实践活动，收集整理大学生求职就业过程中权益保护的相关法律知识，并向周围同学普及宣传。通过普法宣传活动，使大学生了解并熟知就业的相关政策法规，增强大学生在就业中的自我保护和维权意识，从而使其在就业过程中免受不合理的侵犯，成功就业，帮助大学生更好地走向社会。

【过程记录】

学生分小组选定各自的主题：

查阅相关书籍并在网上查找相关内容：

对搜集的内容进行整理、展示：

心得体会：

【结果评价】

教师可参考表 5-1 对“我是普法宣传员”活动的实行情况进行评价。

表 5-1 “我是普法宣传员”活动实行情况评价表

评价标准	分值	分数小计	教师评价
参与活动的积极性	20		
选定的主题是否科学	20		
搜集的内容是否准确	20		
展示得是否清晰、全面	20		
活动后的感想	20		

项目六　学会创造性劳动

创新是一个民族进步的灵魂，是一个国家兴旺发展的不竭动力。著名的教育家陶行知先生也曾说过“处处是创造之地，天天是创造之时，人人是创造之人。”创造在劳动中无处不在，创造性劳动既是在劳动中创造新事物、新方法、新理论和不断开辟劳动应用范围的活动，也是进行新发现、新发明，创造新技术、新工艺的活动，还是开发新产品和开辟新市场的活动。创造性劳动是人类在劳动中不断开拓新的活动领域，不断冲破常规，不断捕捉新的机遇，不断进行创新和创造，推动人类社会不断进步的复杂过程。

学习目标

1. 了解创造性劳动的内涵与特征。
2. 了解如何科学地开展创造性劳动。
3. 了解创新精神的基本内涵。
4. 掌握培养创新精神的方法。

思维导图

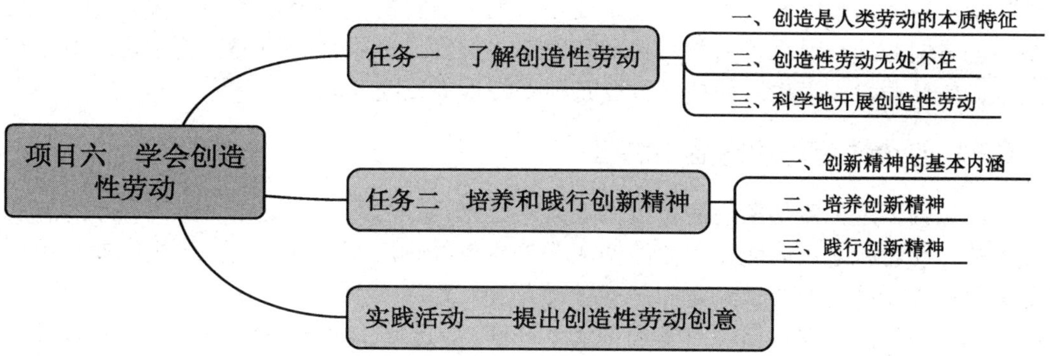

课堂导入

个人如何实现创新？

观点一：不害怕犯错，勇于承担责任。

很多人因循守旧不是因为自己没有想法，而是因为害怕犯错，害怕承担责任。做一天和尚撞一天钟的时代已经过去了，在这个瞬息万变的世界里，我们只有勇于创新，不畏惧失败和犯错，才能更好更快地发展。

观点二：有奉献精神，甘于坐冷板凳。

很多人一辈子都在创新，一辈子都没有得到应有的地位或者享受应有的福利。他们中间很多人默默无闻了一生，很多人到了暮年才让世人知晓。但我们要明白，只有甘于坐冷板凳，有奉献精神，才会在自己的工作中有所创新，有所突破。

观点三：坚持不懈，不轻言放弃。

创新难就难在可能它永远都不会成功，但是，我们必须要坚持不懈地努力。一段路程，要走一百步，你走了九十九步停下了，也没有到达终点。因此，不达目的不罢休，不轻言放弃，才有创新的可能。

你对上面观点的看法：____

____

____

课外查阅相关资料或根据自己的理解，用简要的语言对资料内容进行概括，并形成自己的观点，准备课堂发言。

任务一　了解创造性劳动

一、创造是人类劳动的本质特征

人的劳动是有意识、有创造性的活动，是创造性劳动与机械性（重复）劳动的统一。在人类社会发展过程中涌现出许多创造性劳动，不同时期的创造性劳动有着不同的特点。早期的一般创造性劳动仅仅表现为劳动工具和生产方法的一般进步。工业化以来形成重大创新的创造性劳动则引发了重大的技术变革，为工业化的发展提供了动力源泉。当代飞速发展的创造性劳动，促进了科学理论的新突破，推动了一系列新原理、新学说的诞生和网络技术、信息技术、生物工程技术等一系列新技术的飞跃发展。

（一）创造性劳动的内涵与特征

一般认为创造性劳动的内涵可以阐述为：在创造性思维的支配下，具有科学知识和科学技术的劳动者，通过创造发明来改变人类与自然的物质交换过程，打破生产要素组合的均衡态，形成新的生产要素组合和新的劳动程序，使人类劳动在前所未有的程序上进行，从而加速人类物质财富和精神财富创造的生产活动。创造性劳动的特征有：①新颖性，创造性劳动的产品（包括知识与技术）过去从来没有被公开使用过或者以其他方式为公众所知；②价值性，创造性劳动在创造价值上表现为“乘数效应”，与一般性劳动相比对产品价值的贡献要大得多；③风险性，创新意味着挑战和风险，创新与风险相伴而生，一切创新都是在战胜风险中实现的。

（二）创造性劳动的价值

1. 创造性劳动是人类进化的决定因素

人的劳动是有意识的、具有创造性的活动；动物的行为则是无意识的、条件反射性的活动。这一根本区别，就决定了人有不断发展的前景，而动物则只有变化的可能。在漫长的历史时期中，人类在重复性劳动上所取得的创造性进步微乎其微，重复性劳动使制造工具的技艺代代相传，没有多大改变。近代以来人类劳动向高级形态发展，最主要的标志是创造性劳动的数量和水平的增长。正是创造性劳动，构成了社会生产力进步的核心内容，并驱使经济和社会关系不断演变。

2．创造性劳动是经济社会发展的主要动力

近代以来，创造性劳动的质和量出现明显的增长，引发科技革命，导致社会分工迅速发展，又引起了社会经济生活的一系列变化。资本积累开始从货币资本积累向知识资本积累转变，科学技术的贡献率越来越大。在现代社会，有价值的创新发明，往往比货币资本更重要、更难得。我国提出建设创新型国家的战略，大力发展创造性劳动，推进科学技术发展和自主技术创新，就是要使我国经济竞争力的内涵，从以低成本、低收入的重复性劳动为主，尽快过渡到以高收益的创造性劳动为主，避免重蹈一些发展中国家在高速增长后出现停滞和衰退的覆辙。

3．创造性劳动是个体发展的本质追求

从客观层面上看，劳动始终是人类生存的手段；但从主观层面上看，人们还把它当作自己生活不可缺少的一种活动。人类社会发展必然走向以机器取代全部或大部分重复性劳动的阶段，使人类从繁重的、烦琐的体力劳动中解放出来，到那个时候，劳动不再是简单的谋生手段，而是通过创造性的劳动寻求幸福与自由的第一需要。

二、创造性劳动无处不在

创造力是人人皆有的一种潜在的自然属性，人人都具有待开发的创造潜力。我国教育家陶行知先生在《创造宣言》中曾说过："处处是创造之地，天天是创造之时，人人是创造之人。"这说明创造无处不在，每个人都有创造力。创造在劳动中也是无处不在的，日常生活中的劳动有创造，生产服务劳动中更有创造，创造是推动生产劳动进步的重要动力。

（一）日常生活中的创造性劳动

生活是创造之源。每个人在日常生活劳动中都会或多或少地、自觉不自觉地进行某种创造活动。日常生活中的创造性劳动最常见的表现是生活"小窍门"或者"小妙招"，它们能高效解决日常生活中的不便或烦恼之处，让日常生活更方便、便捷、科学。这样的"小妙招"通常涵盖衣、食、住、行等日常生活的方方面面。例如，针对家居空间中衣物、日常用品和厨房用品等物品摆放容易杂乱无序的困扰，衍生出许多家庭整理收纳的创意"小妙招"，包括衣物叠放方法，并由此衍生出日常用品的整理创意产品（如电源线的收纳）、食材的分类存放方法和相应的收纳罐创意产品等。

（二）生产服务劳动中的创造性劳动

生产服务劳动中蕴含着丰富的创造性劳动，正是劳动者在日常生产服务劳动中的点滴创造，汇聚成促进产业发展和技术进步的重要推动力。生产服务劳动中的创造通常是指采用新方法、新材料、新技术生产产品或提供服务，以达到保证质量、降低成本、保护环境、

提高生产效率的目的。

基于创新、协调、绿色、开放、共享的发展理念推进农业现代化是当前我国农业发展的主要目标。生产手段现代化、生产技术科学化、经营方式产业化、农业服务社会化等是现代农业的核心特征，而创造性劳动则成为现代农业生产的最佳诠释。在现代农业生产经营过程中，先进的生产工具靠人去创造，先进的科学技术靠人去摸索，先进的管理经验靠人去总结，先进的经营体制和运行机制靠人去应用。无论是增长方式的转变，还是生产绩效的提高，都是在人的主观能动作用下得以实现的，如图 6-1 所示为现代化农业场景。

图 6-1　现代化农业

我国的工业现代化整体水平有了长足的进步，但是与世界先进水平仍存在一定的差距。要实现工业现代化，就要在工业生产过程中不断实现机械化、自动化，采用新技术、新材料、新工艺和最新科学技术成果，推动产品创新和技术革新。围绕产品创新的创造性劳动主要表现为研究开发和生产出更好的满足顾客需要的产品，使其性能更好，外观更美，使用更便捷、更安全，总费用更低，包括产品使用功能创新、产品结构创新和产品外观改进等方面。围绕技术创新的创造性劳动则表现为工艺方法的革新、生产材料的替代和重组、工艺装备的革新和操作方法的革新等方面。

现代服务业伴随着信息技术和知识经济的发展而产生，是用现代化的新技术和新服务方式改造传统服务业，创造需求，引导消费，向社会提供高附加值、高层次、知识型的生产服务和生活服务的服务业。现代服务业是通过服务功能换代和服务模式创新而产生的新的服务业。服务业的创造性劳动表现为向用户提供不同于从前的崭新内容，从而提升服务品质与用户满意度，包括服务理念的创新、营销方式的创新、服务技术的革新等方面。例如，酒店行业的竞争将主要在智能化、个性化、信息化方面展开，智慧酒店悄然兴起，这对酒店从业人员的创造性劳动能力提出了新要求。

（三）创造性劳动体现对“卓越创新”的精神追求

党的十九大报告中提出，建设知识型、技能型、创新型劳动者大军，弘扬劳模精神和工匠精神。新时代“工匠精神”的基本内涵，主要包括爱岗敬业的职业精神、精益求精的品质精神、协作共进的团队精神和追求卓越的创新精神四个方面。

我国自古就有尊崇和弘扬工匠创新精神的优良传统，瓷器、丝绸、家具等精美制品和许多庞大壮观的工程建造所体现的工艺水平在世界上长期处于领先地位，而这些都离不开劳动者精益求精、追求卓越创新的工匠精神。中华人民共和国成立以来，我们党带领人民在进行社会主义现代化建设的进程中，始终坚持弘扬工匠精神，无论是“两弹一星”、载人航天工程取得的辉煌成就，还是高铁、大飞机等的设计与制造，都离不开创新，离不开对工匠精神的继承与发扬。

知识链接

中国高铁成就

一、技术方面

（1）中国已系统掌握各种复杂地质及气候条件下高铁建造成套技术，攻克铁路工程建造领域一系列世界性技术难题；全面掌握构造速度200至250千米/小时、300至350千米/小时动车组的技术，能够构建涵盖不同速度等级、技术成熟完备的高铁体系。中国中车集团公司在全球高铁市场占据69%份额，成为世界高铁领跑者。

（2）“复兴号”列车（如图6-2所示）投入运营，装备了由中国自主研发的大功率IGBT（绝缘栅双极型晶体管）；中国标准动车组所采用的254项重要标准中，中国标准占84%，国际兼容标准占16%，不同列车可以重联运行。

图6-2　“复兴号”列车

（3）中国自主研制的40米跨1000吨运架成套设备投入使用，京张城际铁路沿线5G信号基站全部开通。

二、速度方面

中国高铁最高运营速度为350千米/小时，居全球首位。

三、里程方面

全国铁路营业里程为14.6万公里，其中高铁营业里程为3.8万公里。

四、客流方面

2021年，中国高铁全年累计发送旅客达20.05多亿人次。全国高铁网已覆盖94.7%的100万以上人口城市。

加快建设制造强国，加快发展先进制造业，关键在于提高创新能力，而工匠精神是助推创新的重要动力。工匠精神不是因循守旧、拘泥一格的“匠气”，而是在坚守中追求突破、实现创新的“锐气”。把工匠精神融入生产制造的每一个环节，敬畏职业、追求完美，才有可能实现突破创新。我们要通过弘扬工匠精神，培养劳动者追求完美、勇于创新的精神，为实施创新驱动发展战略、推动产业转型升级奠定坚实基础，从而加快建设制造强国，推动经济高质量发展。

三、科学地开展创造性劳动

（一）创造性劳动的过程

英国心理学家沃勒斯提出“创新四阶段”理论，将创新分为四个阶段：准备期、酝酿期、明朗期和验证期。借鉴其思路，我们也可以将创造性劳动划分为四个阶段：问题提出阶段—思考探索阶段—形成方案阶段—实践验证阶段。

1．问题提出阶段

创造性劳动是从发现问题、提出问题开始的。爱因斯坦认为“提出问题通常比解决问题更重要，因为提出问题需要有创新性的想象力”，有价值的问题的提出需要基于知识和经验的积累以及对问题价值的判断。

2．思考探索阶段

在这个阶段，需要围绕问题开展创造性思考和反复尝试，需要多方思维反复碰撞，不断进行组合、交叉、选择、实验，以形成新的创意。

3．形成方案阶段

在这个阶段，需要将解决问题的创意思路和想法记录下来，并根据尝试情况进行筛选，形成问题解决方案。这一阶段，灵感思维通常会发挥决定性作用。

4．实践验证阶段

这一阶段需要将初步的解决方案进行实践、论证和完善，一方面进行理论验证，另一方面进行实践检验，进而保证创造性劳动成果的质量。

（二）创造性劳动的方法与策略

在进行创造性劳动的时候可以借鉴技术创新的一般方法，如转化、改造、移植、组合等方法。

1．转化

转化是指根据已有的科学原理，进行技术发明和技术创新。这种技术创新方法主要是将已有的理论性的科学研究成果，转化为一定的技术原理或技术成果，将知识转化为实物。其特点是具有明显的新颖性和创造性，常能开拓出新的技术手段和方法。比如，吸尘器的发明者，从“吹”灰尘的反向角度——“吸”灰尘思考问题，运用真空负压原理，发明了电动吸尘器，让我们的日常劳动更方便、快捷。

2．改造

改造是指在原有技术基础上进行技术革新、技术改造，特点是其基本技术原理不变，在已有技术原理的基础上对产品的样式、外形、特性和功能，进行技术革新和改造，以研制出形态好、功能多、效率高、成本低、使用方便的新产品、新方法、新工艺、新材料。

装配式建筑是指把传统建造方式中的大量现场作业工作转移到工厂进行，在工厂加工制作好建筑用构件和配件（如楼板、墙板、楼梯、阳台等），并将其运输到建筑施工现场，通过可靠的连接方式在现场装配安装而成的建筑。装配式建筑主要包括预制装配式混凝土结构、钢结构、现代木结构建筑等，采用标准化设计、工厂化生产、装配化施工、信息化管理、智能化应用，是现代工业化生产方式的代表。

3．移植

移植是指把某一事物的原理、结构、方法、材料等应用到新的载体，以创造新事物的技法。第二次世界大战以来，以电子计算机技术、微电子技术、通信技术、核技术、激光技术、新材料技术、空间技术、海洋技术等为主导的现代高技术群相继出现。这些高技术群不断向社会生活的各个领域进行渗透、借鉴和移植，使得社会整体技术水平取得了很大的发展，从而把人类社会引入一个崭新的技术时代。

移植可以分为原理移植、结构移植等、方法移植和材料移植等。原理移植是指将某种科学或技术原理移植到新的领域和载体上。

结构移植是指将某种事物的结构形式和结构特征向另一个事物移植，以产生新的事物的过程。比较典型的案例是将拉链结构移植到外科手术上，形成“外科拉链”技术。

方法移植是指将某一领域的技术方法有意识地移植到另一领域中进行创造性运用，这种移植在技术创新中发挥着重要的启迪和催化剂作用。例如，发酵方法能使面团变得松软多孔，用于制作松软可口的面包。美国人将发酵方法移植到橡胶制品中，生产出海绵橡胶；德国人将发酵方法移植到塑料加工中，生产出泡沫塑料；日本人将其移植到水泥制品中，生产出发泡水泥制品等。

材料移植是指通过更换材料实现创新，以起到更新产品、改善性能、节约材料、降低成本等目的。例如，传统铅笔一般用木材加工制作而成，会消耗大量的资源，环保铅笔则通过材料移植实现了产品创新与能源节约。环保铅笔以废报纸取代木材为主要的原材料，对纸张进行木化处理后，使其具备低成本、不偏芯、易卷削、防火、防水且低碳环保的明显优势。

4．组合

在当代科学技术发展到了一定高度的情况下，要想发明一个替代性技术是非常困难的。这时可以综合已有的各家或各种技术之长为我所用，从而开发出新产品，保持技术领先的优势，在激烈的市场竞争中立于不败之地。20 世纪 50 年代后，日本看准了这一点，提出了“综合就是创造”的思想，并在这一思想的指导下进行技术创新，开发出了许多新产品，使其在很短的时间内取得了技术优势，经济变得繁荣。

组合法就是将两种或两种以上的学说、技术、产品的一部分进行适当叠加和组合，以形成新学说、新技术、新产品的创新思维方法。创新中的组合应满足两个条件：一是由不同的技术因素构成的具有统一结构与功能的整体；二是组合物应具有新颖性、独特性和新的价值。常用的组合法有主体附加法、异物组合法、同类组合法、重组组合法等。

主体附加法又称内插式组合法，是在原有的技术思想上补充新内容、在原有的物质产品上增加新附件，从而使得新的物品性能更强的组合方法；异物组合法通过组合将若干个事物的功能或特点汇集成一体，达到优化事物的目的，实现一物多能或一物多用的效果；同类组合法是两种或两种以上的相同或相近事物的组合，其特点是参与组合的对象和组合前相比，其基本性质和结构没有根本性变化，而是在保持事物原有功能或意义的前提下，通过数量的变化来弥补功能上的不足或得到新的功能；重组组合法是在事物的不同层次上分解原来的组合形式，然后再以新的思想重新组合起来，其特点是改变了事物各部分之间的相互关系。

瑞士军刀是主体附加法的典型案例，它是将许多工具组合在一个刀身上的折叠小刀，由于瑞士军方为士兵配备这类工具刀而得名。在刀具这一主体功能的基础上，附加圆珠笔、牙签、剪刀、平口刀、开罐器、螺丝刀、镊子等功能，后来还增加了激光发射器、手电筒等新功能。

任务二　培养和践行创新精神

一、创新精神的基本内涵

创新是指以现有的思维模式提出有别于常规或常人思路的见解并以此为导向，利用现有的知识和物质，在特定的环境中，为满足理想化需要或社会需求，而改进或创造新的事物（包括产品、方法、元素、路径、环境），并能获得一定有益效果的行为。

培养和践行创新精神，就是要具有能够综合运用已有的知识、信息、技能和方法，提出新方法、新观点的思维能力和进行发明创造、改革、革新的意志、信心、勇气和智慧。它是一个国家和民族发展的不竭动力，也是一个现代人应该具备的素质。创新精神属于科学精神和科学思想范畴，是进行创新活动必须具备的心理特征，包括创新意识、创新兴趣、创新胆量、创新决心，以及相关的思维活动。

创新精神是一种勇于抛弃旧思想旧事物、创立新思想新事物的精神。例如，不满足已有认识（掌握的事实、建立的理论、总结的方法），不断追求新知；不满足现有的生活生产方式、方法、工具、材料、物品，根据实际需要或新的情况不断进行改革和革新；不墨守成规（规则、方法、理论、说法、习惯），敢于打破原有框框，探索新的规律、新的方法；不迷信书本、权威，敢于根据事实和自己的思考，说自己的话，走自己的路；不喜欢一般化，追求新颖、独特、与众不同；不僵化、不呆板，灵活地应用已有知识和能力解决问题……都是创新精神的具体表现。

创新精神是科学精神的一个方面，与科学精神的其他方面不是矛盾的，而是统一的。例如，创新精神以敢于摒弃旧事物旧思想、创立新事物新思想为特征，同时创新精神又要以遵循客观规律为前提，只有当创新精神符合客观需要和客观规律时，才能顺利地转化为创新成果，成为促进自然和社会发展的动力；创新精神提倡新颖、独特，同时又要受到一定的道德观、价值观、审美观的制约；创新精神提倡独立思考、不人云亦云，并不是不倾听别人的意见、孤芳自赏、固执己见、狂妄自大，而是要团结合作、相互交流，这是当代创新活动不可少的方式：创新精神提倡胆大、不怕犯错误，并不是鼓励犯错误，而是认为出现错误认知是科学探究过程中不可避免的；创新精神提倡不迷信书本、权威，但并不反对学习前人经验，任何创新都是在前人成就的基础上进行的；创新精神提倡大胆质疑，而质疑要有事实和思考的根据，并不是虚无主义地怀疑一切……

总之，要用全面、辩证的观点看待创新精神。只有具有创新精神，我们才能在未来的发展中不断开辟新的天地。

二、培养创新精神

（一）要有好奇心

牛顿少年时期就有很强的好奇心，他常常在夜晚仰望天上的星星和月亮。星星和月亮为什么挂在天上？星星和月亮都在天空运转着，它们为什么不相撞呢？这些疑问激发着他的探索欲望。后来，他经过专心研究，终于发现了万有引力定律。能提出问题，说明在思考问题。在学习过程中，如果提不出问题，那才是最大的问题。好奇心包含着强烈的求知欲和追根究底的探索精神，想在茫茫学海获取成功，就必须有强烈的好奇心。正像爱因斯坦说的那样："我没有特别的天赋，只有强烈的好奇心。"

（二）要有怀疑态度

不要认为被人验证过的都是真理。许多科学家对旧知识的摒弃，对谬误的否定，无不自怀疑开始。例如，伽利略根据对亚里士多德"物体依本身的轻重而下落有快有慢"的结论的怀疑，发现了自由落体规律。怀疑是发自内在的创造潜能，它激发人们去钻研，去探索。对于书本上的知识，我们不要认为"是专家教授们写的就不可能有误"。专家教授们专业知识渊博精深，我们是应该认真地学习。但是，事物在不断地变化，有些知识现在适用，将来不一定适用。再说，现有的知识不一定没有缺陷和疏漏。老师不是万能的，任何老师所传授的专业知识不能说全部都是绝对准确的。对待所学习或研究的事物我们应做到：不要迷信任何权威，应大胆地怀疑。这是我们创新的出发点。

（三）要有追求创新的欲望

如果没有强烈的追求创新的欲望，那么无论怎样谦虚和好学，最终都是模仿或抄袭，只能在前人划定的圈子里周旋。要创新，我们就要坚持不懈地努力，勇敢面对困难，要有克服困难的决心，不要怕失败，相信失败乃成功之母。例如，著名学者周海中教授在探究梅森素数分布时就遇到不少困难，有过多次失败，但他并不气馁。由于追求创新的欲望和坚持不懈的努力，他终于找到了这一难题的突破口。1992 年他给出了梅森素数分布的精确表达式。目前这项重要成果被国际上命名为"周氏猜测"。

（四）要有求异的观念

不要"人云亦云"。创新不是简单的模仿。要有创新精神和创新成果，必须要有求异的观念。求异实质上就是换个角度思考，从多个角度思考，并把结果进行比较。求异者往往要比常人看问题更深刻、更全面。

（五）要有冒险精神

创新实质上是一种冒险，因为否定人们习惯了的旧思想可能会招致反对。这里我们所说的冒险不是那些危及生命安全的冒险，而是一种合理性冒险。创新很有可能会失败，但我们至少要最大程度地挖掘自己的创造潜能。

（六）要做到永不自满

一个有很多创造性思想的人如果因为取得了一次成功就停止创新，害怕去思考另一种可能而获得失败，或已习惯了一种成功的思想而不能产生新思想，那么这个人将变得自满，不再能够创造新的辉煌。

三、践行创新精神

（一）走自己的路，不人云亦云

创新的源泉是与现有潮流不同的想法。如果一个人丝毫没有主见，一味地跟随别人的脚步、采取别人的意见与想法，那他永远不可能有创新。王景峰（如图 6-3 所示）便是一个坚持自我的人，当同事开玩笑说他中邪了，他依然专注于自己的事情，不受干扰。

图 6-3　王景峰

王景峰是河北省特等劳动模范、冀中装备石家庄煤矿机械有限责任公司车工班组长。在全省同行业比赛中，王景峰曾两次获得第一名的成绩，因此王景峰被破格晋升为高级技师，这在车工领域，属于顶尖高手了。

爱琢磨、爱钻研的王景峰小发明、小创新不断，有些自动数控机床生产不了的部件，他用手工都能做出来。为加大产能，车间里逐步采用数控机床进行生产，王景峰在数控机床投入生产前就自费报了数控机床学习班，利用工余时间到学校学习。当新型数控机床安装到位时，他已掌握了基本编程技术和操作要领，还设计制作了 10 套数控机床辅具。但王景峰依然热衷于手工机床操作。“数控机床靠程序化控制，适合批量化、标准化生产，但并不是所有的部件都能生产，而手工机床虽然效率低，但什么样的部件都能生产，我操作手工机床靠的就是经验和手感。”王景峰十分自信地说。

“摸卡钳”是王景峰练就的一个高招，而这一高招是只有八级大工匠才会掌握的近乎失传的技术。让王景峰决心练就这一高招的起因是车间将一个很难加工的工件交由他来完成加工。工件上需要开一个盲孔，这个盲孔与其他的孔不同，首先精度要求很高，其次盲孔深度很浅，只有 3 毫米。懂得加工技术的人都知道，这么浅的盲孔，一般的内孔表是无法测量其尺寸的，只有专业测量设备才能检测。到最后精加工时，他每车一刀都要把工件从卡盘上卸下来，拿到检查员那里去测量，回来后他还要把零件重新装卡、找正、再车下一刀，再去测量，严重影响加工效率。

王景峰冥思苦想了一整天，突然想起师傅曾向他提起的“摸卡钳”。他从工具库里借出了一个尘封已久的卡钳。自此，好长一段时间，这个卡钳始终不离他左右，只要看到带孔的工件，他就拿出卡钳来摸一摸、量一量，再同内孔表的测量结果对照一下，看一看摸得准不准。工友开玩笑说他中邪了，死盯着带孔的东西摸来摸去干什么。可他不理会这些，依旧认真揣摩和练习，最终将摸卡钳技术练到了家，成为他的看家本领。

企业的转型升级离不开技术创新，王景峰则在创新的路上一直探索着。在车间，他搞小发明、小创新的例子数不胜数。车间经常接到研发部送来的加工部件图纸和加工流程，但有时研发部提供的加工流程并不是最佳的，此时，王景峰总能根据自己的经验，设计出新的、更快更好的加工流程。不仅如此，王景峰还善于废物利用，他把车间损坏要丢掉的工具稍加改造，就使其变为一种新的工具。

技术上，王景峰毫不保守，总是把自己知道的传授给青年工人，并亲自示范、精心指导，培养了新生力量。他带的十多名徒弟，都成为企业的生产骨干、技术能手。工作十几年来，王景峰加工出了无数个或简单或复杂的零部件。而这一个个零部件，也给王景峰带来了无数荣誉。

（二）熟练掌握，潜心钻研

创新是古代劳动人民解决困难、改善生活的伟大智慧。而在今天，创新已经成为引领发展的第一动力，更是我国建设现代化经济体系的战略支撑。通过数十年的努力，我国已经成为制造业大国。但较之世界制造业强国，我们在核心技术、关键零部件及产品质量等方面仍有较大差距。要使中国真正成为制造业强国，创造性劳动就应成为重中之重。

创造性劳动是建立在开放性思维和挑战性实践的基础上的。创造性劳动不能仅仅靠激情、靠运气、靠苦干，更要以扎实的学识和娴熟的技能为支撑。齐嵩宇（如图 6-4 所示）就是这样一位来自一线的新型技术工人的典型代表。

在中国一汽的工厂里，由于有吃面条、睡车间的习惯，齐嵩宇被大家称为“面条齐”。他觉得用最简单的方式处理生活所需，可以节省更多时间搞发明创造，对症下药解决生产线的技术难题，何乐而不为呢？早在 1994 年齐嵩宇进入一汽工作时，就对厂里那些从美国、德国进口的生产线设备感到陌生又新奇。为了弄明白这些“大家伙”的操作方法，他开启了“面条齐”的工作模式：下班不回家，在维修车间反复拆装生产线的一些替代设备，研究设备分析图纸；由于设备说明书都是外语写成的，他只能拿着词典一个单词一个单词地查；累了就睡在车间的长椅上，饿了就用铝饭盒煮面条吃。齐嵩宇刚从维修岗转到焊接岗时，发现工人们需要花费一天时间去查找几个漏焊点。齐嵩宇下定决心，一定要从根本上解决漏焊点查找难的问题。经过 3 个月的不断尝试，他的第一项发明——电子漏焊监控装置诞生了，在他的手上，汽车行业漏焊点难检测的问题终于取得了重要突破。直到现在，这项技术还在生产线上普遍应用。接下来的日子里，齐嵩宇在发明道路上越走越远、越干越乐，又相继研发出了电阻压力焊接质量自动检测技术、弧焊质量评判技术……成了名副其实的工人发明家。

图 6-4　齐嵩宇

齐嵩宇还带领他的团队用了一年多的时间进行产品开发、成型工艺设计、样件试制等方面的基础研究，成功研发了由 41 个零件构成的 H 平台全铝合金后副车架，突破了国外对我国在这一领域的技术封锁。

在齐嵩宇看来，新时代给予了工人更大的成长空间，同时也赋予了工人更多的使命。他深深地明白：“只有在自己工作的技术领域潜心钻研，做个有思想、有研究的技术能手，才配得上这个奋进的时代。”

“凡益之道，与时偕行。”正在崛起的中国需要建设一支知识型、技能型、创新型的劳动者大军。在不同行业，一批批智慧型劳动者不断涌现，展现出新时代中国劳动者的活力与精彩。

班级：________________　　　姓名：________________　　　学号：________________

实践活动——提出创造性劳动创意

选择下列物品中的一种：灯、饮料瓶、台历，或其他你感兴趣的任何物品，尝试进行一次创意设计，记录你的创意思考过程，并尝试自己进行创意劳动实践。

【过程记录】

创意物品描述：

创意想法：

尝试根据创意进行劳动实践：

心得体会：

【结果评价】

教师可参考表 6-1 对活动实行情况进行评价。

表 6-1　提出创造性劳动创意活动实行情况评价表

评价标准	分值	分数小计	教师评价
参与活动的积极性	20		
选择创意物品的原因	20		
创意想法是否全面	20		
创意落实到实践的情况	20		
活动后的感想	20		

项目七　家庭劳动实践

劳动教育是人生教育中一个重要的组成部分。家庭劳动教育是通过家务劳动树立正确的劳动观念，养成劳动习惯，培养具有独立生存能力的、有责任感的社会人的过程。家庭劳动教育对培养健全的人格、促进人的全面发展、发展聪明才智及动手能力都有重要作用。

学习目标

1. 掌握衣物的洗涤、整理、缝补和收纳技巧。
2. 了解中国的饮食文化和饮食营养。
3. 掌握烹饪的基础知识和注意烹饪安全。
4. 学会制定科学的作息时间表。
5. 掌握使家庭整洁的方法。

思维导图

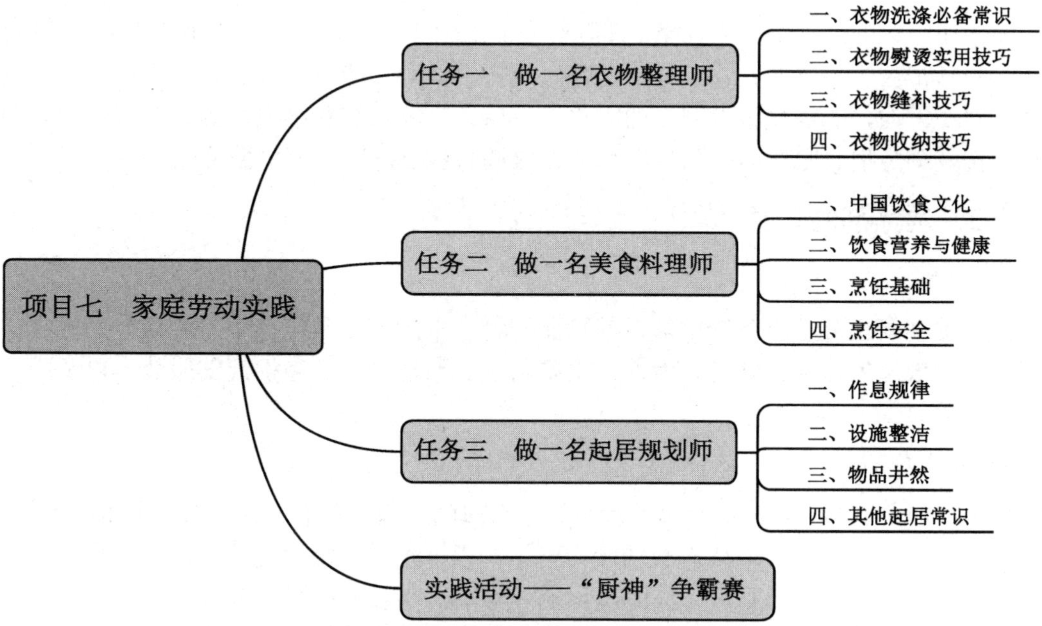

课堂导入

一屋不扫，何以扫天下？

东汉时期，有一少年名为陈蕃，此人自命不凡，一心只想干大事业。一天，陈蕃父亲的好友薛勤来访，见其独居的院内龌龊不堪，便问他："孺子何不洒扫以待宾客？"他答道："大丈夫处世，当扫天下，安事一屋？"薛勤当即反问道："一屋不扫，何以扫天下？"陈蕃无言以对。

你对上面观点的看法：____

____

____

课外查阅相关资料或根据自己的理解，用简要的语言对资料内容进行概括，并形成自己的观点，准备课堂发言。

任务一　做一名衣物整理师

一、衣物洗涤必备常识

（一）洗衣要分类

洗衣服时，不仅要按颜色分类，还要看衣服的材质、种类。衣物按颜色可分为纯白色、浅色（包括带白色条纹的衣物）、深色（黑、蓝、褐等）、艳色（红、黄、橙等）四类进行清洗；材质方面，一定要将毛绒多的衣物（毛巾、毛衣、灯芯绒衣物等）和容易起球的衣服分开洗，避免把衣服洗坏；贴身衣物，如内裤、秋衣裤等，要单独洗涤。

（二）洗涤剂的分类

1. **肥皂**

肥皂的主要成分是脂肪酸钠盐，其总脂肪物含量的高低是肥皂中有效成分的标志，表明肥皂去污效果的优劣。肥皂为碱性，主要用于洗涤棉、麻及涤棉混纺服装，以及床上用品和毛巾等。

2. **洗衣粉**

（1）高泡洗衣粉。这类洗衣粉泡沫丰富，去污能力强，为手工洗涤衣物首选的洗涤剂。

（2）中泡洗衣粉。中泡洗衣粉泡沫适中，在漂洗时泡沫消失较快，经一两次漂洗就能将衣物漂洗干净。这类洗衣粉去污能力较强、用途广，既可手洗也可机洗。

（3）低泡洗衣粉。长期以来人们习惯于使用泡沫丰富的洗涤剂，甚至误认为泡沫越多越能去污，其实并非如此，洗涤剂的去污效能来自洗涤剂本身的化学结构所起的润湿、分散、乳化和增溶作用，降低了水的表面张力，从而产生了去污效能。这种洗衣粉适合在大洗衣机内使用。

（4）加酶洗衣粉。加酶洗衣粉除含有一般洗衣粉的化学成分外，还含有一种碱性蛋白酶，故称为加酶洗衣粉，这类洗衣粉适合于血渍、奶渍、汗渍、果汁渍、茶渍等污迹的洗涤。

（5）增白洗衣粉。增白洗衣粉就是在一般洗衣粉中加入一定数量的荧光增白剂。荧光增白剂实际上就像白色染料，它在水溶液中被吸附在衣物上不会马上被冲洗掉，当荧光增白剂被吸附在衣物上后，能将肉眼看不见的紫外光转变为可见光，从而达到增白的效果。

3．液体洗涤剂

液体洗涤剂分弱碱性和中性两类：弱碱性洗涤剂可以洗涤丝毛等精细类的衣物，这类洗涤剂使用方法简便，易于溶解。

（三）水温应合适

通常来说，水的温度越高，去污效果越好。但要注意，并不是所有衣服都适合用热水洗，我们洗衣服的时候要先看下衣服上面的标签再洗。一般情况下，内衣、床单等要用60℃以上的热水洗，丝质、羊毛织物等物品应用冷水洗。

（四）先放洗衣液，后放衣物

洗衣服时，应先放水和洗衣液，并进行搅动，待洗衣液充分溶解后再放入衣物。这样洗衣服，不仅能让洗衣液更好地发挥作用，还能避免衣物上留下洗衣液的印记。

（五）洗衣液的用量应适度

在使用洗衣液前，应先阅读洗衣液的使用说明，明确洗衣液与水的比例。洗衣液的用量过少，将无法达到去污效果；洗衣液的用量过多，不但会浪费资源，还会产生残留。一般来说，洗衣液的用量稍低于说明书的推荐值即可。

（六）洗衣机不能塞太满

有人喜欢凑一堆脏衣服，把洗衣机填满再洗，以为可以省水省电，殊不知，这样不但容易洗不干净，还会缩短洗衣机的使用寿命。衣物体积最多只应占洗衣机滚筒体积的2/3。

知识链接

顽固污渍洗涤技巧

（1）红墨水渍：新渍先用冷水洗，再用温肥皂液浸泡一会儿，再用清水漂洗；陈渍可先用洗涤剂洗，再用10%的酒精溶液搓擦即可去除。

（2）墨渍：可用饭粒和洗涤剂调匀，涂在污渍部分搓擦，再用清水漂洗干净；也可用一份酒精、两份肥皂制的溶液反复涂擦，亦有良好效果。

（3）圆珠笔油渍：首先要看看衣服是什么料子的，一般做法是在污渍处下面放一块毛巾，用小鬃刷蘸上酒精顺丝轻轻刷洗，待污渍溶解扩散后，再把衣服泡在冷水中，抹上肥皂轻轻刷洗，这样反复两三次，就能基本除去圆珠笔油。如果洗后还留有少量残迹，可再用热肥皂水浸泡或煮沸就可以除去，对棉和棉涤织品可以采用这种方法。如果毛料装粘上圆珠笔油，可先把污渍处放到三氯乙烯和酒精（比例是2：3）的混合溶液中浸泡10分钟，同时不断用毛刷轻轻刷一刷，待大部分油渍溶解后，再用低温肥皂水或中性洗衣粉洗净。

（4）霉斑：用2%的肥皂酒精溶液擦拭，然后用漂白剂（3%-5%的次氯酸钠）或用双氧水擦拭，最后再洗涤。

（5）汗渍：衣服沾上了汗水，时间一长容易出现黄斑，有了汗渍可把衣服放在5%食盐水中浸泡1小时，再慢慢搓干净。

（6）羊毛衫受污染：用开水将中性肥皂液溶解并加一汤匙硼砂，等温度降至60℃把羊毛衫放入肥皂液浸泡三四个小时，再在40-50℃的温水中轻轻揉洗，最后用温水漂洗。如还有洗不净的污染处，可用皂液加两汤匙松节油，调成乳状洗涤，洗净后的毛线衫任其自然干燥，至大半干时可用不太烫的熨斗隔一层布将其烫干熨平，再略加晾晒即可。

（7）血渍：刚染上的血渍可先用冷清水浸泡几分钟，然后用肥皂或酒精洗涤。如是陈迹可用柠檬汁加盐水除掉，也可用白萝卜揩擦，但切忌用热水洗。也可以用清水将血渍洗至浅棕色后，再用甘油皂洗涤，最后在温水中漂洗干净。

（8）烟筒油渍：衣服上染上烟筒油渍要立即用汽油擦洗（从污迹外部往里擦洗，避免污迹扩大）或用温皂液洗涤。

（9）蜡纸、复写纸色迹：先用洗衣粉洗，再用汽油洗，最后用酒精擦。

（10）咖啡迹：不太浓的咖啡污迹可用肥皂或洗衣粉浸入热水中清洗干净；较浓的咖啡则应在鸡蛋黄内洒入少许甘油，混合后涂抹在污迹处，待稍干后再用肥皂及热水清洗可将咖啡污迹清除干净。

（11）鸡蛋迹：衣服，尤其是饭桌的台布上常有鸡蛋的污迹，先把台布浸在冷水里，浸透后用棉布或棉布蘸少许食盐擦拭，最后用温水清洗。

（12）口红迹：染在浅色服饰上的口红，可先浸透汽油，然后再用肥皂水擦洗便可洗净。

（13）口香糖污迹：粘在衣物、墙壁或其他物品上的口香糖污迹，可先用棉花或布巾浸上白醋，再用其擦洗污迹处，可擦洗干净。

二、衣物熨烫实用技巧

熨烫，指的是通过加热熨斗烫平衣料。一般使用熨斗熨烫衣物，可使衣物平整。

（一）准备工作

熨斗（如图7-1所示）一个，熨案（如图7-2所示）一个（或平整的台面），薄棉布一块。

（二）基本熨烫原则

（1）熨烫的原则：先烫反面，再烫正面；先烫局部，再烫整体。

（2）上装的熨烫顺序是：分缝—贴边—门襟—口袋—后身—前身—肩袖—衣领。

（3）裤装的熨烫顺序是：腰部—裤缝—裤脚—裤身。

（4）衬衫的熨烫顺序是：分缝—袖子—领子—后身—小裥—门襟—前肩。

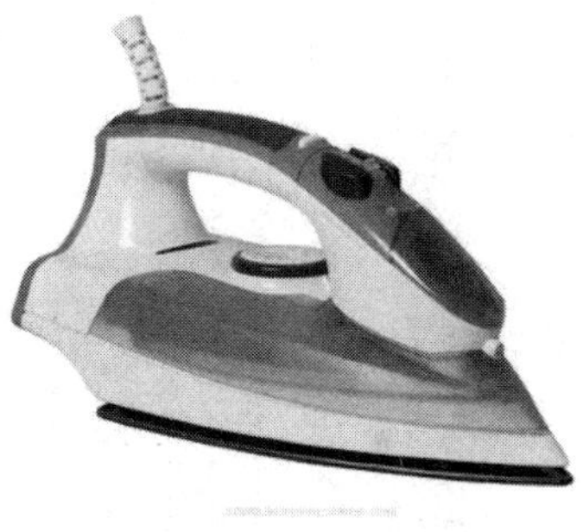

图 7-1　熨斗

图 7-2　熨案

（三）熨烫步骤

（1）熨斗内注水。注水时应往熨斗内灌注冷开水，以减少水垢的产生，避免喷气孔堵塞。

（2）选择温度。熨斗上一般会有调节温度的旋钮，使用时可根据衣物的材质选用不同的温度，也可根据衣物上的熨烫标识选用合适的温度。常见的熨烫标识及其代表的含义如图 7-3 所示。

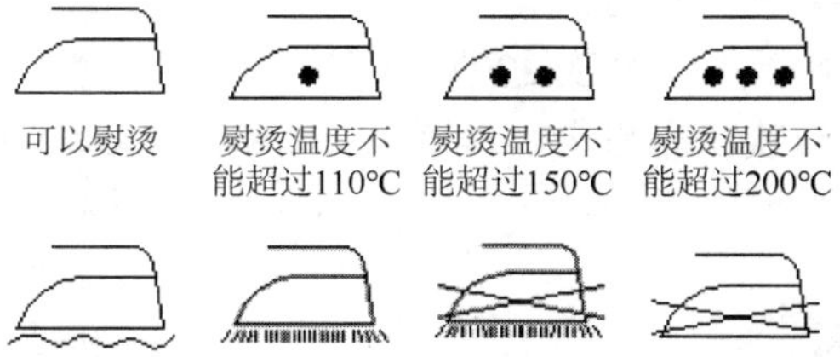

图 7-3　常见的熨烫标识及其代表的含义

（3）熨烫。熨烫过程中应保持衣物平整，以免熨烫过后衣物再次留下褶皱。同时，应在水温达到所调温度后再开始熨烫，因为在温度条件不够时，无法形成水蒸气。

（4）熨烫完的衣服不要马上挂入衣柜，而应先挂在通风处，待衣服完全干透之后再挂进衣柜，以免衣物发霉。

（四）不同布料衣物的熨烫方法

（1）棉麻衣物（如图 7-4 所示）的熨烫方法：

熨烫温度：160～200℃。

熨烫手法：①动作敏捷，但不能过快；②往返不宜过多；③用力不宜过猛；④熨烫淡色棉麻织品时应保持匀速，以免衣料发黄。

（2）丝质衣物（图 7-5 所示）的熨烫方法：

熨烫温度：110～120℃。丝质衣物需低温熨烫，过高的温度容易导致衣物褪色、收缩、软化、变形，严重时还会损坏衣物。

熨烫手法：①垫布熨烫，或熨烫衣物反面；②熨烫时熨斗要不断移动位置，不能在一个地方停留时间过久，以免产生烙印水渍，影响衣物的美观。

图 7-4　棉麻衣物

图 7-5　丝质衣物

（3）皮衣（图 7-6 所示）的熨烫方法：

熨烫温度：80℃以下。

熨烫手法：①垫干燥的薄棉布进行熨烫；②熨烫时用力要轻，以防烫损皮革。

（4）毛织衣物（图 7-7 所示）的熨烫方法：

熨烫温度：薄款 150℃以下，厚款 200℃以下。

熨烫手法：①先将湿布盖在布料上，再熨烫；②熨烫时，熨斗应平稳地在衣服上移动，不宜移动过快。

图 7-6　皮衣

图 7-7　毛织衣物

（5）合成纤维衣物的熨烫方法：

合成纤维种类繁多，不同的合成纤维衣物的耐热程度各不相同。初次熨烫前可先找衣物里面不明显的部位试熨，在掌握了适合的熨烫温度后再进行大面积熨烫。

知识链接

熨烫衣服小贴士

（1）要熨烫的衣服最好不要晾晒得太干，如果衣服太干，熨前则应将其放在光滑的板面上均匀喷水，或在衣服上铺垫拧干的湿布。

（2）如果衣服上有小霉点，可用含醋的水洗刷干净后再熨。

（3）准备一块方形纯棉布作为垫布，因为直接用熨斗在衣服表面烫，时间长了会发亮、发白，需要在上面盖一块棉布再熨。

（4）熨烫时要顺衣料的纹线熨烫，如遇斜剪的衣料，亦应顺纹而熨。

（5）一般情况下，熨衣时应先熨反面，后熨正面；先熨厚的，后熨薄的；先熨尼龙，后熨棉麻。

（6）雪纺纱之类较薄细的质料，应使用较低温熨烫，熨烫时不可太用力，以免弄破。

（7）如果衣物的皱褶太深，不易熨平，可在上面喷洒一些稀释的白醋后再熨，就很容易被熨平，而无须反复熨烫损坏面料。

（8）熨女士衣物时，可先喷洒几滴香水，熨后衣服散发幽香。

（9）如果熨斗使用时不太平滑，可用旧棉布包些蜡烛碎片摩擦熨斗底部。

（10）衣物熨烫完毕后不宜马上打包或收进衣橱，应立即悬挂起来，散掉潮热气，保持挺括，减少发霉生臭的可能。

三、衣物缝补技巧

（一）准备工作

事先准备针线盒，如图 7-8 所示。

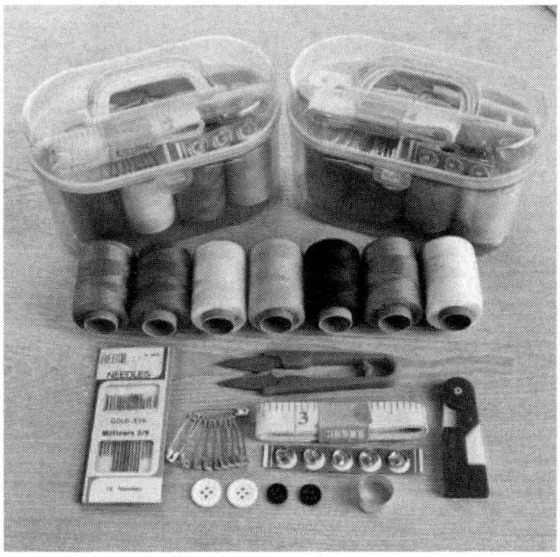

图 7-8　针线盒

（二）常用针法

做好针线活的前提是要学会常用的针法。缝制衣物常用的针法有平针法、包边缝、回针缝等。

（1）平针法是最基础的针法，也是最常用的针法，如图 7-9 所示。这种针法主要用于拼接布料和缝制布料的轮廓。缝制时要注意针脚间隔均匀，间隔一般为 3 毫米左右，也可根据实际情况调整。

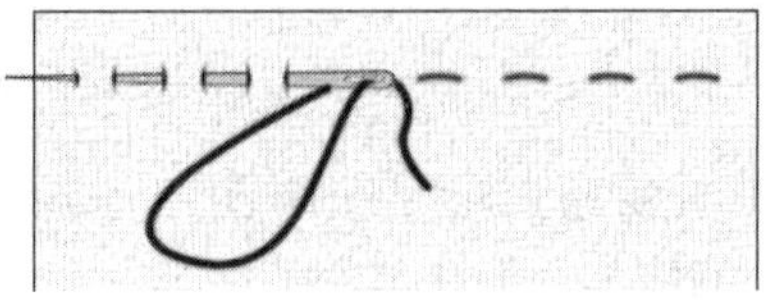

图 7-9　平针法

（2）包边缝一般用于缝制织物的毛边，以防织物的毛边散开，如图 7-10 所示。

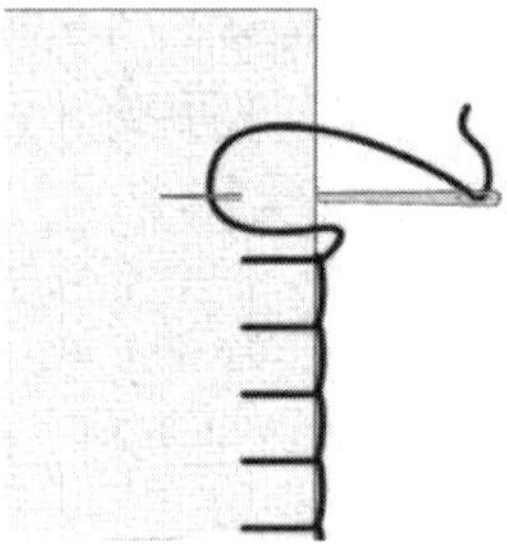

图 7-10　包边缝

（3）回针缝是类似于机缝而且最牢固的一种手缝方法，用这种方法可以缝合拉链等牢固度要求较高的地方，如图 7-11 所示。

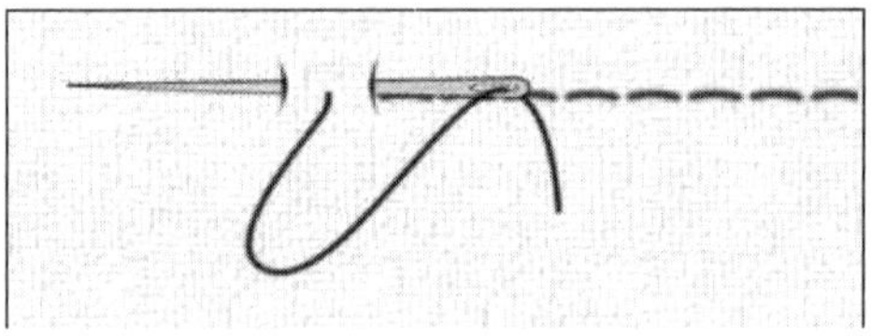

图 7-11　回针缝

（三）穿针小技巧

1．摩擦穿针法

这个方法不用借助任何工具，直接将线放在手掌上。然后将针眼压在线上左右摩擦，摩擦一会儿线就直接从针眼里穿过来了，然后把线拔出来，这样就穿好了。

2．单线穿针法

上一根线用过之后一般是会残留一点的，不要把残留部分拔出来，留在针上，等到下次穿针的时候，可以将需要穿的线，放在针上没用完的线一端。然后围着这根没用完的线缠绕几圈，再把另一端没用完的线轻轻一拉，这根新线就会跟随这根没用完的线，轻松穿过针眼。

3．扫把毛穿针法

现在的扫把都是塑料做的，其前面的毛比较坚硬而且又细，可以从上面扯一根下来。然后对折，将前面捏紧。将线穿过扫把毛闭合端。最后将扫把毛开口端对准针眼，因为扫把毛比较坚硬又细，所以可以轻松穿过针眼，然后捏住开口端，将其从针眼拉出来就可以将线一起带过来了。

四、衣物收纳技巧

各式各样的衣服随意堆放在衣柜里，既不美观也不便于拿取。那么，应如何合理使用衣柜空间收纳衣服呢？

（一）收纳方式

1. 折叠法收纳衣物

折叠是最常用的衣物收纳法，如图 7-12 所示。把衣服按相同的尺寸或宽度折叠好，层层排放堆叠，看起来整齐又清爽，适合不怕皱或不会皱的衣服。

图 7-12　折叠法

2. 开架法收纳衣物

也可以像服装店一样，把衣物挂在开放式的衣架上，不仅通风好，而且方便选用搭配，如图 7-13 所示。

图 7-13　开架法

3．吊挂法收纳衣物

横杆吊挂是衣柜的基本收纳功能，也是衬衫、风衣、裤子等易皱衣物的收纳方式，如图 7-14 所示。

图 7-14　吊挂法

4．抽屉法收纳衣物

使用抽屉收纳衣物时，要先分好类，这个格放什么，那个格放什么，方便以后取用，如图 7-15 所示。

图 7-15　抽屉法

5．容器法收纳衣物

超市或者便利店有各种各样的塑料收纳盒，用来收纳衣物非常适合。注意，选择同色系或一样大小的收纳盒，看起来会更整齐，如图 7-16 所示。

图 7-16　容器法

（二）衣物折叠方法

首先，应将衣物按照样式进行分类，如分为衬衫、裤子、裙子、短袖、毛衣、外套、内衣、内裤、袜子等类别。

其次，将分类好的衣服一一折叠，折叠方法如图 7-17 所示。

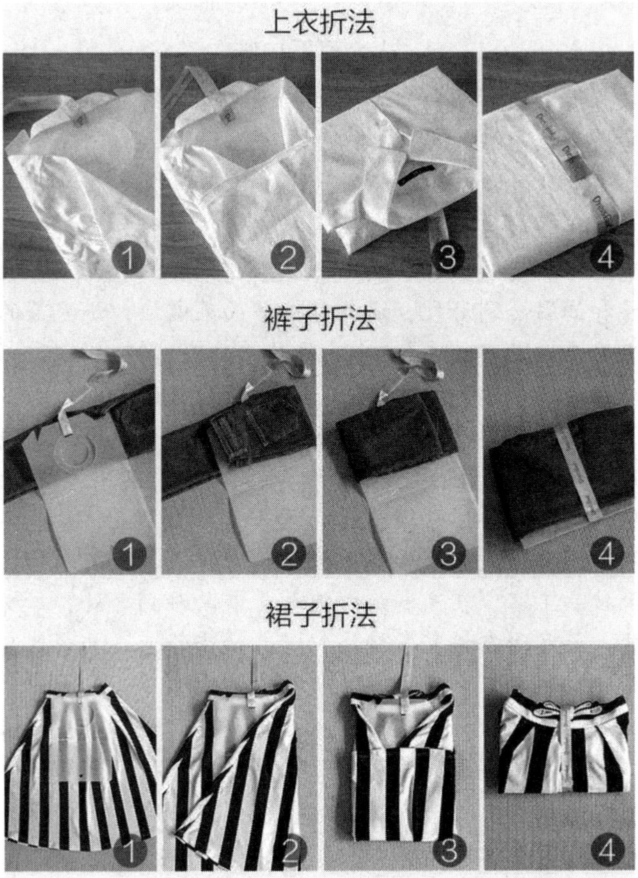

图 7-17　衣服折法

最后，将折叠好的衣服按季节进行分类。属于当季的衣服，可放于衣柜中易于拿取的位置；属于其他季节的衣服，可放于衣柜顶层或收纳盒、收纳袋中。

任务二　做一名美食料理师

一、中国饮食文化

学做饭，首先要了解我国源远流长的饮食文化。我国地大物博，在饮食上总体呈现出风味多样、讲究美感、食医结合等特点。

（一）风味多样

我国幅员辽阔，物产丰富，各地区由于气候、物产、习俗、生活环境等的不同，发展出了各式各样、具有地方风味和特色的菜系，通常分为川菜、鲁菜、粤菜、闽菜、苏菜、浙菜、湘菜和徽菜八大菜系。各个菜系在原料选用、烹调技艺、口味等方面特点鲜明。

知识链接

八大菜系口味

川菜：口味麻辣为主，菜式多样，清鲜与醇浓并重，善用麻辣调味（鱼香、麻辣、辣子、陈皮、椒麻、酸辣诸味）。

鲁菜：口味咸鲜为主。讲究原料质地优良，以盐提鲜，以汤壮鲜，调味讲求咸鲜纯正，突出本味，咸鲜为主，火候精湛，精于制汤，善烹海味。

粤菜：口味鲜香为主。选料精细，清而不淡，鲜而不俗，嫩而不生，油而不腻，擅长小炒，要求掌握火候和油温恰到好处，还兼容许多西菜做法，讲究菜的气势、档次。

闽菜：口味鲜香为主。尤以“香”“味”见长，具有清鲜、和醇、荤香、不腻的风格，三大特色：一长于红糟调味，二长于制汤，三长于使用糖醋。

苏菜：口味清淡为主。用料严谨，注重配色，讲究造型，四季有别，烹调技艺以炖、焖、煨著称；重视调汤，保持原汁，口味平和，善用蔬菜，其中，淮扬菜讲究选料和刀工，擅长制汤；苏南菜口味偏甜，善用香糟、黄酒调味。

浙菜：口味清淡为主。菜式小巧玲珑，清俊逸秀，菜品鲜美滑嫩，脆软清爽，运用香糟、黄酒调味，烹调技法丰富，在烹制海鲜河鲜上有其独到之处，口味注重清鲜脆嫩，保持原料的本色和真味。菜品形态讲究，精巧细腻，清秀雅丽，其中北部口味偏甜，西部口味偏辣，东南部口味偏咸。

湘菜：口味香辣为主，品种繁多。色泽上油重色浓，讲求实惠；香辣、香鲜、软嫩，重视原料互相搭配，滋味互相渗透。湘菜调味尤重香辣。相对而言，湘菜的煨功夫更胜一筹，几乎达到炉火纯青的地步。煨，在色泽变化上可分为红煨、白煨，在调味方面有清汤煨、浓汤煨和奶汤煨，小火慢炖，原汁原味。

徽菜：口味鲜辣为主。擅长烧、炖、蒸，而爆、炒菜少，重油、重色，重火工。重火工是历来的，其独到之处集中体现于擅长烧、炖、熏、蒸类的功夫菜上，不同菜肴使用不同的控火技术，形成酥、嫩、香、鲜独特风味，其中最能体现徽式特色的是滑烧、清炖和生熏法。

（二）讲究美感

我国菜系众多、菜品多样，但无论哪种菜系，都追求色、香、味俱全。“色”即菜的色彩、卖相，在食物不再仅仅是饱腹之物时，运用各种食材、配料和烹调方法，调配好一道菜肴的色彩，是一种让食物赏心悦目的艺术。

（三）食医结合

我国烹饪讲究食医结合，认为食物与医疗保健有着密切的联系，在几千年前就有“医食同源”“药膳同功”的说法。许多食物原料都具有药用价值，利用这些原料做成的佳肴，不仅美味，还能达到防治疾病的目的。例如，绿豆具有清热解暑、止渴利尿的功效，苦瓜具有清热解暑、明目解毒的功效，胡萝卜具有补肝明目、清热解毒的功效，梨具有清热镇静、化痰止咳的功效等。

二、饮食营养与健康

营养是人类为了维持生命，满足机体生存、学习和工作能量需要的物质基础。在营养学界，通常将人体对食物的摄取、消化和利用的整个过程称为营养吸收。营养素则是指保证人体生长、发育、繁衍和维持健康生活的物质，其中最主要的营养素是碳水化合物、蛋白质、脂肪、水、矿物质和维生素。大学生是青年中的一个特殊群体，正处于生长发育的中后期，活泼好动，运动量大，加上繁重的脑力劳动等，正处在一生中各种营养素需要量最大的时期。

（一）养成良好的饮食习惯

（1）饮食有节，定时定量，避免过饥过饱、暴饮暴食。

（2）养成吃早餐的良好习惯。早餐是一天中最重要的一餐，及时补充营养是保证脑力、体力恢复的重要手段，尤其对于学生，不吃早餐将直接导致上课注意力不集中，思维滞后，所以早餐一定要吃好。

（3）改正饮食随意性大、吃饭太快、零食代替正餐、饮食规律受情绪好坏影响等不良饮食习惯。

（二）摄入全面、均衡的营养

（1）各种食物营养搭配应保证合理，平衡鱼、肉、蛋、奶、豆类和蔬菜、水果的摄入。

（2）不偏食挑食及盲目节食，多食新鲜蔬菜水果。

（3）学习紧张或考试期间一定要注意加强营养，因为在人体处于紧张状态下，一些营养素如蛋白质、维生素 A 和维生素 C 的消耗会增加。要注意这些营养素的补充，像鱼、瘦肉、肝、牛奶、豆制品等食物中就含有丰富的蛋白质和维生素，新鲜的蔬菜和水果中含有丰富的维生素C和矿物质等。如图7-18所示为中国居民平衡膳食宝塔。

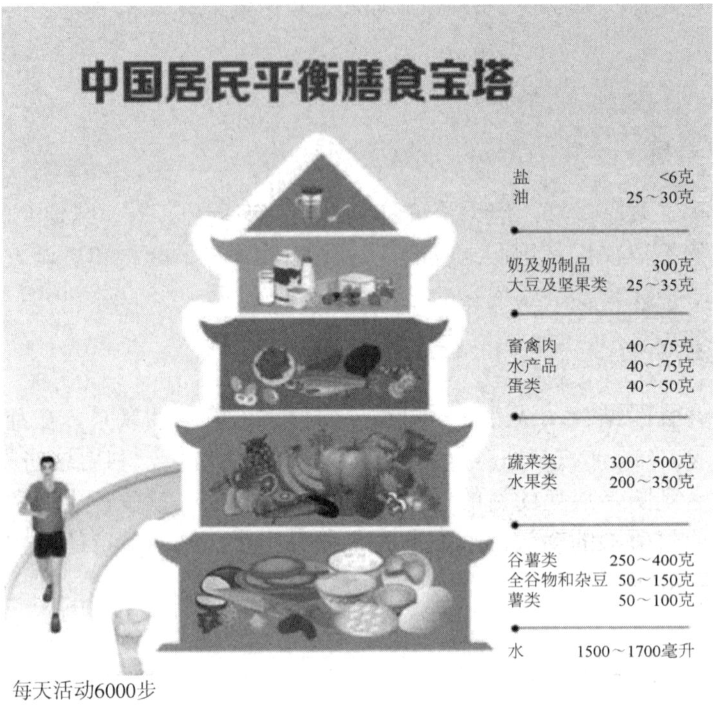

图7-18　中国居民平衡膳食宝塔

（三）防止“病从口入”

（1）饮用新鲜、清洁的水，不吃超过保质期的食品。冰箱保存的剩菜要加热蒸煮后才可以吃，以防病原体进入体内引起胃肠道疾病。

（2）不吃发霉的粮食及其制品。花生、大豆、米、面粉、植物油等发霉后，会产生黄曲霉毒素，这是一种强烈的致癌（特别是肝癌）物质。

（3）少吃或不吃熏制或腌制的食物，如熏肉、咸肉、咸鱼、酸菜、咸菜等，这些食物中含有一种可能导致胃癌和食道癌的化学物质。

（4）不喝过烫的水，不吃过热、过硬、烧焦或太咸的食物。

（5）少吃高脂肪、高糖食物。长期采用高脂肪、高糖膳食可能导致人体胸腺、淋巴结萎缩，淋巴细胞的免疫功能受到抑制，乳腺癌、肠癌、前列腺癌以及糖尿病、高脂血症、冠心病、高血压的发生率会明显增加。

（6）饮食要“杂”，粗细兼顾。防止饮食过于精细，致使胃肠道处于“幼稚”状态。这么一来，膳食结构失去平衡，很容易造成维生素、纤维素、矿物质、微量元素的缺乏，同时也易引起胃肠功能降低、抵抗力下降而致病。

知识链接

常吃杂粮的功效

常吃杂粮可以预防热性疾病，如感冒、痢疾、肝炎、糖尿病、癌症、肾炎、风湿病、慢性气管炎、高血压等。

常吃杂粮可以防治心脑血管疾病。杂粮可以促进胆固醇排出体外，可预防、辅助治疗高血压、动脉粥样硬化等疾病。

杂粮有防治糖尿病的作用。杂粮同样含有淀粉，但是吃杂粮后却不能引起血糖的升高，其原因就在于粗糙的细胞壁不易被人体破坏。

杂粮有治疗便秘的作用。杂粮的组织均含有较多的膳食纤维素，膳食纤维素经过代谢的作用，可以促进肠蠕动，缩短粪便在肠内停留时间，使大便通畅。

好身体相当程度上是吃出来的，如果大学生们能养成好的饮食习惯，结合合理的体育锻炼，那么无论对于社会、家庭还是自身，都是具有积极意义的事情。健康就是最大的节约，自己的健康是比投资任何东西都更有价值的投资，身体的健康是我们取得胜利的最大资本。

三、烹饪基础

“烹”就是煮的意思，“饪”是熟的意思。狭义地说，烹饪是对食物原料进行热加工，将生的食物原料加工成熟的食品；广义地说，烹饪是指对食物原料进行合理选择调配，加工洗净，加热调味，使之成为色、香、味、形、质、养兼有的安全无害、利于吸收、益人健康、强人体质的饭食菜品，包括调制熟食，也包括调制生食。对于一个厨师来说，经验是最宝贵的财产，这里从以下几个方面介绍一些烹饪中非常实用的经验。

（一）“炖”的方法和窍门

1．不隔水炖法

不隔水炖法是将原料在开水内烫去血污和腥膻气味，再放入陶制的器皿内，加葱、姜、酒等调味品和水（加水量一般可比原料稍多一些，如 1 千克原料可加 1.5 到 2 千克水），加盖，直接放在火上烹制。烹制时，先用旺火煮沸，撇去泡沫，再微火炖至熟烂。炖煮的时间可根据原料的性质而定，一般约 2、3 小时。

2．隔水炖法

隔水炖法是将原料在开水内烫去腥污后，放入瓷制、陶制的钵内，加葱、姜、酒等调味品与汤汁，用纸封口，将钵放入水锅内（锅内的水低于钵口，以滚沸水不浸入为度），盖紧锅盖，不使漏气。以旺火烧，使锅内的水不断滚沸，大约 3 小时左右即可炖好。这种炖法可使原料的鲜香味不易散失，制成的菜肴香鲜味足，汤汁清澄。也有把装好原料的密封钵放在沸滚的蒸笼上蒸炖的，其效果与不隔水炖基本相同，但因蒸炖的温度较高，必须掌握好蒸炖的时间。蒸炖的时间不足，会使原料不熟和少香鲜味道；蒸炖的时间过长，也会使原料过于熟烂和散失香鲜滋味。

（二）“炒”的学问

“炒”是广泛使用的一种烹调方法。适用于炒的原料，多系经刀工处理的小型丁、丝、条、球等。炒用小油锅，油量多少视原料而定。操作时，切记一定要先将锅烧热，再下油。

一般用旺火热油，但火力的大小和油温的高低要根据原料而定。操作时，依次下料，用手勺和铲翻拌，动作要敏捷，关键的原则是断生即好。炒制菜品的特点是脆、嫩、滑。具体方法可分生炒、熟炒、软炒、干炒等四种。

1．**生炒**

生炒也叫作火边炒，以不挂糊的原料为主。先将主料放入沸油锅中，炒至五六成熟，再放入配料，配料易熟的可迟放，不易熟的与主料一起放入，然后加入调味品，迅速颠翻几下，断生即好。这种炒法，汤汁很少，原料鲜嫩。如果原料的块形较大，可在炒制时兑入少量汤汁，翻炒几下，使原料炒透，即可出锅。

要点：放汤汁时，要在原料的本身水分炒干后再放，才能入味。

2．**熟炒**

熟炒一般先将大块的原料加工成半熟或全熟（煮、烧、蒸或炸熟等），然后改刀成片、块等，放入沸油锅内略炒，再依次加入配料、调味品和少许汤汁，翻炒几下即成。熟炒菜的特点是略带卤汁、酥脆入味。要点：熟炒的原料大都不挂糊，起锅时一般用湿团粉勾成薄芡，也有用豆瓣酱、甜面酱等调料烹制而不再勾芡的。

3．**软炒（又称滑炒）**

先将主料出锅，经调味品拌脆，再用蛋清团粉上浆，放入五、六成热的温油锅中，边炒边使油温增加，炒到油约九成热时出锅，再炒配料，待配料快熟时，投入主料同炒几下，加些卤汁，勾薄芡起锅。软炒菜肴非常嫩滑，但应注意在主料下锅后，必须使主料散开，以防止主料挂糊粘连成块。要点：主料要边炒边使油温增加，炒到油约九成热时出锅，单独再另炒配料，待配料快熟时，投入主料同炒。

4．**干炒（又称干煸）**

干炒是将不挂糊的小型原料，经调味品拌腌后，放入八成热的油锅中迅速翻炒，炒到外面焦黄时，再加配料及调味品（大多包括带有辣味的豆瓣酱、花椒粉、胡椒粉等）同炒几下，待全部卤汁被主料吸收后，即可出锅。干炒菜肴的一般特点是干香、酥脆、略带麻辣。要点：炒菜时全部卤汁被主料吸收后，才可出锅。

（三）调味品

调味品是能增加菜肴的色、香、味，促进食欲，有益于人体健康的辅助食品。它的主要功能是增进菜品质量，满足消费者的感官需要，从而刺激食欲，增进人体健康。从广义上讲，调味品包括咸味剂、酸味剂、甜味剂、鲜味剂和辛香剂等，像食盐、酱油、醋、味精、糖、八角、茴香、花椒、芥末等都属此类，如图 7-19 所示为各种调味品。

1．**液体调味品**

酱油：可使菜肴入味，更能增加食物的色泽，适合红烧及制作卤味。

蚝油：蚝油本身很咸，可以加糖稍微中和其咸度。

色拉油：常见的烹调用油，亦可用于制作糕点。

麻油（香油）：菜肴起锅前淋上，可增香味；腌制食物时，亦可加入以增添香味。

米酒：烹调鱼、肉类时添加少许米酒，可去腥味。

辣椒酱：红辣椒磨成的酱，呈赤红色黏稠状，又称辣酱，可增添辣味，并改善菜肴色泽。

图 7-19　各种调味品

甜面酱：本身味咸，用油以小火炒过可去酱酸味，可用水调稀，并加少许糖调味，风味更佳。

辣豆瓣酱：以辣豆瓣酱调味之菜肴，无须加入太多酱油，以免成品过咸，以油爆过色泽及味道较好。

芝麻酱：本身较干，可以冷水或冷高汤调稀。

番茄酱：常用于茄汁、糖醋等菜肴，并可增加菜肴色泽。

醋：乌醋不宜久煮，于起锅前加入即可，以免香味散去。白醋略煮可使酸味较淡。

鲍鱼酱：采用天然鲍鱼精华浓缩制造而成，适用于煎、煮、炒、炸、卤等。

XO 酱：大部分主要是由诸多海鲜精华浓缩而成的，适用于各项海鲜料理。

2．固体调味品

盐（低钠盐）：烹调时最重要的调味品。其渗透力强，适合腌制食物，但应注意腌制时间与量。

糖：红烧及卤菜中加入少许糖，可增添菜肴风味及色泽。

味精：可增添食物之鲜味，尤其加入汤类共煮最适合。

发粉：加入面糊中，可增加成品之膨胀感。

面粉：分为高、中、低筋三种。制作面糊时以中筋面粉为主，用于蘸粉油炸时则具着色功能。

甘薯粉：多用于油炸物之蘸粉，亦可作为芡粉。

生粉：为芡粉之一种，使用时先使其溶于水再勾芡，可使汤汁浓稠。此外，用于油炸物的蘸粉时可增加脆感，用于上浆时，则可使食物保持滑嫩。

小苏打粉：以适量小苏打粉腌浸肉类，可使肉质较松滑嫩。

豆豉：干豆豉用前以水泡软，再切碎使用，湿豆豉只要洗净即可使用。

3．香辛料

葱：常用于爆香、去腥。

姜：可去腥、除臭，并改善菜肴风味。

辣椒：可使菜肴增加辣味，并使菜肴色彩鲜艳。

蒜头：常用之爆香，可搭配菜色切片或切碎。

花椒：亦称川椒，常用来红烧及卤。花椒粒炒香后磨成的粉末即为花椒粉，若加入炒黄的盐则成为花椒盐，常用于油炸食物蘸食之用。

胡椒：辛辣中带有芳香，可去腥及增添香味。白胡椒味较温和，黑胡椒味则较重。

八角：又称大茴香，常用于红烧及卤，香气极浓，宜酌量使用。

干辣椒：将籽去除，以油爆炒时，应注意火候，不炒焦。

红葱头：切碎爆香时，应注意火候，若炒得过焦，则会有苦味。

五香粉：五香粉包含桂皮、大茴香、花椒、丁香、甘香、陈皮等香料，味浓，宜酌量使用。

四、烹饪安全

（一）用火安全

在利用燃气灶等明火烹饪食物时，应注意以下四点：

（1）烹饪过程中不要远离厨房，以防汤水溢出浇灭燃气灶火苗造成燃气泄漏事故。

（2）厨房内禁止存放酒精、汽油等易燃危险物品，以免引起意外失火。

（3）保持燃气灶周围空气流通。

（4）若闻到煤气味，怀疑燃气泄漏，应立即关闭燃气阀门和附近的火源，同时打开门窗进行通风，注意不要开关任何电器，包括手机。若煤气味强烈，则应立即外出打电话报警，并通知邻居疏散。

知识链接

油锅着火正确处理方法

1．**锅盖灭火**

用锅盖把油锅盖上。如果是用燃气灶做饭，一定要关上开关；如果是用炭火做饭，应立即把锅端离火源。锅里的油火隔绝了空气，燃烧一段时间后就会自然熄灭了。

2．**青菜灭火**

赶紧往油锅里放些青菜。因为青菜放入油锅里，会起到充分隔绝空气的作用，也能起到冷却作用，油火会很快熄灭。也可向锅内放入沙子、米等把火压灭，或用身边的东西，如衣服、扫帚、湿抹布等灭火。

3．**倒油灭火**

油锅着火一般是锅内含有的可燃性物质挥发成气体而着火，此时不必害怕，只要降低温度让它无法继续挥发成气体，火也就灭了。食用油易燃度没有汽油高，所以锅里着火就加常温的食用油，是不会马上燃烧的，常温食用油使锅中温度降低下来，这样就起到灭火作用了。

（二）用电安全

在用电饭煲、电磁炉等电器烹饪食物时，应注意以下两点：

（1）湿手不得接触电器，以防触电。

（2）电器用完后应关掉开关并拔下插头，防止电器因长时间通电而损坏。

（三）烹饪工具使用安全

在使用烹饪工具的过程中，应注意以下三点：

（1）玻璃器皿、瓷器不能摆放在台面边缘，以免摔破伤人。

（2）在使用刀具前，应检查其是否存在裂纹、松柄、锈蚀等现象，避免在使用过程中发生意外。

（3）在使用完刀具后应将其插入刀套或刀架内，不得放在操作台边缘及过高处，以免坠落伤人。

（四）其他注意事项

除上述注意事项外，在烹饪时，还应注意以下三点：

（1）烧制饭菜时，锅内的液体不宜过多，以免溢出引发意外。

（2）在拿刚蒸好或烤好的食物时，应戴隔热手套。没有隔热手套的，可用干毛巾代替。

（3）为减少烹饪过程中高温油飞溅，应提前滤干食材的水分。

任务三　做一名起居规划师

一、作息规律

充足的睡眠时间是大学生良好精神状态的重要保证，各种因素都可以影响大学生的睡眠时间，如果充足的睡眠时间得不到保证，那么合理规律的作息习惯更是无从谈起。通常，大学生每天的早起时间相对固定，而晚睡时间非常自由。由于许多学生在上大学后自我要求降低、积极主动性不强、自律性较弱，互联网和电子娱乐设备快速发展，手机等电子设备使大学生产生强烈的依赖，他们把大量时间用在通过智能手机上网娱乐。据统计，九成以上的大学生会因为睡前使用智能手机或其他电子产品而导致晚睡或睡眠障碍，许多学生会因为上课和上自习时使用智能手机导致注意力不集中，听课学习效率下降；宿舍环境与自身习惯存在许多冲突，但许多学生不能及时沟通解决，以致学习、作息时间不能合理安排，身心疲惫。作息时间、习惯混乱，情绪波动，如不能得到正确的引导和干预，久而久之，将对身心健康发展造成不小的阻碍。

合理睡眠对人体起着以下重要作用：①补充人体所需的能量。睡眠时人体合成代谢超过分解代谢，使各组织消耗能量得到补充，为消除疲劳、恢复体力提供能量。②增强免疫功能。睡眠时由于内分泌发生一系列变化，能增强机体产生抗体，从而提高人体抵抗疾病的能力。③提高记忆力。睡眠能使大部分脑细胞处于休息状态，使神经细胞得到能量补充，有利于功能恢复，增强人的记忆能力，提高工作效率；同时有梦的睡眠有益于记忆力的保持，能阻止大脑对新知识的遗忘，有助于人们保持创造性思维。我们要掌握学习的最佳时段，在学习的过程中，尽量根据个人的生理特点找出可以让自己达到最高效率的最佳学习时段，这样才能有助于达到最佳的学习效果。

我们在安排作息时间时，可参考表 7-1 进行。

表 7-1　作息时间表

时间段	作息安排
6:30～7:30	起床伸展腰肢，呼吸新鲜空气，喝杯温水，为一天的学习做好准备
7:30～9:00	吃早餐。这个时候时间再紧也要吃早餐，因为它可以帮助我们维持血糖水平的稳定，为上午的学习补充能量
9:00～11:00	这个时间段是学习的第一个黄金时期。大部分人在这两个小时内头脑最清醒、思路最清晰，因此可以用来学习较难的知识
11:00～12:00	吃点水果。在经过一上午的学习后，我们的血糖会下降，可能导致无法专心工作。此时可以吃点水果，及时补充血糖
12:00～13:00	吃午餐。丰富的午餐能为身体增添能量，以保证身体的能量所需
13:00～14:00	午休。每天保证 30 分钟的午休会使人精力充沛，还能起到保护心脏的作用
15:00～17:00	这个时间段是学习的第二个黄金时期。此时身体和大脑都处于一天的巅峰状态，应该做细致而密集的工作
18:00～19:00	吃晚餐。晚餐应该多吃蔬菜，少吃富含热量和蛋白质的食物。同时要注意，晚餐应少吃，吃太多会引起血糖升高，并增加消化系统的负担，影响睡眠
19:00～21:00	可根据个人需求进行体育锻炼，这样既可以消耗晚餐热量，也能轻松瘦身
20:00～22:00	看书或休息
22:30	上床睡觉。每天应尽量保证 8 个小时的充足睡眠

二、设施整洁

（一）扫地拖地

1．扫地小技巧

（1）清扫室内地面宜用按扫的方式，即扫地时扫帚尽量不离地面；挥动扫把时，可稍用力向下压，这样既能把灰尘、垃圾扫净，又能防止灰尘扬起；清扫时一般采用从狭窄处扫向宽广处、从边角处扫向中央处、从屋里扫向门口的清扫顺序。

（2）地上头发多时，可将废弃的旧丝袜套在扫把上扫地。由于丝袜会和地面产生静电效应，很容易就能吸附起地上的毛发和灰尘。如果没有丝袜，塑料袋也可以起到同样的效果。

（3）清扫楼梯时，可以站在下一阶，将垃圾从左右两端扫至中央再往下扫。这样能有效防止垃圾、灰尘从楼梯旁掉下去。

（4）清扫室外区域时，应顺着风向扫，以免扫好的区域被再次刮脏。

2．拖地小技巧

（1）巧用食盐。用温水加上食盐拖地，不仅能加快地上水分的蒸发速度，还不留水渍。另外，用盐水拖地还能杀菌、抑菌。

（2）巧用洗洁精、醋和小苏打。在擦洗地板的水中加入少量洗洁精、醋或小苏打，擦洗地板时不仅能轻松除尘，还能有效去除油污。

（3）巧用柠檬汁。柠檬汁中的烟酸和有机酸具有杀菌作用。拖地的时候，在水里加少量柠檬汁或柠檬精油，既能有效杀菌，还能保持空气清新。

（二）门窗除垢

首先清洁门窗边框。清洁时，应先用废旧牙刷或专用的小刷子清理缝隙里的污渍，再整体擦拭门窗边框。

然后清洁玻璃。清洁玻璃时，第一遍用湿布擦拭，第二遍用干报纸擦拭。用干报纸擦拭不仅可以擦干玻璃上的水分，还能避免在玻璃上留下痕迹，让玻璃更加干净明亮。

对于有纱窗的窗户，可不定时用湿布擦拭纱窗，避免纱窗上堆积灰尘。

知识链接

玻璃清洁技巧

（1）有些玻璃用久了会有发黑的现象，对于这种玻璃，可用细布蘸取适量的牙膏擦拭。

（2）沾染了油漆的玻璃可用绒布蘸取适量食醋擦拭。

（3）玻璃上的陈迹可用湿布蘸取适量白酒擦去。

（4）鲜蛋壳用水洗刷后得到的蛋白与水的混合溶液，可有效增加玻璃的光泽。

（5）沾染了石灰水的玻璃，可用湿布蘸取适量细沙擦拭。

三、物品井然

（1）按照使用频率分类收纳物品，即常用的物品放在显眼处，不常用的物品收纳在柜子内。例如，厨房内台面上放置油、盐、酱、醋等常用物品，备用油、盐等放在橱柜中，如图 7-20 所示；将每天使用的拖鞋置于易拿取处，换季的鞋子放在不易拿取处；将每天出门需要换的衣服、帽子等挂在随手可拿的地方，换季的衣服放在柜子里或收纳箱中。

图 7-20 厨房收纳

（2）借助收纳盒。厨房的抽屉内，可配置大小合适的分餐盒，将筷子、勺子等分别置于其中；书桌的抽屉内，可以借助不同的小盒子划分区域，使小物件井然有序。

（3）垂直收纳，即利用家或寝室内空着的墙面收纳物品。例如，在书桌的上方放置两层或者三层的隔板架，在厨房墙面悬挂收纳篮等。

（4）利用好角落空间。沙发、餐厅、卧室等地的角落是很好的收纳空间，好好利用这些角落空间（如放置移动的收纳架，如图 7-21 所示），不仅不会使我们的住处显得拥挤，还会营造出一种特别的美感。

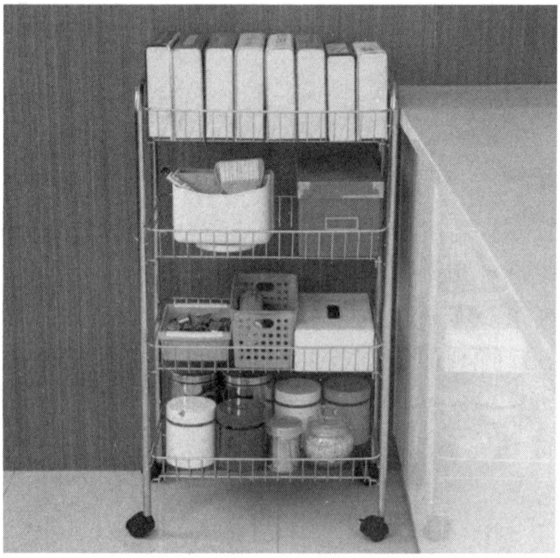

图 7-21　移动收纳架

四、其他起居常识

（一）冰箱的清洁

在使用冰箱的过程中，应定期对冰箱进行清洁（每年至少两次）。清洁冰箱时要先切断电源，然后再用软布蘸上清水或洗洁精沿着冰箱内壁轻轻擦拭。为防止损坏冰箱涂层和塑料零件，请勿使用洗衣粉、去污粉、开水、刷子等清洗冰箱。对于冰箱内可拆卸的部件，应拆下后用清水或洗洁精清洗。清洗完冰箱主体和各种部件后，不要着急关闭冰箱门，应待冰箱内彻底干燥后，再关闭冰箱门，并插上电源。

（二）床上用品的清洁

床上用品会与皮肤直接接触，平时要注意床上用品的清洁。一般来说，床上用品的清洗间隔应根据季节来判断。夏季建议一周清洗一次，冬季建议两周清洗一次。清洗时，最好挑一个晴朗的天气，以便清洗完的床上用品能够接受紫外线的照射，从而有效清除细菌和螨虫。

班级：________________　　　　姓名：________________　　　　学号：________________

实践活动——“厨神”争霸赛

为了丰富同学们的大学校园文化生活，展示同学们的厨艺，提高同学们的动手能力，增强同学们的社会适应能力和意识，培养同学们的综合素质。学院和学校食堂联合举办“厨神”争霸赛，学生以小组形式参赛。

【过程记录】

拟制菜单：

赛前材料准备：

做菜过程中的难点和解决方案：

心得体会：

【结果评价】

教师可参考表 7-2 对“厨神”争霸赛活动的实行情况进行评价。

表 7-2　“厨神”争霸赛实行情况评价表

评价标准	分值	分数小计	教师评价
参与活动的积极性	20		
菜肴是否富含营养、健康	20		
搭配是否均衡	20		
菜肴是否美味	20		
活动后的感想	20		

项目八　学校劳动实践

劳动可以树德、可以增智、可以强体、可以育美。在学习文化知识之外，我们还应积极参加校园劳动，动手实践、出力流汗、接受锻炼、磨炼意志，培养良好的劳动品质。

学习目标

1. 了解文明寝室和特色寝室的建设标准。
2. 掌握进行寝室美化设计与创意的方法。
3. 了解垃圾分类的背景、概念和意义。
4. 掌握垃圾分类的方法。
5. 了解校园保洁的工作内容和工作方法。
6. 学会维护校园秩序。

思维导图

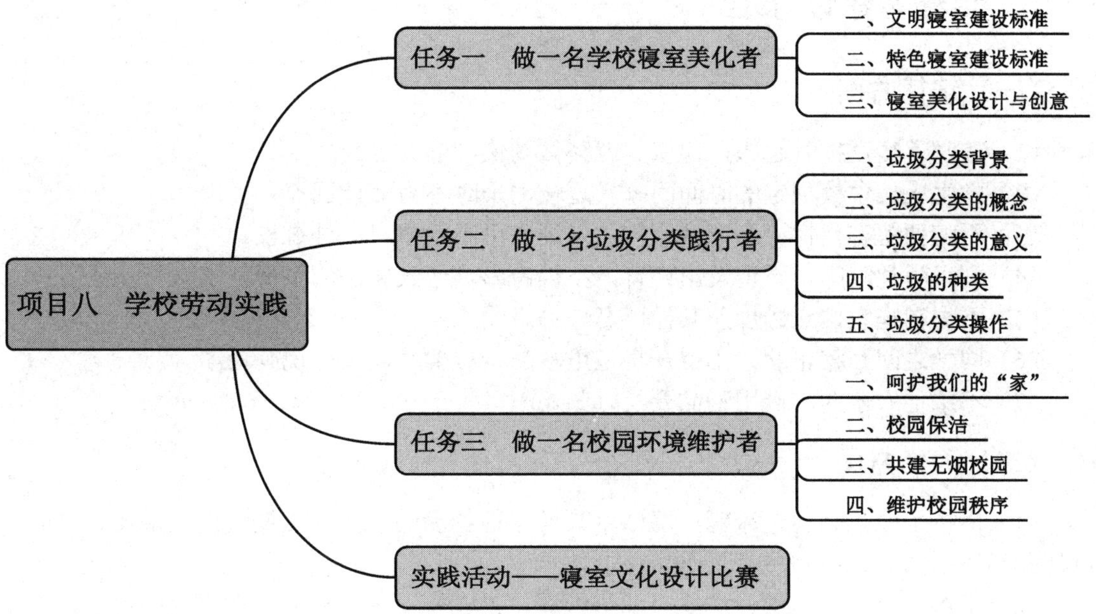

课堂导入

劳动必修课受质疑：把学生当免费劳动力？

某高校设置劳动必修课，内容涉及校园清洁、门岗执勤、食堂餐盘清理、校园绿化维护等，劳动教育直接与学分学时挂钩，每学期上满 24 学时，才能获得 2 个学分。

有人质疑：这是把学生当成免费劳动力？对此，学校解释说，这是学校人才培养教育的内容之一，旨在培养学生的劳动意识。开设劳动必修课，学校不仅没有减少开支、减少后勤人员，还拨付专用资金购买劳动服装、工具，安排专门的辅导老师指导课程。参加劳动教育必修课的小邓表示，平时在家她也会做家务，她觉得劳动必修课的方式很好，因为其所学专业导致她经常抱着电脑敲代码，课余生活比较单调，参与劳动可以调节生活，在食堂劳动的时候和阿姨聊天也很开心。“昨天我们小组干完活后，拍了大合照，我还主动发给家人看，他们说挺好的。”小邓说。另外一名同学也表示认同学校将劳动教育安排成必修课程的决定，自己把这样的课程当成一种体验，加上劳动课程时间不长，在可接受的范围内，既可以锻炼自己的能力，也能体会到劳动的不易。

你对上面观点的看法：____

____

____

课外查阅相关资料或根据自己的理解，用简要的语言对资料内容进行概括，并形成自己的观点，准备课堂发言。

任务一　做一名学校寝室美化者

一、文明寝室建设标准

（一）纪律方面

（1）按时就寝，按时起床，起床、就寝做到快、静、齐。

（2）学生应按学校规定的时间回家、返校，平时不得随便回家。

（3）不随便留客住宿，不调换床位，未经许可不得擅自在外过夜。

（4）到了睡觉时间，不得发出声音，不得做影响他人休息的事情。

（5）不得在寝室内点蜡烛及其他可燃烧物。

（6）同学之间互相帮助，不得在寝室里吵闹、打架、起哄、说脏话。

（7）不拿他人东西，借用物品要及时归还。

（二）卫生方面

（1）保持地面、门窗、床铺、清洁用具及其他物品的卫生，做到地面无瓜皮、果壳、纸屑及其他杂物，其他物品上无明显灰尘。

（2）不得在寝室及走廊、楼梯上乱扔纸屑、果壳等，剩饭菜要倒在指定的地点，不向窗外门外倾倒污水污物及吐痰。

（3）每天三小扫，每周一大扫，值周（日）同学应做好寝室卫生，并注意监督。

（4）每晚洗脚，早晚洗脸、刷牙，鞋、袜及时洗刷。

（三）内务方面

（1）棉被叠成方块，放于床头中间，如图 8-1 所示。

（2）脸盆、暖瓶、水桶、牙刷等统一摆放，毛巾折挂高低一致，牙刷头朝上，且统一向一边倾斜，如图 8-2 所示。

图 8-1　被子的叠放方法

图 8-2　洗漱用品的摆放方法

（3）多余的鞋子统一摆放在床底，鞋跟朝外且成一直线，如图 8-3 所示。

图 8-3　鞋子的摆放方法

（4）扫把、垃圾桶选定合理位置摆放，其他物品不得影响寝室美观。

（5）早起开窗，风钩要挂上，晚上关门窗，铁闩要插上。

（6）上课期间，寝室必须上锁，节假日关好门窗。

（7）室内外设施无污损，损坏后能主动赔偿。

（6）室内装饰美观大方，内容健康向上，如图 8-4 所示。

（四）寝室长职责

（1）在辅导员指导下全面负责寝室事务，及时汇报寝室有关情况。

（2）在就寝前应检查寝室有无人员不能按时就寝，维持就寝纪律。

（3）负责锁好寝室门，监督检查本寝室的卫生、物品摆放。

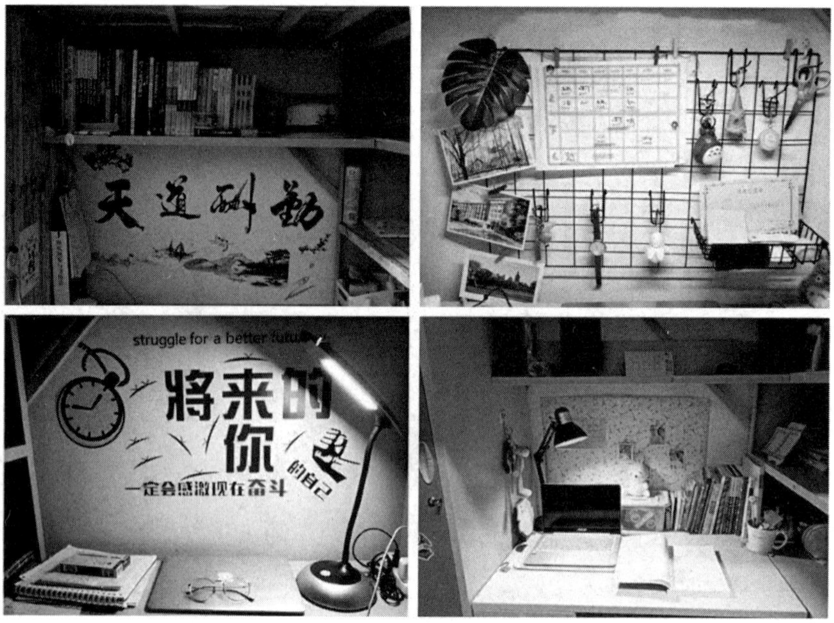

图 8-4　寝室的美化装饰

（4）应负责落实寝室管理制度。

知识链接

寝室使用哪些电器会有危险

1．**电热器类**

（1）电热毯、电熨斗、电热水壶等，一般具有功率大、温度高、热得快等特点。如果在使用后忘记切断电源；使用中突然停电忘记将电源切断，来电后无人看管；电器中的定时器、定温控制器、温度指示器失灵；加热容器内液体被烧干；电热器具紧贴可燃物品；开关、电源、触点等接触不良；使用不当或修理不当等，都有可能引起火灾。

（2）“热得快”、电炉。错误地使用“热得快”或电炉是非常危险的，可能酿成火灾或触电事故，造成严重后果。因此，学校明文规定，学生寝室内严禁使用类似“热得快”和电炉等大功率用电器。

2．**电线、插线板**

电线的安装与铺设是一项需要专业知识和技能的工作，国家明文规定，安装电线和电气设备必须由专业电工操作。有的同学为了使用方便，私自拉接电线，有人将电线绕在床架上……学生寝室大多采用易导电的铁制床架，电线表面绝缘体是胶质的，容易老化破损，在使用中不可避免发生摩擦，加速了电线的破损，极易引起电线的短路或漏电，造成火灾和触电事故。有些同学还将几个插线板接在一起，并且同时使用多种电器，这样超负荷地使用插线板，容易造成短路甚至引起火灾。因此，为了自己和他人的安全，坚决不要私自拉线、接线。插线板必须使用符合国家标准的，不要改装或改线，不要插接过多插线板，废旧或损坏的插线板一定不要使用。

3．各类充电灯、劣质充电器和充电电源

当前，各种电子产品为同学们的生活和学习带来了极大的便利，是同学们在寝室里经常使用的物品；这类电子产品大多都使用充电器和充电电源。但一些不法之徒为利所驱，生产和销售劣质充电器、充电灯或充电电源，而我们的一些同学，受自身的辨别能力和经济能力所限，购买和使用了这些劣质的充电器、充电灯或充电电源。这些劣质产品像一颗颗“定时炸弹”埋藏在我们身边，时刻威胁着我们的生命和财产的安全。

4．床头灯

灯泡是寝室中常见的照明用具，灯泡表面的温度比较高。灯泡功率越大，灯泡表面的温度越高。过高功率的灯泡变成了一种危险的火源，所以，学生寝室严禁使用床头灯。蚊帐是易燃物品，其燃点为 200℃，而灯泡表面的温度都比较高，如果将灯泡式照明工具装在蚊帐内，不但灯泡表面热量不易散发，而且灯具靠近蚊帐后，极易引燃蚊帐。

二、特色寝室建设标准

特色寝室宣扬的是一种文化，是一种相互影响、彼此照应、和谐共进的良好氛围，对我们的文化修养、综合素质等各方面的提高有着很大的促进作用。要建设特色寝室，首先要考虑寝室大部分人的个性、喜好、价值观等，然后再以此为方向营造出别具一格的“特色”文化。如果寝室大多数人都喜欢学习，便可以考虑建设学习型寝室；如果寝室大多数人都喜欢运动，便可以考虑建设运动型寝室；如果寝室大多数人都对环保有一定兴趣，便可以考虑建设环保型寝室。与此类似的还有创业型寝室、自强型寝室、友爱型寝室、逐梦寝室、音乐寝室等。

例如，某高校的“最牛男生宿舍”就是典型的学习型寝室。全寝室 12 名男生，有 10 人获得哥伦比亚大学等国外知名大学硕士研究生录取通知书；另外 2 人一个被中国移动录用，另一个赢得国家电网、IBM、华为等多个知名企业的“橄榄枝”。在建设特色寝室时，可参考以下标准：

（1）全体寝室成员共同参与特色寝室建设，共同商议并确定特色建设方向。

（2）按照主题特色布置寝室，呈现出的效果要符合指定特色，传递寝室文化，布置应简单、大方、美观，别具匠心、新颖独特、让人眼前一亮。

（3）有与寝室文化对应的“行为习惯养成计划”“寝室团建活动安排”等。

三、寝室美化设计与创意

（一）美化原则

（1）简单、大方：寝室通常面积不大，没有必要摆放过多装饰品，否则会显得杂乱。

（2）温馨、舒适：寝室是放松休憩的地方，在美化时要考虑烘托一种温馨、舒适的氛围，让寝室充满家的温暖气息。

（3）营造学习氛围：寝室除了是放松休憩的地方，也是学习的场所，在美化时，要从色彩、风格上考虑这个因素，营造一个安静、适宜学习的空间。

知识链接

宿舍收纳神器

1．床头挂篮

床头挂篮是专为上铺同学准备的神器，这个神器能解决你爬上爬下拿东西的困扰。把东西放在里面，再也不用自己爬上爬下和麻烦舍友啦，如图 8-5 所示。

2．床上学习桌

专为宿舍定制的床上书桌，具有宽大书柜，做工精细，使用方便，是懒人的必备神器，既能用于在床上学习娱乐，又能利用床上空间做一些日常用品的收纳，如图 8-6 所示。

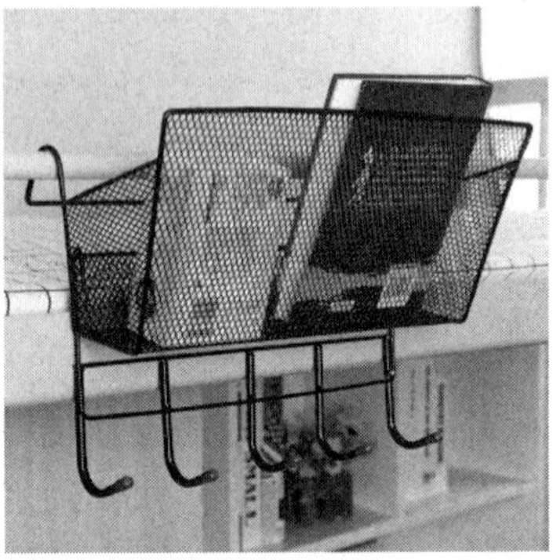

图 8-5　床头挂篮

图 8-6　床上学习桌

3．抽屉式储物盒

要说起什么东西多，女生们的化妆品、护肤品自然当仁不让。但是抽屉式储物盒，就能收拾得它们服服帖帖，合理的结构让那些瓶瓶罐罐都有适合的地方存放，再也不会杂乱散落在桌面上，如图 8-7 所示。

4．桌面置物架

虽然大学生课程分散，但是总是有一些常用的书和文件之类的东西，这些用桌面置物架收纳起来就再合适不过了，可以放书，可以放文件，也可以放杂物，简直完美，如图 8-8 所示。

图 8-7　抽屉式储物盒

图 8-8　桌面置物架

5. **真空压缩袋**

换季时被子、衣服的安置总是个大麻烦，带回家太远，放宿舍占地方，而有了真空压缩袋就能解决这个问题。将换下的被子、衣物压缩起来，即不占空间又能防潮防霉，宿舍省空间怎么能少了它？如图 8-9 所示。

图 8-9　真空压缩袋

（二）创意要点

（1）彰显寝室文化：每个寝室都有不同的文化，在美化时要充分考虑自己的寝室文化，做出别出心裁的美化设计。

（2）用材节约，变废为宝：低碳、绿色不仅是当下流行的概念，更应是我们践行的生活方式。在美化寝室时充分利用易拉罐、雪糕棍、牛奶盒、饮料瓶、废纸箱等被忽略的生活垃圾和旧物，做成各种实用的生活用品，不仅创意十足，更能向周围的人传达一种绿色的生活态度，如图 8-10 和图 8-11 所示为瓶子和纸箱的废物利用。

图 8-10　瓶子的废物利用

图 8-11　纸箱的废物利用

（3）彰显个性：寝室由多个小空间组成，每个小空间都是使用者的“家”。在美化时，每个人应在兼顾整体风格统一的基础上，充分考虑自己的使用需求和审美偏好，打造属于自己的“私密空间”，彰显自己的个性。

知识链接

宿舍卫生自评

每人值日后可参照表 8-1 宿舍卫生打分表给自己打分。

表 8-1　宿舍卫生打分表

个人部分						
	1	2	3	4	5	6
姓名						
要求	枕头被子摆放整齐（5）					
评分						
要求	行李箱书籍摆放统一整齐（5）					
评分						
要求	桶、洗漱用品摆放整齐（5）					
评分						
要求	衣服、鞋子摆放整齐统一（5）					
评分						
整体部分						
要求	地面：干净无灰尘、纸屑等垃圾（10）					
评分						
要求	墙壁：无手绘画图、墨迹、蜘蛛网（10）					
评分						
要求	桌凳：整洁、摆放有序（10）					
评分						
要求	厕所：干净、整洁、无异味（10）					
评分						
要求	门窗及床架无灰尘、镜子明亮（10）					
评分						
要求	室内布置整洁整齐（10）					
评分						
要求	寝室文明、娱乐健康、学习氛围浓厚（10）					
评分						
要求	室内空气清新无异味（10）					
评分						
宿舍名称						
宿舍总评						
加分部分（宿舍美工）						
备注	（宿舍美工的目的是营造安静、舒适的学习空间，一般从色彩、风格上来评价）					

模范故事

男生寝室变成“天空之城”

走进某大学355寝室，当灯光亮起，被蓝色覆盖的屋顶反射的光让整个房间变成蓝色，身在其中犹如置身海洋一般，大海之蓝，清澈夺目，屋顶上一颗颗黄色的五角星化作了夜空中最亮的星……

该寝室的主要设计者是一位来自浙江的学生，从小住在临海地区的他，经常见到蓝色的大海。他说，他的设计灵感来源于重庆的天气。“来到重庆后，阴雨天气很多，蓝天白云很少见，夜空的星星几乎没见过，所以希望将蓝色的天空搬到寝室里来。”

除了对蓝天的渴望，他选择蓝色为寝室的主色调，还有一番用意。他解释道：“每个颜色都会带给人不一样的情绪反应。蓝色，带给人一种深邃、平静的力量，能帮助人在喧闹的生活中静下心来。”他认为，大学生在日常生活中都比较活泼，但寝室是供学生学习和休息的地方，因此希望借助大量的蓝色，帮助寝室同学回归平静安宁的心理状态。

这个寝室的设计主题为“天空之城”。设计者从小喜爱动漫电影，宫崎骏的《天空之城》是他最喜欢的一部动漫电影作品，所以用了这个名字。虽然寝室的具体装饰与电影没有多大关系，但整体风格和给人的舒适感觉与电影一样。

设计阶段完成后，寝室4个人开始动手，先从材料的购买和制作开始。巨大的工作量难住了4位小伙子。“我们只买了几种颜色的海绵纸和卡纸，大多数图案都打算自己动手剪，但后来发现工作量太大了。”寝室长说。压力之下他们本想放弃自己动手的想法，去网上购买成品粘贴，“但成品花费过高，后来我们开会商量，决定坚持一下，手工制作试试看，哪怕不成功也不留遗憾”。

寝室一名成员表示，由于工作量太大，每周几乎天天满课的他们只能牺牲中午和晚上的休息时间，在一周之内完成了所有装饰，有时为了赶进度还熬到半夜两点多。寝室从设计到装扮完成，仅花费了约300元。

因为干净整洁和别具匠心的设计风格，355寝室在学校优秀学生之家的评选活动中获得“五星级寝室”称号。此后，不断有同一栋公寓楼里的其他同学到他们寝室参观。曾有一名女生因社团活动进了他们寝室，看到寝室的装饰后称赞说：“第一次看到男生寝室装饰得如此好看，比我们女生寝室还漂亮！”此次装饰寝室，对355宿舍来说，是一次加强沟通，促进情感交流的难得的机会。“大一时我们的关系还挺好，后来慢慢变得有些冷淡，交流也变少了。趁着装饰寝室的机会，我们4个人的沟通比以前更多了，关系也更好了。”寝室长说道。

任务二　做一名垃圾分类践行者

一、垃圾分类背景

党的十九大报告中指出：建设生态文明是中华民族永续发展的千年大计，必须树立和践行绿水青山就是金山银山的理念。要坚定走生产发展、生活富裕、生态良好的文明发展道路，建设美丽中国，为人民创造良好生产生活环境，为全球生态安全贡献力量。随着社会经济发展和物质消费水平的大幅度提高，我国每年垃圾产生量迅速增长，每年仅生活垃圾总量就多至上亿吨，这些垃圾不仅造成了环境安全隐患，也造成了资源浪费，成为人民群众重点关注的突出问题，成为社会经济持续健康发展的制约因素。实行垃圾分类，有益于广大人民群众生活环境，有益于节约使用资源，也是社会文明水平提升的一个重要体现。

二、垃圾分类的概念

垃圾分类，指按一定规定或标准将垃圾分类储存、分类投放和分类搬运，从而将其转变成公共资源的一系列活动的总称。分类的目的是提高垃圾的资源价值和经济价值，力争物尽其用。垃圾在分类储存阶段属于公众的私有品，垃圾经公众分类投放后成为公众所在小区或社区的区域性准公共资源，垃圾分类搬运到垃圾集中点或转运站后成为没有排除性的公共资源。从国内外各城市对生活垃圾分类的方法来看，大致都是根据垃圾的成分（构成）、产生量，结合本地垃圾的资源利用和处理方式来进行分类的。

三、垃圾分类的意义

（一）减少环境污染

我国现有的垃圾处理方式包括填埋和焚烧。对垃圾进行填埋处理，即使是在远离生活的场所并采用相应的隔离技术，也难以杜绝有害物质渗透。这些有害物质会随着地球的循环而进入整个生态圈，污染水源和土地，通过植物或动物，最终影响人们的身体健康。另外，垃圾焚烧也会产生大量危害人体健康的有毒气体和灰尘。其实，有很大一部分垃圾是不需要填埋，也不需要焚烧的。如果我们能够做好垃圾分类，就能减少垃圾的填埋和焚烧，从而减少环境污染。

（二）节省土地资源

填埋和堆放等垃圾处理方式占用土地资源，且垃圾填埋场属于不可复用场所，即填埋场不能够重新作为生活场地使用。此外，生活垃圾中有些物质不易降解，填埋后将使土地受到严重侵蚀。据统计，垃圾分类可以使人均生活垃圾产生量减少三分之二，从而节省大量土地资源。

（三）促进资源的循环利用

相当一部分垃圾的产生源于人们没有利用好资源，将自己不用的资源当成垃圾抛弃，这种废弃资源的行为对整个生态系统造成的损失是不可估计的。通过垃圾分类，回收可利用的垃圾，就可以将垃圾变废为宝，促进资源的循环利用，从而保护我们的生态系统。

此外，垃圾分类有利于改善垃圾品质，使焚烧（或填埋）得以更好地无害化进行。例如，分类焚烧可起到减量（减少垃圾处理量）、减排（减少污染排放量）、提质（改善燃烧工况）、提效（提高发电效率）等作用。

（四）提高民众的环保意识

垃圾分类是处理垃圾公害的最佳解决方法和最佳出路。垃圾分类能够让民众学会节约资源、利用资源，养成良好的生活习惯，提高个人的素质。一个人如果能够养成良好的垃圾分类习惯，那么他就会关注环境保护问题，在生活中注意资源的珍贵性，养成节约资源的习惯。

四、垃圾的种类

2019 年 11 月 15 日，新版《生活垃圾分类标志》标准发布，同年 12 月 1 日起正式实施。与 2008 版标准相比，新标准将生活垃圾类别调整为可回收物、有害垃圾、厨余垃圾和其他垃圾四大类，其对应标志如图 8-12 所示。

图 8-12 垃圾分类标志

（一）可回收物

可回收物主要包括废纸、废塑料、废玻璃、废金属等大类，如图 8-13 所示。

废纸：主要包括报纸、纸板箱、图书、各种包装纸等。但是，要注意纸巾和厕所用纸由于水溶性太强不可回收。

废塑料：各种塑料袋、塑料泡沫、塑料包装、一次性塑料餐盒及餐具、硬塑料制品、塑料牙刷、塑料玩具、矿泉水瓶等。

废玻璃：主要包括各种玻璃杯、啤酒瓶、镜子、暖瓶等。

废金属：主要包括易拉罐、刀具等。

废旧纺织物：主要包括废旧衣服、棉被、洗脸巾、书包、鞋等。

这些垃圾通过综合处理回收利用，可以减少污染、节省资源。如每回收 1 吨废纸可造好纸 850 公斤，节省木材 300 公斤，比等量生产减少污染 74%；每回收 1 吨塑料饮料瓶可获得 0.7 吨二级原料；每回收 1 吨废钢铁可炼好钢 0.9 吨，比用矿石冶炼节约成本 47%，减少空气污染 75%，减少 97%的水污染和固体废物。

图 8-13　可回收物

（二）有害垃圾

有害垃圾指含有对人体健康有害的重金属、废药品等，有毒的物质或者对环境造成现实危害或者潜在危害的废弃物，包括废电池、废荧光灯管、废药品等，如图 8-14 所示。这些垃圾一般应进行单独回收或填埋处理。

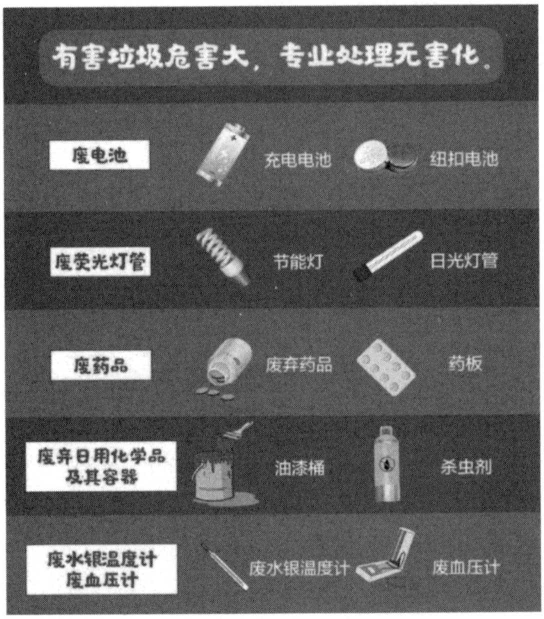

图 8-14　有害垃圾

（三）厨余垃圾

厨余垃圾是有机垃圾的一种，包括食物废料、剩菜剩饭、过期食品等，泛指家庭生活饮食中所需用的来源生料及成品（熟食）或残留物，如图 8-15 所示。厨余垃圾经生物技术用于堆肥，每吨可生产 0.6～0.7 吨有机肥料。

图 8-15　厨余垃圾

（四）其他垃圾

其他垃圾主要包括普通干电池、破旧陶瓷罐、贝壳等难以回收的废弃物，如图 8-16 所示。其他垃圾危害较小，但无再次利用价值，是除可回收物、厨余垃圾、有害垃圾外的垃圾，一般采取填埋、焚烧、卫生分解等方法，部分还可以使用生物降解。

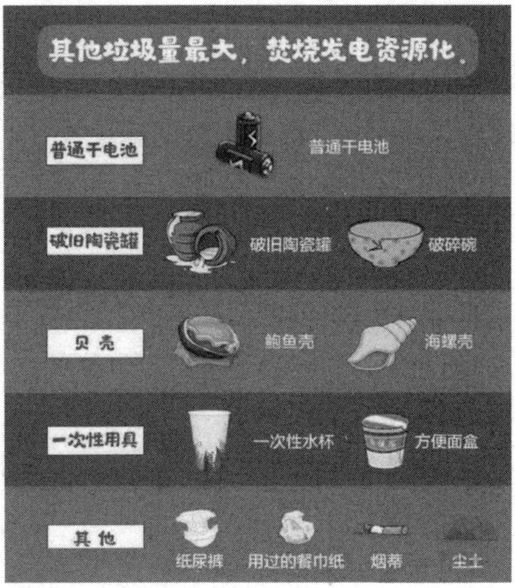

图 8-16　其他垃圾

知识链接

生活垃圾处理方法

目前对生活垃圾常用的处理方法主要有综合处理、卫生填埋、焚烧和堆肥。

1．综合处理

综合处理是指根据垃圾成分或特性，结合当地产业经济、科技、地理和人文条件，优化组合多种垃圾处理方式，回收物质和能量，以废治废，可以减少污染，节省资源，实现垃圾处理资源化和无害化。

2．卫生填埋

填埋是大量消纳城市生活垃圾的有效方法，也是所有垃圾处理工艺剩余物的最终处理方法，我国普遍采用直接填埋法。所谓直接填埋法，就是将垃圾填入已预备好的坑中盖土压实，使其发生物理、化学变化，不断分解（降解），达到减量化和无害化的目的。

3．焚烧

焚烧法是将垃圾置于高温炉中，使其中可燃成分充分氧化的一种方法，产生的热量用于发电和供暖。焚烧处理的优点是减量效果好（垃圾经焚烧后体积减小 90%以上，重量减少 80%以上），节省用地，还可消灭各种病原体，将有毒有害物质转化为无害物。垃圾焚烧炉应配有良好的烟尘净化装置，减轻对大气的污染。

4．堆肥

垃圾堆肥是处理与利用垃圾的一种方法，是利用垃圾或土壤中存在的细菌、酵母菌、真菌和放线菌等微生物，使垃圾中的有机物发生生物化学反应而降解（消化），形成一种类似腐殖质土壤的物质，用作肥料并用来改良土壤。

五、垃圾分类操作

（一）分类原则

进行垃圾分类，关键要掌握分类原则：可回收物记材质：玻、金、塑、纸、衣；有害垃圾非常少，主要是废电池、废灯管、废药品、废油漆及其容器；厨余垃圾看是不是很容易腐烂，是不是容易粉碎；剩余的就都是其他垃圾了。当发现有混淆模糊、不能准确判断类别的垃圾时，也可以把它归为其他垃圾。

（二）投放要求

1．可回收物

（1）应尽量保持清洁干燥，避免污染。

（2）立体包装物应清空内容物，清洁后压扁投放。

（3）易破损或有尖锐边角的应包裹后投放。

2．有害垃圾

（1）投放时应注意轻放。

（2）易破碎的及废弃药品应连带包装投放或包裹后投放。

（3）压力罐装容器应排空内容物后投放。

另外，在公共场所产生有害垃圾且未发现对应收集容器时，应携带至有害垃圾投放点妥善投放。

3．厨余垃圾

（1）厨余垃圾应从产生时就与其他品种垃圾分开收集。

（2）投放前尽量沥干水分，有外包装的应去除外包装投放。

另外，在公共场所产生厨余垃圾且未发现对应收集容器时，应携带至厨余垃圾投放点妥善投放。

4．其他垃圾

应将其投入其他垃圾收集容器，并保持周边环境整洁。

5．大件垃圾

大件垃圾，如沙发、床垫、床、桌子等，可以预约可回收物回收经营者或者大件垃圾收集运输单位上门回收，或者投放至管理责任人指定的场所。

大型电器、电子产品也属于大件垃圾，如空调、电冰箱、洗衣机、电视机等，处理此类垃圾时可联系规范的电子废弃物回收企业预约回收，或按大件垃圾管理要求投放。需要注意的是，小型电器、电子产品包括微电脑、手机、电饭煲等，可按照可回收物的投放要求进行投放。

6．装修垃圾

装修垃圾包括碎马桶、碎石块、碎砖块、废砂浆及弃料等。装修垃圾和生活垃圾应分别收集，并将装修垃圾装袋后投放到指定的场所。

知识链接

扔垃圾流程

产生垃圾时，应将垃圾按本地区的要求做到分类贮存或投放，并注意做到以下几点。

1．垃圾收集

收集垃圾时，应做到密闭收集，分类收集，防止二次污染环境，收集后应及时清理作业现场，清洁收集容器和分类垃圾桶。若采用非垃圾压缩车直接收集的方式，应在垃圾收集容器内置垃圾袋，通过保洁员密闭收集。

2．投放前

（1）纸类应尽量叠放整齐，避免揉团。

（2）瓶罐类物品应尽可能将容器内产品用尽，清理干净后投放。

（3）厨余垃圾应做到袋装、密闭投放。

3．投放时

投放时应按垃圾分类标志的提示，将垃圾分别投放到指定的地点和容器中。玻璃类物品应小心轻放，以免破损。

4．投放后

应注意盖好垃圾桶盖，以免垃圾污染周围环境，滋生蚊蝇。

任务三　做一名校园环境维护者

一、呵护我们的“家”

校园由物质环境和精神环境构成，不仅为我们提供了舒适的学习环境，还是校园文化的重要表现形式，需要我们每个人合力维护。

（一）物质环境

校园物质环境主要是指经过人们组织、改造而形成的校容校貌和校园学习环境，具体包括校容、校貌、自然物、建筑物及各种设施等。保持校园物质环境的干净、整洁，不仅能为全校师生营造一个舒适的工作、学习环境，还有利于学生形成良好的卫生习惯。

（二）精神环境

校园精神环境是校园的灵魂，是学校师生认同的价值观和个性的反映，具体体现在师生的精神面貌、校风、学风、校园精神、学校形象等方面。积极参与校园精神环境建设有助于改善校园学习风气，并形成一种积极向上的精神文化，影响身处其中的每个人。

二、校园保洁

（一）室内保洁

校园室内空间一般指：教室、实训实验室、办公室、会议室、接待室、资料室、档案室、图书馆、机房、仓库等。需要保洁的内容主要有：天花板、墙面、黑板、门窗、桌椅、柜子、讲台、地面等。

1．保洁工作内容

（1）检查。进入室内，先查看是否有异常现象、有无损坏的物品。如发现异常，应先向有关部门报告后再进行保洁作业。

（2）推尘。推尘要按照先里后外、先上后下、先窗后门、先桌面后地面的顺序，先清扫天花板、墙角处的蜘蛛网和灰尘，接着抹窗户及门面的灰尘，实验器材等设备挪动后要归位摆好。

（3）顺序。从门口开始，由左至右或由右至左，依次擦拭室内桌椅、柜子、讲台和墙壁等。抹布应拧干，擦拭每一件物品时，应由高到低、先里后外。擦墙壁时，重点擦拭门窗、窗台等。操作时，先将湿润的涂水毛头（干净的）装在伸缩杆顶部，沿顶部平行润湿玻璃，然后以垂直上落法润湿其他部分的玻璃。再用干净的抹布擦干净窗框及窗台，最后用干燥的无毛的棉布擦拭干净玻璃四周和中间的水珠。大幅墙面、天花板等的清洁为定期清除（如每周清洁一次）。

（4）整理。讲台、桌面、实验台上的主要用品，如粉笔盒、粉笔擦、实验器具等抹净后，按照原位摆放整齐。

（5）倾倒。倾倒室内的纸篓、垃圾桶。

（6）更换。收集垃圾并换垃圾袋。

（7）关闭。清洁结束后，保洁人员退至门口，环视室内，确认清扫质量，然后关窗、断电、锁门。

2．保洁质量标准

（1）室内整体干净无灰尘。

（2）桌椅设备摆放很整齐。

（3）桌面无乱涂乱画痕迹。

（4）地面没有污迹和垃圾。

（5）墙面无张贴张挂乱象。

（6）窗户明亮空气更清新。

（7）心情舒畅学习高效率。整洁的教室如图 8-17 所示。

图 8-17　整洁的教室

（二）休闲空间保洁

校内的休闲空间一般有：室内敞开式休息间、走廊过道、楼梯平台、报告厅、礼堂、门厅等。保洁内容主要有：天花板、墙面、窗户、桌椅、柜子、墙面、地面、门面等。

1．保洁工作内容

（1）检查。进入各种休闲空间后，先查看是否有异常现象、有无已损坏的物品。如发现异常，应先向有关部门报告后再进行保洁作业。

（2）清扫。先用扫把对地面进行清洁，除去烟头、纸屑、灰尘等。

（3）擦抹。从门口开始，由左至右或由右至左，依次擦拭室内桌椅、柜子、讲台和墙壁等。抹布应拧干，擦拭每一件物品时，应由高到低，先里后外。擦墙壁时，重点擦拭门窗、窗台等。操作时，先将湿润的涂水毛头（干净的）装在伸缩杆顶部，沿顶部平行润湿玻璃，然后以垂直上落法润湿其他部分的玻璃。再用干净的抹布擦干净窗框及窗台，最后用干燥的无毛的棉布擦干净玻璃四周和中间的水珠。大幅墙面、天花板等的清洁为定期清除（如每周清理一次）。

（4）整理。桌椅、柜子等抹净后，按照原位摆放整齐。

（5）更换。收集垃圾并换垃圾袋。

（6）推尘。用拖把清洁地面，按照先里后外，先边角、桌下，后地面进行推尘作业。清洁结束后把桌椅、柜子等设备恢复原位摆好。

（7）礼仪。要注意礼节，使用礼貌用语。

2．保洁质量标准

（1）地面干净无污迹。

（2）没有垃圾和积水。

（3）墙面干净无灰尘。

（4）桌椅干净摆整齐。

（5）门窗干净很明亮。

清洁的报告厅如图 8-18 所示。

图 8-18　清洁的报告厅

（三）公共卫生间保洁

公共卫生间保洁内容有：天花板、墙面、隔墙面、窗户、门面、镜面、蹲位、地面、拖把池、洗手盆（台）等。

1．保洁工作内容

（1）天花板清理。用长柄扫把清扫天花板、墙面、墙角等的蜘蛛网和灰尘。

（2）门窗玻璃、门面、墙面清理。用湿抹布配合便池刷清洁玻璃、镜面和墙面上的污迹。

（3）蹲便池、小便池清理。先用夹子夹出大、小便器里的烟头、纸屑等杂物，然后冲水，再倒入洁厕剂，泡一会儿，再用便池刷刷洗。蹲便池、小便池内四周表面及外部表面均要清洗，检查冲水是否正常，有没有堵塞。

（4）洗手盆清理。用清洁剂和百洁布擦洗洗手盆。从左到右抹干净台面，用不掉毛的毛巾从上到下擦拭干净镜子；水龙头也要清洗干净，保持光亮。

（5）更换。收集垃圾并换垃圾袋。

注意：每周擦拭墙面、天花板、排气扇、卫生间门及门框 3 次以上；清洁地面时，地面较脏的要使用清洁剂。

2．**保洁质量标准**

（1）天花板面无蜘蛛。

（2）墙壁墙角无灰尘。

（3）镜面玻璃净明亮。

（4）地面台面无水迹。

（5）厕所内外无臭味。

清洁的卫生间如图 8-19 所示。

图 8-19　清洁的卫生间

（四）校园道路保洁

校园道路指供各类机动车辆和行人通行的道路。校园道路保洁的内容与流程：清扫各种垃圾、树叶，清捡树枝和废弃物，清拔路沿石缝杂草、清除人行道边上绿化带的树叶杂草，清扫人行道和道路上的灰尘等。

1．**保洁工作内容**

（1）根据劳动课安排进行分组、分路段、分区域。明确清扫范围，合理安排清理垃圾、树叶等任务。

（2）每天分时段收集沿路垃圾，做到定时清扫、及时堆放、及时运送，做到不慢收、不漏收。

（3）保洁人员利用竹扫把，对校园道路进行全面清扫。要做到“六不”“三净”，即不花扫或漏扫；不见积水（无法排除的积水除外）；不见树叶、纸屑、烟头；不漏收堆；不乱倒垃圾（一律送到中转站）；不随便焚烧垃圾。路面净、路尾净、人行道净。

（4）进行路面清扫保洁时，垃圾收集应及时送往中转站，严禁将垃圾倒在道路两侧绿化带里或随便乱倒，严禁焚烧垃圾。

（5）校园路面清扫保洁要做到：晴天与雨天一个样；主干道与人行道一个样；检查与不检查一个样。严禁串岗、脱岗、坐岗等。

2．**保洁质量标准**

（1）道路平整干净无垃圾。

（2）道路无枯叶枝和物品。

（3）道路灯杆干净无张贴。

（4）绿化绿地平整无缺憾。

清洁的校园道路如图 8-20 所示。

图 8-20　清洁的校园道路

（五）广场、台阶、水沟等的保洁

校园露天广场、停车场、台阶和房屋周边的水沟的保洁内容与流程：清扫各种垃圾、树叶，清除杂草、树枝，清扫或者清洗灰尘、清理明水沟内各种垃圾和杂草。

1．保洁工作内容

（1）对广场、停车场、台阶和楼房周边的水沟进行检查，先用扫把或垃圾夹清理明面上的垃圾、树枝、树叶等。

（2）对广场、台阶周边的杂草进行清除。

（3）用小扫把对广场、停车场、台阶地面进行清尘处理。

（4）清理垃圾，运送到垃圾中转站。

（5）不得把垃圾和树叶倒到道路两边的绿化带，更不能就地焚烧。

2．保洁质量标准

（1）广场地面干净、无灰尘、无各种垃圾、无枯叶残枝。

（2）运动场内桌椅摆放整齐，桌椅面干净、无垃圾。

（3）广场内无堆放物品、无张贴张挂。

整洁的校园广场如图 8-21 所示。

图 8-21　整洁的校园广场

（六）生态林、绿化地（带）的保洁

在校内有规划地、科学合理地布置一些生态林、绿化地和绿篱带是建设美丽校园不可缺少的项目，更是建设生态学校、保护校园环境的决定性一环。保洁维护的主要内容与流程有：清捡绿化地和绿篱带内的各种垃圾、大树叶，清捡各种树枝和废弃物，清拔绿化地和绿篱带内杂草，清捡生态林内的干枯树枝并进行合理修剪，科学、艺术地整修绿篱带和花草苗木等。

1．保洁工作流程

（1）首先用耙子把生态林、绿化地、绿篱带地面上的树叶、树枝耙成一堆。

（2）再用捡垃圾的夹子把绿化地、绿篱带里的塑料袋、快餐盒、烟头等夹走。

（3）用大竹扫把对生态林、绿化地、绿篱带地面进行清扫。清理地面上的垃圾、树叶、树枝等，把它们送到垃圾中转站，不得随意乱倒或焚烧。

（4）安排人员进行文明督察，对不文明行为进行劝阻。

2．保洁标准

（1）绿化带内和生态林内应保持干净、整齐，无各种垃圾、无枯叶残枝。

（2）绿篱带应干净，无垃圾。

（3）保洁区内无各种废弃物堆放堆积。

干净的校园绿化地（带）如图 8-22 所示。

图 8-22　干净的校园绿化地（带）

三、共建无烟校园

大量的科学研究表明，吸烟对人体健康的危害十分广泛。世界前八位致死疾病中，有六种疾病与吸烟有关，即缺血性心脏病、脑血管病、下呼吸道感染、慢性阻塞性肺疾病、结核病和肺癌。

据世界卫生组织调查显示，烟草每年使 800 多万人失去生命，其中有约 700 万人的死亡源于直接使用烟草，有大约 120 万人属于接触二手烟的非吸烟者。

知识链接

各国控烟的政策

世界卫生组织规定，每年的5月31日为“世界无烟日”，倡导民众在这一天既不吸烟也不售烟，并要求各国广泛宣传戒烟的意义。

（1）中国：2018年5月29日，中国疾控中心和北京、天津、河北三地宣布启动“京津冀控烟协同发展项目”，以打造2022年无烟冬奥会和冬残奥会为契机，联手推进三地无烟环境。

（2）美国：2009年6月22日，《家庭吸烟预防和烟草控制法》法案生效，食品和药物管理局有权降低烟草制品尼古丁含量，有权禁止将香烟制成糖果口味来吸引年轻人，并有权禁止给烟草制品贴上“低焦油”或“轻度”等误导性标签。烟草公司也将被要求用“吸烟有害”等字样覆盖香烟盒上的广告画。美国违例吸烟者最高罚款达500美元，累犯者可能被判监禁。

（3）英国：英国政府是通过立法禁烟的，从2007年7月1日起，英格兰地区的所有公共场合都实行禁烟。在禁烟区吸烟者将被罚款50英镑；没有贴出“禁止吸烟”标志的场所将被罚款200至1000英镑；禁烟场所的经营业主如不制止吸烟行为，将被处以最高2500英镑的罚款。

（4）法国：法国在各个地方都开辟了“禁烟室”，规定室内必须安装密封的防烟设备，对违反规定的要罚款40至80法郎。禁止在报纸杂志刊登烟草广告，烟草公司必须在烟盒上印上“吸烟致癌”的警告。从2008年1月1日起，法国公共场所开始全面禁烟。为落实禁烟令，法国有逾17万名“香烟警察”在公共场所巡逻。这些“香烟警察”由警察、宪兵和军队巡逻兵组成，一旦发现有人违反禁烟令，“香烟警察”有权对违令者处以68欧元的罚款，而违规的公共场所将被处以双倍罚款。

（5）日本：禁止中小学生吸烟，违者开除学籍。为有效防止未成年人吸烟，日本烟草协会开发了一种智能IC卡。购买香烟时，只要将卡片放在自动贩卖机的特定位置，购买者的成年人身份就能得到识别和确认。从2008年7月开始，没有这种卡的人无法再在自动贩卖机上购买香烟。

那么我们应该如何预防香烟的危害，共建无烟校园呢？

（1）为了自己和他人的生命健康，也为了保护环境，我们应该约束自己，做到不抽烟。

（2）多了解有关吸烟危害的知识，增强自制力，自觉抵制诱惑。

（3）养成良好的习惯，早睡早起不熬夜，保持身体的健康状态。

（4）交友谨慎，远离那些有不良嗜好的朋友，选择一个良好的交友圈。

（5）积极参加控烟健康宣传活动，增强控烟意识，约束吸烟行为。

四、维护校园秩序

为维护良好的校园秩序，营造一个文明、整洁、健康、高雅的校园环境，建设平安校园、和谐校园，根据《高等学校校园秩序管理若干规定》文件精神，我们应遵循以下校园文明行为规范：

（1）着装整洁得体，仪容端庄。

（2）行为举止高雅，谈吐文明。

（3）爱护学校花草树木，节约用水。

（4）乘坐电梯遵守秩序，先下后上，相互礼让。

（5）遵守学校环境卫生的有关规定，保持学校环境卫生，不随地吐痰、不乱扔杂物。

（6）文明如厕，保持卫生间清洁，爱护其设施。

（7）上课时遵守课堂纪律，候课时不在楼道内大声喧哗。

（8）爱护教室设施，合理使用教学设备，保持干净整洁的教学环境。

（9）汽车、电动车、自行车停车入位，摆放有序。

（10）不在教学楼内的教室、办公室、楼道楼梯、卫生间及公共场所吸烟。

（11）观看教学展演展示、视听公共课讲座、参加会议等活动时，主动服从现场管理，遵守秩序，爱护礼堂、会议室等设施。

（12）进行教学和汇报演出活动时，合理使用场地及设施设备，降低环境噪声，防止影响学校周围单位和居民正常工作和生活。

（13）自觉遵守学校的各项规章制度，尊师爱友、团结和睦，共同营造绿色健康的学习氛围和积极向上的工作环境。

（14）参加学校在本市组织的和赴外省、市的教学汇报演出、比赛或游学活动时，保障安全、遵守纪律；尊重当地风俗习惯、文化传统；爱护文物古迹、风景名胜、旅游设施。

（15）如遇突发事件发生，服从学校统一指挥，配合应急处置。

（16）遵守网络信息管理的法律法规和有关规定，维护微信群安全和秩序，自觉抵制不良信息，不传播网络谣言。

知识链接

切勿高空抛物

高空抛物（如图 8-23 所示），可以说是悬在每个人头上的一把“刀”。每次高空抛物伤人的事件登上热搜，都是血的教训。2019 年 10 月 21 日，最高人民法院印发《关于依法妥善审理高空抛物、坠物案件的意见》，根据该文件精神，故意高空抛物的，根据具体情形按照以危险方法危害公共安全罪、故意伤害罪，甚至是故意杀人罪论处。

图 8-23　高空抛物

《关于依法妥善审理高空抛物、坠物案件的意见》明确写明：故意从高空抛弃物品，尚未造成严重后果，但足以危害公共安全的，依照刑法第一百一十四条的规定以危险方法危害公共安全罪定罪处罚；致人重伤、死亡或者使公私财产遭受重大损失的，依照刑法第一百一十五条第一款的规定处罚。

以鸡蛋为例，一枚 30 克的鸡蛋如果从 4 楼抛下，会把人的头顶砸出一个肿包；从 18 楼抛下会砸破人的头骨；从 25 楼抛下一枚 30 克的鸡蛋造成的冲击力足以致人死亡。不只是鸡蛋，一块巴掌大的西瓜皮或是一个空的易拉罐从 25 楼抛下，都可致人死亡。

严刑峻法能起到警示作用，高空抛物、坠物除了需要法律手段来惩处，更需要社会中的你我他共同努力。让我们多一些安全意识，在日常生活中严以律己，养成文明安全的生活好习惯。

班级：________________ 姓名：________________ 学号：________________

实践活动——寝室文化设计比赛

寝室是在校学生日常生活、学习、交流的重要场所，从某种意义上讲，学生寝室是反映学生精神境界和校风校貌的重要窗口。在寝室中营造干净整洁的环境、创造和谐的人际关系、营造文明温馨的寝室氛围、塑造独特的寝室文化，对学生自身的成长助益颇多。

以寝室为单位，自主设定主题、设计方案，寝室成员共同参与，以改善寝室面貌、提升寝室的文化格调、彰显寝室的独特文化。要求用 PPT 或短视频的形式记录过程，在班级、院系或全校内进行比赛。

【过程记录】

主题选定：

设计要点：

实施难点及解决方案：

心得体会：

【结果评价】

教师可参考表 8-2 对寝室文化设计比赛活动的实行情况进行评价。

表 8-2　寝室文化设计比赛实行情况评价表

评价标准	分值	分数小计	教师评价
参与活动的积极性	20		
有创新意识	20		
完成自己任务的情况	20		
能充分发挥自己的长处	20		
活动后的感想	20		

项目九　社会实践

社会实践是学校教育的一种延伸，既是大学生走出校门、接触社会、了解国情、学以致用的重要机会，也是大学生投身社会建设、锻炼才干的重要渠道。大学生应合理利用各种机会，积极进行实践。

学习目标

1. 了解志愿服务的内涵、特征和类型。
2. 了解志愿者的基本条件。
3. 了解志愿服务农村特岗教师、大学生村官、三支一扶的相关知识。
4. 了解实习和兼职的含义和区别以及进行实习和兼职的意义。
5. 了解假期实习和兼职的注意事项。

思维导图

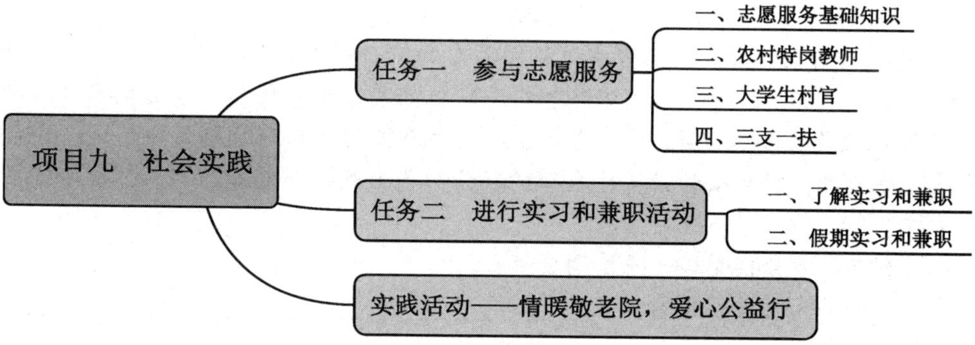

课堂导入

某地抗疫志愿服务招募令

广大青年朋友们：

当前，全球新冠肺炎疫情仍在持续扩散，特别是“德尔塔”变异毒株正以极快的速度席卷全球，这一毒株不但传染性强，而且感染者更易发展成重症，疫情防控形势依然十分严峻。为积极应对疫情新挑战，遏制疫情扩散蔓延，充实疫情防控力量，共同守护美好家园，共青团**县委决定，在全县招募疫情防控志愿者，作为疫情防控筹备力量，现将具体事宜通知如下：

招募要求

1. 年龄在 18 周岁以上的团员青年等。

2. 身体健康，已完成疫苗接种，近一个月内无咳嗽、发热、胸闷等症状，具有绿色健康码或核酸检测阴性证明，无与核酸检测阳性者密切接触史。

3. 外地返乡大学生居家隔离满 14 天，有近期核酸检测阴性证明，无与核酸检测阳性者密切接触史，一个月内无发热、咳嗽、胸闷等症状。

4. 组织纪律性强，具备较强责任意识和人际沟通能力，热心公益事业，吃苦耐劳，乐于奉献，能够按照组织安排有序投入志愿服务活动。

5. 已准确掌握疫情个人防护相关知识，自愿报名，自愿参加。

6. 接受统一调度指挥，不擅自行动，时刻做好防护措施。

7. 有志愿服务经验者优先。

报名方式

扫码加入“疫情防疫志愿者工作群”。（二维码略）

保障措施

1. 志愿服务期间使用“志愿汇”签到签退，服务时间计入志愿服务时长。

2. 对志愿服务过程中表现突出的志愿者进行宣传报道。

3. 圆满完成工作任务后，团县委将为青年志愿者出具志愿服务证明。

注意事项

1. 切实做好自我防护。青年志愿者要把自身的生命安全和身体健康放在第一位，上岗服务时要严格做好个人防护措施和健康保障。

2. 避免擅自行动。青年志愿者要服从团县委的统一调度，服从报到社区、乡镇的统一部署、统一安排、统一行动，在确保防护措施到位的前提下积极参与，避免擅自行动。

3. 就近就便开展志愿服务。青年志愿者以就近就便的原则到所居住的社区、乡镇报到，参与志愿服务活动，参与报到社区、乡镇的疫情防控监测、防疫知识宣传、返乡人员排查等疫情防控工作。

注：所有志愿者应接受统一安排调度。

你愿意参加吗？说说你的看法：____

____

____

课外查阅相关资料或根据自己的理解，用简要的语言对资料内容进行概括，并形成自己的观点，准备课堂发言。

任务一　参与志愿服务

一、志愿服务基础知识

（一）志愿服务的内涵

志愿服务是指志愿者、志愿服务组织和其他组织自愿、无偿向社会或者他人提供的公益服务。

志愿服务主要包含以下三个方面的含义。

1．志愿服务是一种由内在的精神动力所支持的活动

在社会上，有这样一群人，他们无怨无悔地牺牲自己的休息时间，到社区帮扶别人；他们放弃城里的优越生活，远赴西部大山深处教书育人；他们以奉献为乐，到大型社会活动场所维护活动秩序。他们有一个共同的称谓——志愿者。

志愿服务并不是一种简单的服务工作，它是志愿者在志愿精神的感召下，主动地、自觉自发地开展的社会服务工作。按照联合国志愿人员组织对志愿者精神的理解，可以对志愿精神进行如下解读：志愿精神是一种在自愿的、不计报酬或收入的条件下参与推动人类发展、促进社会进步和完善社区工作的精神，是公众参与社会生活的一种重要方式，是个人对生命价值、社会、人类和人生观的一种积极态度。

无私奉献的志愿精神是志愿服务的精神内核。在这种强大的内在精神动力的支撑下，志愿者们志愿贡献个人的时间、精力等，在不谋求任何物质报酬的情况下，从事社会公益与社会服务事业，把关怀带给社会，传递爱心，传播文明，给社会以温暖。

2．志愿服务是一种非营利性的活动

志愿服务不是一种用以谋生或营利的职业，而是个体出于奉献社会的意愿开展的社会服务，是一种非营利性的活动。

虽然志愿服务不追求经济报酬，但并不意味着组织的运转不需要资金方面的支持。事实上，现代志愿服务组织和机构要实现发展和维持运转，离不开充足的经费支撑。但志愿服务组织和机构不能违背志愿精神的本质，不能以营利为目的，更不能从自己的服务对象中收取经济方面的回报。

3．志愿服务是一种有组织的社会公益服务

志愿服务不仅仅是一种做好事和助人为乐的简单活动，而是一种系统地、有组织地、自愿地开展的社会公益服务。它作为社会建设和社会管理的重要组成部分，弥补了政府、市场和个人力量的短板，起到了加强国家和个人相互联系的桥梁作用。

总体来说，志愿服务就是由内在志愿精神所支撑，由自愿自觉的内部动机所指引，利用个体知识、技能、体能或财富服务社会，不计外在报酬、奖励的一种非营利、公益性活动。

模范故事

中国青年志愿者优秀个人——李佳乐

李佳乐（如图 9-1 所示），河北唐山人，吉首大学 2017 级学生、青年志愿者。

图 9-1　李佳乐

1．力所能及，小事做起

李佳乐从小受家庭和社会爱心人士的影响，便热衷于志愿服务。从中学开始，李佳乐先后加入迁西县爱心协会、吉首大学青年志愿者协会等组织，积极利用空余时间参与志愿活动。2018 年李佳乐荣获河北省“最美公益人物”荣誉称号。

在生活和学习中，李佳乐积极服务同学，带头参加活动，先后荣获“吉首大学优秀志愿者”等称号。

2．大爱无疆，延续生命

当看到关于我国器官捐献严重不足的新闻时，李佳乐便走访红十字会、到网络上查询，最终成功登记器官捐献，他也收到了器官捐献中心的感谢信。

2017 年，在河边散步的他看到失足落水儿童，毅然选择跳河救人，而后默默离开。孩子家长几经寻找才找到他，面对家长的千恩万谢，他说“救起孩子只是我的举手之劳”。

2018 年，遵化市授予李佳乐“道德模范提名奖”荣誉称号，吉首大学授予李佳乐“校园之星·道德之星”称号。

3．扎根乡村，扶贫济困

高考结束后，李佳乐本可以选择大城市的高校，但他决然选择位于湖南省湘西州的吉首大学。面对老师的不解，他说“我应该到那里的学校去，去锻炼，去为精准扶贫事业贡献力量”。

进入大学后，他便利用周末和节假日到周边地区的贫困村寨走访调研，并联合同学组建“湘希计划”扶贫团队，成立实干家食品有限责任公司和湘灵文化传播有限责任公司。通过创业带动就业，使鸡坡岭村 15 位绣娘通过苗绣脱贫增收，通过开发销售青蛙产品和其他湘西特产，为村民带来 60 万元的增收，直接推动鸡坡岭村脱贫。

李佳乐积极响应团中央号召，组织开展“七彩假期”活动，同时担任鸡坡岭村村主任助理，负责电商综合服务站的运营，开展农村创业项目咨询、技能培训、农业政策宣讲、电商知识普及等工作，并指导鸡坡岭村进行美丽乡村建设。

2019 年，李佳乐荣获第十二届中国青年志愿者优秀个人荣誉称号；2020 年，他荣获芙蓉学子优秀个人荣誉称号。

4. **主动请缨，抗击疫情**

新冠肺炎疫情爆发后，李佳乐就积极在乡村及小区参加防疫志愿服务工作。

在村中，他的工作是“精准识别”本村人员，为本村人员登记监测体温，对非本村人员进行劝返。面对每一位过往的村民，李佳乐都不厌其烦地向他们宣传防疫知识，让疫情卡点兼顾了防疫宣传站的功能。

在社区，李佳乐主要负责入户排查，他每天要爬十几层楼，走访三十多户，认真记录，不漏一人，精准掌握住户健康状况；晚上他还要将排查信息输入电子表格集中汇报。

面对较为繁重的工作，李佳乐没有丝毫怨言，反而在工作完成后还主动找事情做，为隔离户送生活物资、门口执勤、填报表格、登记信息、发放疫情防护手册、宣传防疫知识……只要有需要的地方总能发现李佳乐的身影。

入户排查过程中，李佳乐发现一户只有两个老人和一个准备高考的孩子居住，经了解得知受疫情影响孩子的父母在外地无法返家，考虑到孩子备战高考，两个老人又行动不便，李佳乐主动承担起他们的物资配送工作，并免费为孩子辅导功课，直到疫情得到控制，孩子父母回家。

李佳乐除了参与线下防疫志愿服务工作，还积极利用网络等渠道贡献力量，服务战“疫”。比如，配合学院进行线上学生健康排查工作，主动了解湖北籍同学的情况，配合支部书记做好疫情防控宣传及捐款活动，购置口罩、消杀物品并分发给帮扶村鸡坡岭村村民和班级师生。

他用青春和汗水诠释了当代大学生的责任与担当，用实际行动证明新时代的中国青年是好样的，是堪当大任的。

（二）志愿服务的特征

志愿服务有自愿性、无偿性、公益性和组织性四个基本特征，其特征的精髓是奉献精神。奉献意味着无偿，不计报酬地为他人、为社会服务，具有奉献精神的人通常也自发自愿地参加志愿服务。

1. **自愿性**

志愿服务必须是个人自愿参加的。这个自愿是主动的而不是被动的，是自觉的而不是被迫的。相关组织可以通过各种方式动员志愿者，但应该让每个志愿者都在没有任何压力的情况下自愿投入志愿服务。强制参与、强制“奉献”、募集摊派或变相摊派、对志愿者进行单位化管理等，都不符合志愿服务活动的自愿性原则。可以想象，如果志愿服务不是每个人都自愿参加的，而是在某些组织或个人的强迫和压力下参加的，其社会意义就会大打折扣。被迫参与到志愿服务之中的人员不是真正意义上的志愿者，他们即使参加了志愿服务活动，也很难持续发挥积极的作用。

2．**无偿性**

无偿性是指志愿服务属于无偿行为。志愿服务的提供者从事志愿服务，不得向志愿服务对象收取或者变相收取报酬，包括金钱给予、物质交换或礼物馈赠等形式。但是，志愿服务组织为志愿者提供交通补贴和午餐补贴等并不影响志愿服务的无偿性。

3．**公益性**

公益性是指志愿服务必须指向公共利益。根据志愿服务的公益性，营利行为不属于志愿服务，偶发的帮助行为、基于家庭或友谊的帮助行为、仅仅针对特定个人的帮助行为和互益互助的行为也不属于志愿服务。

对服务活动的组织者来说，志愿服务不应该被用来达到公益服务以外的目标，如经济目标，否则就会损害志愿服务者的动机。

对志愿服务者而言，在提供志愿服务时应该始终坚持以利他和公益为基本目标，不能私自执行工作计划以外的服务内容。例如，志愿者不得向服务对象做宗教传道的工作，不得在活动时间内宣传与公益活动无关的事物。

4．**组织性**

仅凭孤立的热情、爱心、体力，我们往往无法回应复杂的社会需求。志愿服务具有组织性，可以采取社会团体、社会服务机构、基金会等组织形式开展志愿服务，可反映行业诉求，推动行业交流，促进志愿服务事业发展。

志愿服务组织的不断涌现对促进志愿服务活动广泛开展，推进精神文明建设、推动社会治理创新、维护社会和谐稳定发挥了重要作用。志愿服务组织已成为现代社会从事志愿服务最重要的主体。

知识链接

中国青年志愿者协会

中国青年志愿者协会成立于 1994 年 12 月 5 日，是共青团中央主管的，由青年志愿者组织和个人自愿结成的，全国性、专业性、非营利性社会组织，是共青团在实践中培养社会主义事业建设者和接班人的重要组织平台。

中国青年志愿者协会是全国青联团体会员，是联合国国际志愿服务协调委员会（CCIVS）联席会员，2010 年获得联合国经济及社会理事会特别咨商地位。

中国青年志愿者协会的主要职责为加强思想政治引领，践行社会主义核心价值观，弘扬良好道德风尚，促进社会文明进步和和谐社会建设；建立健全青年志愿服务体系，推进诚信建设和志愿服务制度化；培养青年责任意识、规则意识、奉献意识，促进青年全面发展，培养社会主义建设者和接班人；组织青年围绕扶贫、环保、济困、扶老、救孤、恤病、助残、救灾、助医、助学、应急救援、大型赛会等领域开展志愿服务；规划、组织青年志愿服务活动，协调全国各地、各类青年志愿者组织开展工作；依法依规开展海外志愿服务活动，与海内外志愿者组织、团体加强交流；开展符合协会宗旨的其他活动。

（三）志愿服务的类型

志愿服务主要领域包括扶贫济困、助老助残、社区服务、生态建设、大型活动、抢险救灾、社会管理、文化建设、西部开发、海外服务等，具体可以分为以下三大类。

（1）以国家政策为导向的志愿服务，如大学生志愿服务西部计划、大学生志愿服务苏北计划等。这类志愿服务以项目为周期，时间较长，往往需要参与者具备一定的资格条件。

（2）由政府职能机构、事业单位（如学校）等组织的官方志愿服务，如奥运会、世博会、亚运会志愿服务等。这类志愿服务主要以活动、会议为载体，涉及面广，持续时间短，参与者多为临时招募。

（3）由民间自发组织开展的志愿服务，如自然之友、地球村、绿家园志愿者等。这类志愿服务面向不同的群体，专业性较强，参与有一定门槛，持续时间也较长。

（四）志愿者的基本条件

2013 年 11 月，共青团中央、中国青年志愿者协会颁布新修订的《中国注册志愿者管理办法》。其中，对注册志愿者的基本条件进行了如下规定。

（1）年满十八周岁或十六至十八周岁以自己劳动收入为主要生活来源者；其中不满十八周岁者，须经其法定监护人同意；未满十八周岁的在校学生申请注册的，按所在学校有关规定办理。

（2）具备参加志愿服务相应的基本能力和身体素质。

（3）遵守国家法律法规和注册机构的相关规定。

知识链接

如何在网上注册成为志愿者？

2017 年，全国志愿服务信息系统（以下简称“信息系统”）已通过中国民政部验收，正式上线，为实现志愿服务数据信息的互联互通、共享使用提供了便捷平台，如图 9-2 所示。通过信息系统，社会公众可以便捷地注册为志愿者参与志愿服务；志愿者可以参与自己感兴趣的志愿团体和项目，记录、转移、接续自己的志愿服务时间；志愿服务组织可以按照规范的流程发布项目、招募及管理志愿者、开展服务，实现供需有效对接；党政管理部门可以全面了解志愿服务情况、开展数据决策分析。

图 9-2　全国志愿服务信息系统

二、农村特岗教师

1. 农村特岗教师（简称特岗教师）简介

“特岗计划”是中央实施的一项针对西部地区农村义务教育的特殊政策，通过公开招聘高校毕业生到西部地区“两基”攻坚县的农村地区学校任教，引导和鼓励高校毕业生从事农村义务教育工作，创新农村学校教师的补充机制，逐步解决农村学校师资总量不足和结构不合理等问题，提高农村教师队伍的整体素质，促进城乡教育均衡发展。该计划实施范围为集中连片特殊困难地区和中西部国家扶贫开发工作重点县，省级扶贫开发工作重点县，西部地区原“两基”攻坚县（含新疆生产建设兵团的部分团场），纳入国家西部开发计划的部分中部省份的少数民族自治州以及西部地区一些有特殊困难的边境县，少数民族自治县和少数民族县，主要包括：河北、山西、内蒙古、吉林、黑龙江、安徽、江西、河南、湖北、湖南、广西、海南、重庆、四川、贵州、云南、陕西、甘肃、宁夏、青海、新疆。

2. 特岗教师的招聘对象和条件

（1）招聘对象：①全日制普通高校师范类专业应届本、专科毕业生。②全日制普通高校具备教师资格的非师范类专业应届本科毕业生。③取得教师资格，同时具有一定教育教学实践经验、年龄在 30 岁以下且与原就业单位解除了劳动（聘用）合同或未就业的全日制普通高校往届本科毕业生。

（2）招聘对象具备的基本条件：①政治素质好，热爱社会主义祖国，拥护党的各项方针、政策，热爱教育事业，有强烈的事业心和责任感，品行端正，遵纪守法，在校或工作（待业）期间表现良好，未受过任何纪律处分，为人师表，志愿服务农村基层教育。②符合教师资格条件要求和服务岗位要求（应聘初中教师的学历要求原则上为本科及以上，所学专业与申请服务的岗位学科一致或相近）。③身体条件符合当地要求，并能适应设岗地区工作、生活环境条件。

3. “特岗计划”的相关保障政策

（1）为吸引更多优秀高校毕业生到农村学校任教，按照“自愿报名、择优选拔”的原则，对具备以下条件的报名者在面试成绩中给予适当加分：①少数民族学生加 2 分。②省级优秀毕业生、省级及以上“三好生”加 4 分，校级“三好生”加 2 分；同时具备以上几个加分条件的学生，可以累计加分，最高加分不得超过 6 分。③参加“大学生志愿服务西部计划”“三支一扶”计划支教服务且服务期满的志愿者、参加过半年以上实习支教的师范院校毕业生以及生源地考生在同等条件下优先招聘。

（2）特岗教师在聘期内，由县级有关部门对其进行跟踪评估。对成绩突出、表现优秀的，给予表彰；对工作不扎实、不按合同要求履行义务的，要及时进行批评教育，督促改正；对不履行合同要求的义务，经教育仍无转变，不适合在教师岗位继续工作的，应解除协议。

（3）各设岗县（市）和学校，要为特岗教师提供必要的周转房，方便教师的工作和生活。

（4）“特岗计划”的实施可与“农村学校教育硕士师资培养计划”相结合。符合相应条件要求的特岗教师，可按规定推荐免试攻读教育硕士。特岗教师 3 年聘期视同“农村学校教育硕士师资培养计划”要求的3年基层教学实践。

（5）特岗教师3年聘期结束后，对考核合格、自愿留在本地学校的，经县级政府教育行政部门审核，县级政府人事行政部门批准，由县级教育行政部门办理事业单位人员聘用手续，按照有关规定办理上编制、核定工资基金等手续，并分别报省、市（州）人事、教育行政部门备案，同时将其工资发放纳入当地财政负担范围，保证其享受当地教师同等待遇。

今后各市、县（市、区）、乡镇学校教师岗位空缺需要补充人员时，要优先聘用聘期已满、考核合格的特岗教师。

各地区在实施特岗计划的同时，要研究制定具体可行的办法，加大创新农村教师补充机制的工作力度，并大力推进城镇教师支援农村教育工作，积极稳妥地处理好代课人员问题。

4. 特岗教师的户口和档案管理

特岗教师聘用期间，其户口根据本人自愿，可留在原籍，也可迁至工作学校所在地或工作学校所在地的县城；党（团）组织关系转至工作单位，特岗教师应积极主动参加工作单位的党（团）组织活动；特岗教师人事档案原则上由工作学校所在地县政府人事行政部门人才服务机构免费管理。服务期满后，被国家机关、国有事业/企业单位正式录（聘）用的，在服务期间建立的工作档案和党（团）关系按规定转到具有人事管理权限的相关单位管理或由政府人事行政部门人才服务机构代理。

5. 特岗教师的聘后管理

特岗教师聘用后的日常管理与考核主要由设岗学校和设岗县教育行政部门负责。每年度结束，各设岗学校要对本校特岗教师的政治思想表现和工作情况进行综合考核，评定考核等次，并报县教育行政部门审核后存入其工作档案。

模范故事

尘土难掩的光辉——刘轩

刘轩（如图9-3所示），男，汉族，1989年2月出生，2011年从甘肃民族师范学院毕业后，来到甘肃省临夏回族自治州永靖县小岭乡小岭中心小学，成为一名农村特岗教师。先后被永靖县委、县政府评为“优秀教师”“优秀班主任”“优秀教育工作者”。他工作的地方位于黄土高原，这里沟壑纵横、尘土飞扬。在艰苦的条件下，他教孩子们用画笔勾勒世界，用彩色描绘生活，他用自己所学的美术专业知识为孩子们带来五彩缤纷的梦想。作为负责控辍保学的老师，为了让更多的孩子留在校园、学习知识，他不断劝返每一位失学儿童，他所在的学区，近几年来，没有一个孩子辍学。同时，他也注重教师专业化成长，撰写的论文《学校应充分发挥多媒体设备功能》获州级一等奖；论文《安全的花朵绽放在和谐校园》获州级二等奖。

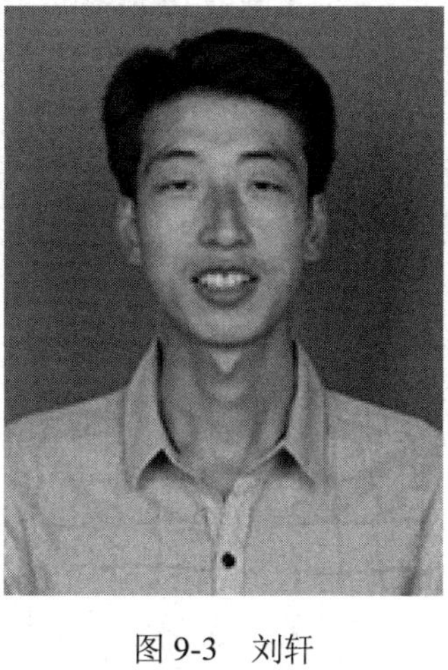

图9-3　刘轩

三、大学生村官

大学生村官计划是十七大以来党中央在特定历史条件下所做出的一项重大的战略决策，对于协助农村“两委”和农民合作社的治理、推动农业农村可持续发展、缓解大学生就业难、培养党政干部后备人才都具有十分重大的意义。无数刚刚毕业的大学生，怀揣着对农村的无比热情、对新农村建设的无限热忱，积极响应国家的号召，投身到广阔的农村，施展自己的抱负，实现自己的人生价值。整体上看，无论是从文化层次、知识水平、年龄结构还是从社会责任感、工作责任心等方面进行综合考量，大学生村官都是新时代建设社会主义新农村的主力军。大学生村官不断充实到农村干部队伍，不仅改变了这支队伍的知识结构和年龄结构，还改善了农村干部队伍的能力结构和素养结构，必将给新时代社会主义新农村建设带来全新的面貌。

（一）大学生村官在农村经济改革中的作用

1. 大学生村官是农村社会治理的协调者

大学生村官在农村经济改革中能够把农村社会治理有效地融入国家治理中来。农民作为中国的一个特殊社会阶层，具有鲜明的历史性与不可替代性，从农村经济改革以来，村民自治一直都是农村社会治理的主要方式。村民自治的基本内涵就是在农村社会治理过程中，农民享有表达自身利益的话语权，有权利参与到农村集体事务决策中。但是在此过程中，农民社会群体分化极大会导致农村利益分配不均衡。因此，国家实行大学生村官计划，让大学生村官参与村民自治，使得越来越多的农民受到大学生村官的公民意识的激励和主动参与行为的鼓舞，能够通过村民自治制度来表达自己的利益诉求，让他们不仅能够关心个人的选举权，更能关注村务公开、代表选举等政治权利，积极参与到集体事务决策中来。由此可见大学生村官能够引导着新农村的村民向社会主义公民转变，把农村社会治理有效地融入国家治理范畴中来，有效地解决农村社会治理的矛盾，从而推动农村社会经济发展。

2. 大学生村官是农村社会转型的改革者

大学生村官在农村经济改革中使得基于血缘关系的传统农村社会转变成基于法律关系的契约性现代社会。在农村经济改革中，最重要的问题就是农民问题。传统的农村社会是基于血缘关系，以姓氏等形成的家族制的集体，这就使农村社会管理体制上存在着分散性。而大学生村官的作用就是要建设一个具有法律关系的现代农村社会。在农村社会转型改革中，基于法律的契约性社会是否能有效地建立，取决于农民的话语权能否得到充分的保障，这时大学生村官在公民教育这一块就起到了关键作用。只有充分尊重和保护农民的话语权和受教育权，才能在实行科学民主决策的过程中真正地了解到农民的需要，更好地发挥农民在农村经济社会变革中的主体作用。

在社会主义新农村建设中，不仅要使得大学生村官的话语权得到充分的保障，还要鼓励大学生积极参加农村基层自治组织领导职务的选举，同时又要尊重农民集体话语权，处理并确保满足他们的合法愿望。大学生村官是公民教育的设计者，是自身与村民双方话语权的维护者。大学生村官作为接受过民主训练和公民文化熏陶的社会主体，既有维护自身话语权的能力，同时也能有效地维护村民的话语权。在村民自治制度的发展、演变、完善过程中，大学生村官通过设计与话语权等相关的合理治理方式或民主政治生活来使得村民积极参与到集体事务中来，逐渐改变农民的情感、态度、气质、性格、行为习惯，让农民真正成为具有真正公民意识和公民观念的新型农民，进而培育出适合农村的真正的公民文化。

3. 大学生村官是农村经济发展的领头羊

大学生村官作为新一代青年，有着许多优质的特质，如思想观念较新，年龄、教育背景、政治面貌、知识结构、专业技能等比传统村干部更具备优势；同时，大学生村官制度不仅是党和国家培养可靠人才的战略工程，也是青年学生实现人生理想的一项充满希望的工程，它为农村经济发展注入新鲜的源泉，起到造血功能。

首先，大学生村官可以通过宣传科学新观念来驱赶农民潜意识中的小农意识，以市场经济为导向转变农民的生产观念以改变农民生产方式，培育新型职业农民，激发农民生产主动性，促进农民收入的增加。其次，扶贫先扶智，城乡之间的教育发展也有着很大的差距。大学生村官要推进农村基础教育，要提高农民的文化素质和职业技能来为社会主义新农村建设提供人才支持，提高农村劳动力的就业竞争力。更重要的是，通过实践来引导农民培养协商合作的意识，使他们从小农意识中脱离出来，积极参与市场竞争，在积极向上的观念指导下实现科学繁荣的目标。最后，大学生村官应该发挥自身优势和特征，充分挖掘本村的区位优势，并充当农业科技教育的联络员、组织员、宣讲员，要依托本村的产业发展对农民开展农业实用技术培训和职业技能培训，使他们掌握能切实提高农民生产技术水平的农业新知识、新技术；提升环保和食品安全意识；提升经营管理水平，以及掌握适应市场经济、提高转岗就业能力所需的知识。

模范故事

从"没头绪"到"有办法"——张繁

2018 年夏天，大学毕业的张繁（如图 9-4 所示）放弃高薪企业抛出的"橄榄枝"，考取宁夏彭阳县交岔乡选调生，来到庙庄村锻炼。

图 9-4　张繁

山大沟深的庙庄村，当时是当地有名的贫困村，多年考核居于全乡末位。初到庙庄村，张繁虽想法很多却没有头绪，老书记鼓励他："没有解决不了的困难，只有被困难压垮的人。"

1．做好“贴心人”

到庙庄村一个多月，张繁遍访所有农户。谁家有几个孩子、有什么产业、存在哪些困难，张繁烂熟于心。张繁相信，只要以诚相待，就没有打不开的心门。

有一老人，老伴离世，自己身患重疾，子女外出打工，生产生活困难。张繁每周定期去他家帮着打扫院落，收拾卫生，送去生活必需品，坐下来聊家常。有一次，老人突然身体不适给张繁打电话，张繁火速将老人送到医院，帮助垫付了医药费。自那以后，老人逢人就夸：“张繁是个好娃娃。”

慢慢地，张繁感觉到乡亲们其实很好相处，只要多到群众家中揭揭锅盖，多到田间撸起裤管，就能处出真感情。“群众愿意跟你说出心里话了，你就成了他们的‘贴心人’，工作也就自然而然好开展了”。

2．做好“服务员”

庙庄村是距乡政府最远的一个村。常有老乡反映，去乡上办事得转车颠簸。于是，张繁包下了村民买东西、办理养老医疗保险等业务，帮群众跑腿，赢得了“山窝里的代办员”口碑。

2018 年 9 月，邻村的万寿菊到了采摘期，张繁动员帮扶的一户贫困户去采摘赚钱，没想被他拒绝了。张繁开始反思：是不是工作方法不到位？一次，张繁直接开车载着他到地头，和他一起顶着烈日采摘，劳动成果算他的。由于张繁对花粉过敏，在田间连打喷嚏，眼泪直流。对方被这一幕感动了，自那以后，他家的信访问题被有效化解。

庙庄村有一半家庭有人外出打工，如何让留守人员在家也能赚到钱？2019 年到 2020 年，张繁积极对接县里开展的农村实用技术培训，将培训地点搬到庙庄村，烹饪、纺织、刺绣、剪纸……这两年，村里的留守人员学有所用，在扶贫车间找到了岗位。留守人员们感慨地说：“没想到，不出远门也能挣到钱”。

3．做好“领航员”

为了激发贫困村发展内生动力，张繁组织村干部到吴忠、银川等地学习。村里探索出“支部+合作社+农户”发展模式，引导党员、致富带头人承包 200 亩土地种植苜蓿，并以低于市场价的价格出售给农户当饲料，草畜产业得到长足发展。为扩大生产规模，张繁积极帮助申请创业贷款、小额信贷等，联系购进优质牛犊 158 头。

如今，庙庄村“户户种草，家家养畜”，人均纯收入由 2017 年的 8127 元增长到 2020 年的 11236 元，党员聚在产业链上，群众富在产业链上，农民精气神展现在产业链上，闲散劳力有了干劲，父老乡亲有了奔头，庙庄村也从后进村变成了先进村。

（二）农村经济改革下大学生村官制度建设过程中的政策效应

1．进一步完善大学生村官长效发展机制

大学生村官长效发展机制的健全主要体现在其流动机制能否建立健全上。因此，要大力建立健全大学生村官“流得动”机制。一是要完善大学生村官的留村任职工作。主要是采取党员推荐或者群众推荐等方式，鼓励一些表现优秀、被党员和群众认可的村官参加选举，担任村“两委”负责人。经考核合格，提出续聘申请的，经乡党委初步审查，县级组织和人力资源社会保障部门审查批准后就可以签定续聘合同。二是通过考录公务员方式，保障大学生村官参加面向社会统一组织的公务员招考时能够享受加分等相关的优惠政策。三是以自主创业的方式，指导大学生村官参加农业产业龙头企业、农业示范园区、专业合作社、专业协会的实践活动，帮助他们学习创业知识，积累实践创业经验。为了加强“村庄官员”的创业精神和建立商业孵化基地，各级主管部门应该把精力放到那些有创业意愿、创业能力、创业优势的大学生村官身上。四是鼓励成功创业的大学生村官成为企业管理者、项目负责人和新社会组织的领导者，逐步实现自主发展。

2. 在实践中不断地提升大学生村官的理论水平

实践是检验真理的唯一标准，大学生村官应在实践中不断地检验农村经济社会改革相关理论，并做好一系列的知识储备工作。一是规范高校的职业指导方面的课程。通过规范高校中有关于大学生村官的职业培训的课程，对有兴趣成为大学生村官的学生进行有效的三农知识的传递，并在学生的日常生活基础之上进行准确的指导和专业的培训，使得高校的资源也能得到充分的发挥。二是加强大学生村官入职前的职业培训。地方政府应对新聘大学生村官进行一系列严格的入职培训，不仅要建立需求表达的有效机制和高效的合作管理模式，来帮助大学生村官在农村服务工作中更好地定位，同时更要培养大学生村官的先进奉献精神。三是使大学生村官的后续教育机制得到完善。主要是通过诸如“互联网+”等的形式，通过线上与线下的培训课程和交流来对大学生村官进行乡村振兴、农业供给侧改革、新农村建设、农村社会管理创新、基层工作发展、法律法规等方面的专业培训，继续完善农村社会保障体系。此外，大学生村官还应加强自身建设，不断“贴近”农村，与时俱进，加强与返乡青年的互动和联系，加强群体间的联系。只有加强群体互动，才能发挥最大的作用；要增强对村民的责任感，保护生态环境，在农村经济改革中更好地发挥自身的优势。

模范故事

“电商”小村官——和倩如

和倩如（如图 9-5 所示），中共党员，云南省怒江州大学生村官，怒江州青联委员，先后荣获全国第十八届村长论坛大学生村官“村民贴心人”提名奖、云南省脱贫攻坚“扶贫好村官”、云南省“好网民”、怒江州脱贫攻坚“扶贫好村官”等多项荣誉。

图 9-5　和倩如

和倩如亲眼目睹了闭塞的环境里乡亲们销售农产品的艰难，为了帮助乡亲们摆脱贫困，她在村里发展乡村互联网电商经济，探索“党支部＋合作社＋电商＋农户”的发展模式，用了三年的时间，从普通的大学生村官，变成了村里的电商直播主播，成了村民网红的培养者，同时为浪坝寨村打造一支带不走、留得住的电商团队，培植浪坝寨村乡村互联网电商经济的萌芽，助力群众增收，追寻乡村振兴之梦。

和倩如说：“走出校门近四年，现在我觉得，最幸福的就是自己现在所拥有的时光，遇良师交挚友，这是多大的一笔人生财富啊！放弃大城市工作的机会到艰苦的地方去工作，面对未知的一切困难，我始终保持一颗希望的初心。积极地听从内心的召唤，突破现实的羁绊，遇到挫折了，告诉自己再勇敢一点，想放弃了，告诉自己再坚持一下，坚持了就会有希望！四年村官路，一生为民情。正是这份初心指引我不断劈波斩浪前行，崇高的使命让我‘咬定青山’勇于担当。一路走来，我的青春岁月与对农村沉甸甸的爱紧紧连在一起，一寸寸田埂记录着我的青春与梦想。而我也在这片土地上收获了为民服务的本领，收获了快乐和自信。作为新时代的大学生村官，我将勇担时代责任，坚定对党的信仰，对祖国的热爱，坚持对社会的奉献，对人生价值观的守护，继续做好村民的贴心人，让青春在农村广袤大地中绽放！”

四、三支一扶

“三支一扶”工作，即从 2006 年以来，每年采取公开招募、自愿报名、组织选拔、统一派遣的方式，招募一定数量的高校毕业生，安排到乡镇从事支教、支农、支医和扶贫工作。出台“三支一扶”国家基层人才培养计划（简称“三支一扶”计划），主要目的有两个：一是分流逐年增加的毕业生人数，给毕业生创造一个全新的就业窗口，减轻毕业生在大城市就业的竞争压力。二是城市经济水平逐年提高，和农村经济水平的差距逐渐加大，这就让经济发展的重心逐步转移到农村基层。由于教育、医疗和技术等方面的不足，农村经济发展受到了很大的制约，因此制定“三支一扶”计划，就是要向农村导入具备知识和技能的毕业生，让他们成为带动农村经济发展的新鲜血液。

（一）“三支一扶”计划出台的背景

1999 年高校扩招以后，我国高等教育从精英教育向大众教育转化，每年数百万应届大学毕业生走出校园步入社会，大学生就业形势日益严峻。我国是世界上人口和劳动力最多的发展中国家，各地经济发展水平很不均衡，农村基层人才缺乏与高校毕业生就业难一直是困扰国家经济发展的两大问题。广大农村农业、教育、医疗方面的人才缺口大，而每年几十万大学毕业生无业可就。为建设社会主义新农村，缓解大学生就业压力，拓宽就业渠道，国家实施了基层人才培养计划。2006 年 2 月，国家原人事部等 8 部委联合下发了《关于组织开展高校毕业生到农村基层从事支教、支农、支医和扶贫工作的通知》，同时启动了《2006 年高校毕业生“三支一扶”计划实施方案》。社会也通过舆论引导大学生积极参与“三支一扶”基层就业。“三支一扶”实施十几年来，为高校毕业生提供了大量工作岗位，缓解了就业压力，广大毕业生在基层经受了锻炼，为他们成长和成才及事业的发展创造了条件，使之增长了见识，增加了对国情的了解，为农村基层农业、教育、医疗和扶贫等工作贡献了青春才智，也为服务地区带去了新鲜的活力和崭新的面貌。越来越多的大学生认同“三支一扶”计划，很多优秀的“三支一扶”计划参与者最终通过考试、转任聘用等方式进入各级党政机关、事业单位，为这些部门单位充实了具有一定基层工作经验的青年人才，还有部分“三支一扶”参与者服务期满后扎根农村，为实现全面建设小康社会脱贫攻坚贡献青春才智。

（二）国家实施“三支一扶”计划的意义

目前就业形势如此严峻，需要更加积极的就业政策来应对，“三支一扶”计划是国家促进大学生就业政策的重要一环。实施“三支一扶”计划的深远意义不仅是解决大学毕业生就业问题，更重要的是助力实施科教兴国战略和人才强国战略。党的十九大作出了实施乡村振兴的重大决策部署，其中之一就是人才振兴，而大学毕业生正是农村急需的人才，让大学毕业生到祖国基层发挥才干，在实践中成长成才。通过“三支一扶”途径，能够树立大学生责任意识、担当意识，为社会主义新农村建设添砖加瓦，为助力实现全面脱贫贡献力量。

模范故事

八年支教路，风雨无阻砥砺前行——袁辉

“在山村支教不是心血来潮，而是骨子里对这份事业的热爱。和孩子们一起成长，是我最大的收获。”袁辉（如图 9-6 所示）这样总结自己八年的志愿支教经历。

从南京大学历史系本科毕业后，袁辉就成为了恩施州山村学校的一名支教志愿者。支教八年来，他克服了环境上的重重困难，始终不忘初心、无私奉献，充分展现了一位青年志愿者的担当与奉献。他于 2016 年获评第十一届中国青年志愿者优秀个人奖；2018 年获评“中国好人”；2019 年获第 23 届“中国青年五四奖章”。

图 9-6　袁辉

2012 年 9 月，他辗转抵达巴东县偏远的教学点——清太坪镇姜家湾教学点。乍一到校，他就主动承担了许多超出平均工作量的教育教学任务。他乐观阳光，善于创新，尤其关注学生的心理健康，帮助山区的留守孩子们活得自信、学得快乐、健康成长，是他追求的目标。课上，他总能用别致的设计、幽默的语言，让孩子们学在其中、乐在其中；课下，他和孩子们一起谈天、下棋、做游戏。他讲课有新意，学生喜欢听，因此，他还常被附近的中小学请去授课，深受孩子们的喜爱和尊敬。

当地有一位叫青青（化名）的孩子，因身患一种罕见病——成骨不全症（俗称“玻璃娃娃”），多次出现骨折而无法到学校上课。他找到青青家，了解了孩子的病情后主动提出：自己愿无偿为青青上门送教。青青家地处山坳，道路崎岖难行，离学校有20多里山路。天气好的时候，他就骑着摩托车去；遇到雨雪天气时，他就只能步行前往，每周3趟，6年时间风雨无阻，从未间断。

作为一位潜心支教的志愿者，他曾把自己所得的1000元奖金全部给了孤儿小谭（化名）作为生活费。逢年过节，他总会给学校的几位最困难的孩子家庭送去节日礼品。他还积极联系各界朋友和公益组织，资助家庭困难的孩子，帮助他们健康成长。在他的带动下，其母校南京大学以及武汉多所高校向恩施州基层县市派出了志愿服务队伍，从事或长或短的支教工作，助力乡村教育扶贫。

虽然八年已过，但是他的志愿服务脚步从未停止。2020年9月，他离开巴东来到建始继续支教。他联系组织了多位朋友出资帮助三里乡煤炭沟村一位孤儿学生整修房间、修缮门窗、更换床铺家具，让这位孤儿学生住得更安全、更温馨。他还联系社会力量为高坪镇望坪初中和望坪希望小学学生提供了大量的学习、生活物资。望坪初中的学生小莉（化名）家庭情况特殊，他及时联系到武汉的朋友，每学期为小莉提供1000元的资助。他重视学生审美情趣的培养，带领望坪初中的学生进行石头画创作，成果显著。

袁辉坚定地说：“我要继续努力，将志愿精神传递给更多的青少年学生，带动更多的青少年学生参与到志愿服务中来，助力乡村教育、乡村振兴。”

（三）助推“三支一扶”计划有效实施的建议

“栽好梧桐树，引得凤来栖。”要全面脱贫攻坚，必须解决好基层人才“招得进、用得好、留得下”的问题。“三支一扶”大学生是助力基层人才队伍改善的生力军，筑巢引凤是关键。针对调研发现的问题，该怎么去解决，现从学生、高校以及政府三个层面提出建议。

1．学生层面

（1）正确认识就业形势，转变就业观念。毕业生数量逐年增加，博士和硕士毕业生成倍增长，替代性就业的局面开始出现，就业压力增大，毕业生应对自身能力和就业取向有合适的评估。尤其是专科院校师范类毕业生，对岗位的选择能力比较弱，须找准定位。到基层就业既能得到锻炼，又能享受政策带来的无形收益。大学生就业价值观的变化能反映其就业取向的变化。大学生对工资待遇依然比较在意，但其关注点应逐步延伸到环境、技能成长及职业发展等方面。“三支一扶”大学生的就业价值取向整体上呈积极健康的发展趋势，但仍存在个体的主观障碍因素，影响其职业发展。许多大学生期待高薪酬和优越的工作环境，缺乏到基层工作意识。目前城镇教师资源相对饱和，而基层缺乏专业教育师资。国家鼓励大学生到基层就业，出台了“三支一扶”“特岗教师”“大学生村官选聘”“大学生志愿服务西部计划”、毕业生征兵入伍优惠政策和毕业生到农村从教上岗退费政策等。大学生要拓宽就业思路和职业选择面，走出观念误区，转变观念，积极投身基层。

（2）调整就业心态，提高综合素质。刚到基层服务的大学生要进行心理调适，树立良好乐观心态，做好服务基层的准备。个人享乐思想会使部分“三支一扶”大学生喜欢选择到条件待遇相对优越的地方工作而不愿到经济相对落后、条件相对艰苦、急需人才的农村基层服务。“三支一扶”大学生应该学习发扬艰苦奋斗的工作作风，要怀着一种重任在肩的使命感，为乡镇、农村发展贡献自己的力量，要锤炼扎根基层的作风，对工作充满激情，立足岗位，勇于接受实践的锻炼和考验，展现才华，在平凡岗位上做出不平凡的贡献，实现自我价值。

（3）适应政策和选拔标准。精准应对“三支一扶”大学生量化测评标准，大学生要提高选拔成功率，应该做到以下几点：一是选择与自己的专业完全相符的岗位，可以得到“专业相关性”条件满分 40 分；二是选择生源地岗位，可以得到“生源地为所报岗位所在地”条件满分 20 分；三是在校期间应全面发展，争取获得校级、市级或省级优秀学生干部、三好学生、优秀毕业生等荣誉称号，仅此三项荣誉就可以获得最高 5 分；四是争取入党，获得 3 分；师范生需要考取教师资格证，方有支教资格。总体上看，“三支一扶”大学生量化测评标准隐含的竞争下评出的入选者一定是优秀的。如果某个岗位是专科生入选，更能体现这个学生的优秀，因为在“学历层次”条件上，专科生比本科生会少得 4 分。因此，在校期间，大学生应努力提升自身综合素质，做到全面发展。

2．**高校层面**

（1）建立可持续的就业指导模式。良好的就业价值观的形成离不开高校的两课教育，即职业生涯规划课和就业指导课。职业生涯规划课一般开设在第一学期，学生通过职业生涯规划课程，发展自我意识，认识个人能力、兴趣、特长，正确看待个人的生理和心理特征，认清就业形势，初步确定职业目标，培养正确的就业观和人生观，完成个人职业生涯设计。毕业学年开设就业指导课，提高学生就业决策能力。采用共性指导和个性指导相结合原则，帮助大学生合理正确地分析就业形势，调整心态，做出职业选择。同时，要把就业心理健康教育列入课程建设，引导学生打下良好的就业心理基础。对参与“三支一扶”计划甄选的大学生，应为他们释疑解惑，帮助他们调试心态，做好职业规划。高校要在教育教学过程中融入可持续的就业指导模式，使学生将职业规划与就业形势紧密结合，在毕业阶段做出正确的就业选择。

（2）加大政策宣传力度。学生对就业信息的获取有赖于学校就业指导中心和院系的宣传，尤其是对于政策信息，应该宣传到位，运用新媒体，如公众号、微博等渠道，向毕业生普及政策知识。如什么是“三支一扶”，以及该计划的目的、意义、报名条件、经费保障、报名程序和期满后就业方向等。此外，对特岗教师计划、大学生村官选聘、大学生志愿服务西部计划等就业项目，也应做好政策宣传和政策答疑工作。

3．**政府层面**

（1）建立健全监督机制，完善监督体系。地方政府要健全制度，建立毕业生面向基层就业的服务管理机构，出台鼓励政策。健全招募、使用、考核、奖惩、培训、安置等配套政策，形成长效机制，解决志愿者后顾之忧，打造一支长青的“三支一扶”团队。同时，建立晋升制度，加强管理和考核，建立档案，健全信息库。基于应届毕业生的物质精神需求，建立保障体系，给予大学生志愿者更多的锻炼机会，让大学生志愿者感受到政府和用人单位的关心和重视。政府有关部门应定期派遣人员到基层听取大学生志愿者心声，采纳其合理意见和建议。

（2）落实政策，保障大学生志愿者利益。到岗后的大学生志愿者，面对基层复杂的工作环境和烦琐的日常工作难免会存在对工作不适应的情况，主管部门应对大学生志愿者予以帮助，安排专人做好“传帮带”的过渡，在工作上给予必要的指导和支持。此外，应保障大学生志愿者待遇，工资应按月及时发放，加强补贴政策的落实和执行力度，建立“三支一扶”薪资待遇动态增长机制，尽量做到与其他正式员工同工同酬，消除其内心的不平衡感，让大学生志愿者感受到自身的价值。对“三支一扶”大学生志愿者服务期满后的再就业问题，应有明确的政策指引。如果地方政府能从全局上切实做好大学生志愿者后续就业服务工作的统筹安排，制定积极政策，必能吸引更多的大学生志愿者扎根基层。只有国家各项政策得到充分落实，才能保证乡镇、农村基层长期稳定地吸引高校毕业生奉献基层，热爱基层工作。

总之，“三支一扶”计划是国家一项重大决策，也是一项艰巨而复杂的系统工程，对培养新时代的青年人才具有重要意义。政府需要保障大学生志愿者利益；高校需要用心培养，教书育人；毕业生自己也需要认识自我，甘于奉献。政府应加大对基层的扶持力度，加强财政转移支付形式的财政支持，给予更多政策保障。“三支一扶”计划推进需要政府、高校、用人单位的共同关心和支持，更需要大学生志愿者自身的不懈努力。高校毕业生是政府宝贵的智力财富，政府应健全保障机制，重视人才，以吸引更多毕业生走向“三支一扶”，服务基层，实现人生价值。

任务二　进行实习和兼职活动

一、了解实习和兼职

（一）实习和兼职的含义

1. 实习

实习，顾名思义，在实践中学习。在经过一段时间的学习之后，或者说当学习告一段落的时候，我们需要了解应当如何把所学知识应用在实践中，通过实习应用和检验学习到的理论知识，以锻炼工作能力。知识源于实践，归于实践。因此实习是一种实践，是理论联系实际，应用和巩固所学专业知识的重要环节，是培养能力和技能的重要手段。

2. 兼职

兼职是指在不脱离原组织的情况下，利用业余时间从事第二职业并取得一定的报酬；或为了达到某种特定目的，通过交换，为第三方提供体力或脑力劳动支出的行为。在西方国家，兼职指有较高专业知识和实际经验的专家、学者、实业家同时兼任两个或两个以上的职务。只要处理好相关关系，兼职制度对个人、社会都有益。

在校大学生兼职是指尚在校学习的大学生利用自己的课余时间，通过为雇主提供劳动，获取报酬并提高自身能力的行为。

（二）大学生实习与兼职的区别

实习和兼职都可以达到锻炼和提升个人能力的目的，但是它们之间还是有很大区别的。

1．**目的**

实习可以认为是大学专业学习的一种延续，只是学习形式发生了变化，其主要目的是学以致用，接触和了解自身的专业领域；其对知识和经验的追求是第一位的，不以获得经济报酬为主要目的，或者甚至完全没有报酬，而兼职首先考虑的是经济报酬的多少，并不一定与所学的专业或者未来想从事的职业相关。

2．**工作时间**

用人单位一般都要求参加实习的同学能够安排2～4周或更多相对集中的时间，这样才能较系统地了解和掌握相关知识和技能，了解职业环境。例如，在寒暑假中专门安排一段时间用于学生实习或者利用上学时每周的固定时间实习（但是这样的实习时间比较久，一个学期甚至一年才会有效果）；兼职时间则比较随意灵活，按照自己的需要，可以利用每天业余时间长期为同一个服务对象工作，也可以短期工作。

3．**工作场所**

实习一般情况下是在相关单位的办公场所进行的；兼职则比较灵活，根据兼职工作的具体内容而定，例如，网络兼职等一般就不需要到相关单位上班，兼职财务人员每月在固定时间将发生的账务领回，做完上交即可。

4．**劳动法律角度的区别**

大学生的实习一般分为两种情况：一是学校指派的实习。就是在学校与单位建立实习合作关系的基础上，由学校指派学生到单位实习，根据校企合作协议确定相互关系，不受《中华人民共和国劳动法》约束。二是毕业前的就业实习。这种情况，一般是全职实习，工作时间超过非全日制用工的限制，与全日制用工已经没有什么区别。但由于无法建立正式劳动关系，因此客观上不能按照正式员工标准给予其他福利和保障，我国法律目前还没有相关规定。

大学生兼职是指大学生通过提供劳务获得报酬，以维持或者改善生活。打工完全符合劳动关系特征，符合非全日制用工条件的按照非全日制用工规定处理。

实习和兼职的主要区别如下。

（1）是否建立正式的劳动关系。无论是指派实习还是全职实习，都没有建立正式的劳动关系，而兼职是符合劳动关系特征的。

（2）是否适用劳动法律制度。实习是不适用劳动法律制度的，而兼职适用。

（三）大学生进行实习和兼职的意义

1．**加深对职业与行业的了解，确认喜欢或擅长的职业**

了解职业与行业有很多方法，如阅读相关的文章，请教业内人士，但最直接的方法还是亲自做这份工作。在做的过程中，可以确定自己是否喜欢这份工作，能否胜任。如果喜欢又能胜任，以后毕业找工作，就可以把它作为目标职业；反之，就要寻找新的工作方向。也就是说，实习和兼职都有验证自己的职业抉择、了解目标工作内容、学习工作及企业标准、找到自身职业差距的作用。

（1）验证自己的职业抉择。当大学生在了解自我的基础上确定未来的职业理想时，需要亲身尝试，在真刀真枪的实际工作中检验自己是否真正喜欢这个职业，自己是否愿意做这样的工作。举例来说就是如果你想做财务工作，但是当在实习过程中发现自己不是很喜欢与数字打交道，那就要反思自己的职业抉择了，这样就可以及时地纠正和反馈自己的职业发展轨迹。

（2）了解目标工作内容。如果在确定自己适合财务工作后，那就要明确财务工作的所有工作内容，财务工作人员的一天都要怎么度过、财务工作的核心工作是什么、财务工作的边缘工作是什么、财务工作人员要与哪些部门打交道、财务工作的核心能力是什么……在了解工作内容后就要尝试着操作，争取在实习中把财务工作涉及的内容都尝试做一遍，也在操作中明确自己的优劣势。

（3）学习工作及企业标准。知道了财务工作都要做什么后，就要了解企业及业内对每个工作内容所要求的流程和标准，这时要以业内及企业的最高标准来要求自己，为的就是进一步向业内的一流水准发展。

（4）找到自身职业差距。实习不单是为了落实工作，更包括要明确自己与岗位的差距以及自己与职业理想的差距，并在实习结束时制定详细可行的补短计划；当从明确差距、弥补不足的高度来看实习，就会从实习中得到更多。

2．为从学生向职场人士转变做准备

人们常说，大学是个象牙塔。确实，学校与职场、学习与工作、学生与员工之间存在着巨大的差异。在角色的转化过程中，人们的观点、行为方式、心理等方面都要做适当的调整。

据近两年用人单位反馈，现在不少应届毕业生存在这样的现象：上班绝不早到一分钟、下班绝不拖延一分钟，下班后联系不上；跳槽频繁，而且离职也不通知原公司；上班煲电话粥；好高骛远、不切实际，张口就是世界500强的例子，提出的建议都需要上千万的投资；不愿意做基础工作，连简单的应用文格式都搞不清楚，通知都不会写……所以，不要老抱怨公司不愿招聘应届毕业生，有时候也得找找自己身上的问题。而实习和兼职就提供了一个机会，让大家接触到真实的职场。有了实习和兼职的经验，在毕业工作时就可以更快、更好地融入新的环境，完成学生向职场人士的转换，特别是有了在大型公司长期实习和兼职的经历，就可以在找工作时增加一个非常有利的筹码。

3．增强找工作时的竞争优势

曾经有公司做过一项《雇主如何选择应届毕业生》的调查，参与的公司包括外企、国企和民营企业，规模也有大有小。有一个题目是让他们选择看重的方面，包括学校、专业、成绩、证书、实习经验、社会实践、户口等。结果不同性质与规模的公司侧重点有较大的不同，唯有一个要素是所有公司都重视的，那就是和应聘职位相关的实习经验。所以，如果在大学期间有相关的实习经验，在找工作时会有很大的优势。而且不少公司会挑选实习中的优秀者留下来成为公司的正式员工，这样的招募方式正被越来越多的大公司使用，并成为其挖掘“早期人才”和“储备干部”的战略之一，也有越来越多的公司和学校达成校企共建协议，选拔优秀学生长期实习，共同培养在毕业后有意向到该公司工作的学生，例如，IBM有一年的实习生中有50%留在了IBM，IBM希望今后这个比例可以提高到80%。

（四）大学生实习和兼职的类型

1．实习的类型

根据高校现有的实习内容来看，实习大致可分为平时的专业实习、社会实习、就业实

习、就业实践以及就业实训五个方面。这里主要介绍就业实践和就业实习。

（1）就业实践。就业实践指基于对社会需求知之甚少，就业意愿与市场需求相差较大，所以无法决定毕业后所要从事的行业或职位而进行的与专业相关的就业体验。其着眼点在于，带着一种考察的目的，是对职业的探索与体验，进而提高自身就业求职以及自主创业的信心、素质和能力。

（2）就业实习。就业实习主要是指用人单位有计划、有目的地为即将毕业的学生，以及那些不具备专业背景或行业背景但有明确的实践目标，即去某个行业、职位就业，有强烈工作愿望和热情的大学毕业生，提供“实习工作”“尝试工作”的机会，是建立在就业实践基础上，针对性极强的一项实习活动。就业实习是一门专业实践课，是我们在学习专业课程之后进行毕业设计时不可缺少的实践环节。它对于培养我们的动手能力有很大的意义，就业实习更是我们走向工作岗位的必要前提。通过实习，我们可以更广泛地直接接触社会，了解社会需要，加深对社会的认识，增强对社会的适应性，将自己融合到社会中去，培养自己的实践能力，缩短我们从一名大学生到一名职场人士之间的思想与业务距离，为我们毕业后社会角色的转变打下基础。

2．兼职的类型

兼职的类型包括家教、导游、促销员、翻译、打字员、电话访问员、服务生、网络兼职等。较热门的兼职类型有以下几项。

（1）家教（如图 9-7 所示）。适合某一门或几门学科功底扎实、善于沟通、讲解能力较好的同学。随着近期小语种学习热潮迭起，使各小语种专业的同学找家教类兼职时有很大便利。

优点：工作时间固定，工作环境相对安静轻松，且待遇不菲；既可用到自己的知识储备又可接触社会，锻炼口头表达、思考和应变能力。

图 9-7　家教

缺点：单纯重复以前的知识，对专业学习和动手能力的提高没有太大作用，且工资薪酬没有固定标准。

（2）导游（如图 9-8 所示）。以云南为例，云南拥有丰富的旅游资源。经验丰富的导游将成为旅行社的“抢手货”。导游慢慢成为大学生兼职“新贵”。大学生在考取导游证之后即可联系旅行社开始带团。

优点：工作时间弹性大，可以选择在周末或假期带团，不与学习时间冲突；报酬较丰厚，一般由基本工资加提成组成，还可以在工作中广交朋友。

缺点：工作强度大，有时一天只能休息三四个小时，精力、体力的消耗很大，身体素质不好的同学最好不要尝试。

（3）促销员（如图 9-9 所示）。促销就是营销者向消费者传递有关本企业及产品的各种信息，说服或吸引消费者购买其产品，以达到扩大销售量的目的的一种活动。

优点：各企业多利用周末和假日进行产品促销，一般不与学习时间冲突；与人沟通的能力和耐力都能得到很好的锻炼；由于短期促销常以在校大学生为目标，可以结识很多同龄朋友。

缺点：有的促销劳动强度较大，需要从早站到晚，要有一定的耐力和体力。

图 9-8　导游

图 9-9　促销员

（4）翻译（如图 9-10 所示）。适合语言类专业学生，对外语水平要求高，口译还要求外貌端庄大方。

优点：可以锻炼自己的外语水平，工作时间十分灵活；学习与赚钱同步进行，笔译在寒冬炎夏不需要出门便可获得丰厚报酬。

缺点：有的企业会以稿件质量不过关为由拒付稿酬；对个人能力要求较高，有时薪金与付出不成正比。

图 9-10　翻译

二、假期实习和兼职

（一）假期实习指南

1. 获取实习信息

我们可以从以下渠道获取实习信息：

（1）学校公示栏。学校附近的企业或者公司通常会把招聘信息以纸质文稿的形式张贴在学校公示栏。希望在学校附近找实习单位的学生可在学校公示栏中获取实习信息，筛选出合适的实习单位。

（2）各地方人社局。各地方人社局每年都会有相应的政策支持学生假期实习。人社局提供的用人实习单位不仅类别丰富，而且十分正规。

（3）各大企业官网。一般来说，各大企业会在寒暑假期间，在其官网上发布实习招聘公告。有意向的学生可以多留意各大企业的官网，寻找适合自己的假期实习机会。

2. 找实习机会时的注意事项

为防止被骗，我们在找实习机会时，应特别注意以下方面：

（1）从可靠渠道获取职位信息。

（2）通过多种渠道了解企业背景。

（3）认真确认面试地点。

（4）谨慎签定实习协议，实习协议中应当写明实习薪资、实习期限、终止协议的相关条款。如果用人单位违约或拖欠工资，可以将实习协议作为证据提起劳动仲裁，以维护自身的合法权益。

（5）拒交任何名义的费用。

（6）求职前了解相关法规和劳动政策。

3. 结合自身专业或兴趣选择实习岗位

在选择实习岗位时应尽量选择与自己专业相匹配或者自己感兴趣的岗位，这样不仅可以学以致用，还可以挖掘自身蕴藏的潜力，为将来就业做好铺垫。

在具体选择时，我们要摆正心态，客观分析自己的专业知识、沟通技能、思维能力及自身性格、兴趣等，分析实习机会是否能够提高自身能力和素质，进而选择适合自己的实习岗位。

4. 在实习中探索个人职业定位

实习是我们探索个人职业定位的好机会。在实习过程中，除了要认真完成分配给自己的任务，我们还要主动总结对应岗位的核心能力要求、特性等，观察对应职位的上升空间，以及所处行业的发展前景，并以此为参照分析自己是否适合该岗位或行业，判断是否需要调整自己的职业定位。

5. 在实习中提高自身综合能力

进入企业实习后，要尽快完成从学生到工作者的身份转变和思路转变，不断提高自己的综合能力。

首先，要清楚工作都是结果导向的。客户需要的是成果，工作评估的也是成果，过程中无论做了多少事，只要没有达成目标、交付成果都不算完成工作。如果没有产出成果，必须主动协调资源，推动问题解决。

其次，要分清事情的轻重缓急，对时间进行合理安排。不清楚手里的工作孰轻孰重时，要及时向上级领导反映或请示。

再次，对于工作内容切勿眼高手低，要以积极主动的态度认真对待接到的每一个任务，在规定的时间内保质保量地完成工作。

最后，还要注意如何进行有效沟通、与同事和谐相处等问题。

（二）假期兼职指南

1. 兼职陷阱

（1）传销陷阱。目前，不少传销组织打着“连锁销售”“特许经营”“直销”等幌子，或以“国家搞试点”“响应西部大开发号召”等名义诱骗求职者参与传销活动。在形式上，传销组织也由此前的发展“下线”改为“网上营销”方式，打着“电子商务”“网络直销”等旗号利用互联网进行传销，其违法活动更加隐蔽，传播范围也更为广泛。

（2）培训陷阱。一些骗子公司通常会和一些培训机构联手，招聘时以“先培训，拿证后上岗”为由骗取求职者培训费、考试费、证书费等各种费用。实际情况往往是，经过一段时间的培训、参加完考试后，公司便不知去向，或告知求职者“很遗憾，考试未通过，不能上岗”。因此，遇到需要培训上岗的公司时，要先了解培训机构是否正规，在网上查看之前参加培训的学员的评价，评估培训的质量，再决定是否参加培训。

（3）“押金”陷阱。一些用人单位声称为了方便管理，向求职者收取一定数额的押金或保证金，并承诺工作结束后退还，然而工作结束时求职者只能领到工资，保证金却不见了踪影。更有甚者，在求职者交过钱后说职位暂时已满，或者说暂时没有工作可做，要求职者回去等消息，接下来便再也没有消息了。国家人事和劳动部门明文规定，用人单位不得以任何名义向求职者收取报名费、考试费等，对于求职者的培训费用，应当从企业成本中支出。很多求职者求职时不了解相关规定，又求职心切，往往会落入陷阱。

（4）“黑中介”陷阱。一些黑中介，抓住求职者缺少社会经验且找工作心切的心理，收取高额中介费后，却不履行承诺，不及时为求职者找到合适的工作。黑中介的套路往往是不停地拖延，让求职者耐心等待，最后不了了之。更有一些中介“打一枪换一个地方”，骗取一定中介费后，就消失得无影无踪。

2．兼职如何防骗

大学生兼职要想增强自我保护意识，防止被骗，以下几招比较实用：

（1）委托中介机构介绍前，应先查看其是否有工商局颁发的“营业执照”和劳动人事等部门颁发的“职业介绍许可证”原件，办公地址是否与证件信息一致。

（2）有些骗子公司不以中介的面目出现，而以“公司人事部”等方式收取求职者钱财，再把求职者推到另外一个地方连续行骗，大学生若遇到打着“长年招聘”“高薪急聘”幌子的岗位，或一问三不知、急于收钱的单位，就一定要提高警惕。

（3）按照规定，招工是不能收取押金等费用的，暑期兼职也不需要缴纳任何费用，如果遇到对方收钱的情况，一定要问清楚这笔钱到底是什么费用，不合理的坚决不交。

（4）应聘成功后，应与兼职单位签定劳务合同，以书面形式确定自己的权益，明确具体工作时间、工资数额、工资支付时间及方式等，以防节外生枝。

（5）如果真的被对方收取了“押金”等费用，一定要让对方开具字据，不然即使举报到劳动部门，因为证据问题执法部门也难以处理。

知识链接

求职被骗案例

案例一：工作为饵，骗求职者服装费

[过程]6 月 15 日，大学毕业生小刘在一家电器贸易公司面试通过后，被要求交 360 元服装费，然后才能签合同、培训，再开始工作。交费后，她同该公司签了劳动合同，上面还特别注明：如因个人原因辞职或自动离职，服装费不予退还。上班后，小刘因一直未被安排工作就要求辞职并退还服装费，被对方以签有协议为由拒绝。

[特征]向涉世不深的大学生收取所谓的服装费、资料费、手续费、培训费等费用后，却迟迟不给安排工作，迫使求职者自动辞职。

[对策]劳动保障监察支队工作人员表示，凡应聘时，单位提出收取服装费、押金，或以其他方式变相收钱的，都是非法的，很可能是个骗局，求职者可向劳动监察部门举报。另外，遭遇诈骗后要及时报案，否则不仅本人的损失难以挽回，还会让更多人上当。

案例二：试用为名，使用廉价劳动力

[过程]“那是一家皮包公司，专骗大学生暑期给他们免费工作。”一名受骗的大二学生小邓投诉称，自 6 月 18 日开始，他在一汽车用品公司推销汽车用品，结果试用期 7 天做满后，和他一起应聘的 8 名同学全部被辞退，原因是未完成任务。而且，招聘时口头承诺的底薪工资也没有按实际工作天数发放。

[特征]一些不良企业利用大学生求职心切，以试工、试用为理由，试用期没完没了，且试用期工资设置极低，录用后待遇诱人，不过绝不会正式录用，让大学生有苦说不出。

[对策]根据《中华人民共和国劳动法》及其相关法规规定，员工在试用期内享有取得报酬权，月薪不得低于当地最低工资标准。此外，对于用人单位的承诺，任何试用期的要求和考核标准都应该落在书面上。

案例三：名为招工，实则变相销售化妆品

[过程]6月初，某高校的女毕业生小陈到一家化妆品代理公司应聘业务主管。经初试、复试后，公司负责人称要试用3个月，叫小陈先学会推销公司代理的化妆品，并收了她200元信誉保证金，但未给收据。一周后，小陈发现产品根本卖不掉，而她从一家大型商场得知该产品销售价格不超过100元。

[特征]一些公司诱骗大学生上岗，要求大学生交现金作为押金，而后让大学生去推销产品，并规定要卖多少产品才有提成工资。若完不成任务，公司就以此克扣大学生的工资、押金。

[对策]如果在填写个人信息时，公司只关注一些简单信息，而对于应聘的大学生是什么学校什么专业毕业、有过哪些工作经验都漠不关心，求职者就要加倍小心了。此外，急着收钱的多是“黑公司”，最好不要轻易交钱应聘。

案例四：想当模特，得自费拍艺术照

[过程]某校大二女生小刘有着身高1.70米、体重49公斤的好身材，去应聘当模特，公司要她到指定的影楼拍艺术照参加筛选。小刘按照要求花上百元到影楼拍了6张艺术照。半个月后，公司通知她到某商场做礼仪小姐，工作一天拿了工资后，公司就没再给她安排工作了。

[特征]这类招工主要针对女大学生，通常称招模特或是歌舞类培训，然后要求职者花大价钱照艺术照参选，最后再找借口说求职者条件欠缺而予以拒绝。

[对策]碰到这样的情况，最好的方法就是不干。如果自己确有做模特的条件或当演员的天赋，也应通过正常渠道求职，尽量不要脱离现实而想走捷径。

班级：________________ 姓名：________________ 学号：________________

实践活动——情暖敬老院，爱心公益行

在当今社会，不少老人都儿女满堂，与儿孙一起其乐融融。可是另外一小部分老人却丧偶丧子，家道变离，老无所依，或儿女太过忙于工作，无暇照顾老人，导致一些老人只能到敬老院中度晚年。敬老院中活动少之又少，老人们的生活不能不说是有些许乏味。此次活动旨在给老人带去关爱、快乐和温暖，树立榜样，营造尊老敬老的良好风尚，加强学生思想品德教育，培养学生的社会责任心。

【过程记录】

活动前期策划：

活动进行具体流程：

活动难点及解决方案：

心得体会：

【结果评价】

教师可参考表 9-1 对情暖敬老院，爱心公益行活动的实行情况进行评价。

表 9-1　情暖敬老院，爱心公益行实行情况评价表

评价标准	分值	分数小计	教师评价
参与活动的积极性	20		
活动策划是否完整、考虑全面	20		
是否达到了预期活动效果	20		
老人对活动的评价是否良好	20		
活动后的感想	20		

附录 A　常见劳动工具

<table>
<tr><th colspan="2">名称</th><th>图片</th><th>用途</th></tr>
<tr><td rowspan="2">扫帚</td><td>户外扫帚</td><td></td><td>用于清理道路和宽阔场地</td></tr>
<tr><td>室内扫帚</td><td>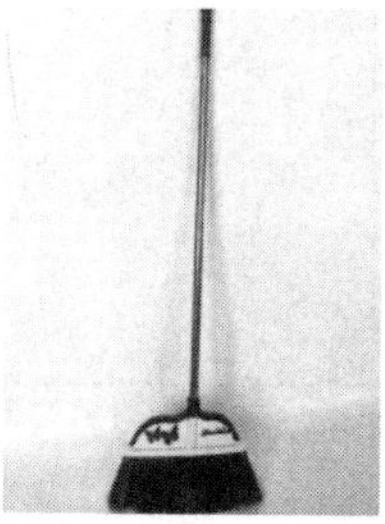</td><td>用于清理室内</td></tr>
<tr><td colspan="2">畚斗</td><td></td><td>用于收运从地板上扫除的垃圾</td></tr>
<tr><td colspan="2">拖把</td><td></td><td>用于擦洗地面</td></tr>
<tr><td colspan="2">抹布</td><td></td><td>用于打扫卫生，擦桌子、玻璃</td></tr>
</table>

续表

名称	图片	用途
刷子	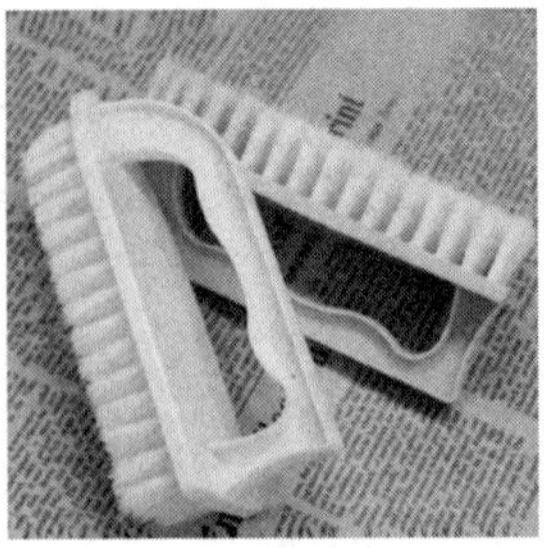	用于清洁地面、墙壁及需要近距离用力刷洗清洁的物品或位置
水桶		用于盛运水等
水盆		用于个人清洗和卫生清洁
PVC 透明钢丝软管		用于灌溉、洒扫等
皮搋子		用于疏通水池或马桶
玻璃刮水器	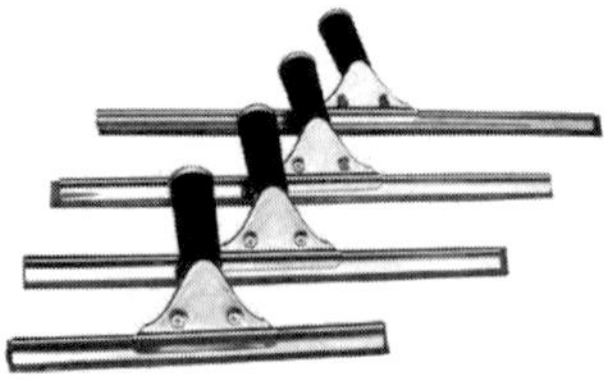	用于刮掉玻璃上的水和污渍

续表

名称	图片	用途
垃圾桶		用于盛放垃圾
垃圾袋		用于收集盛装垃圾
橡胶手套	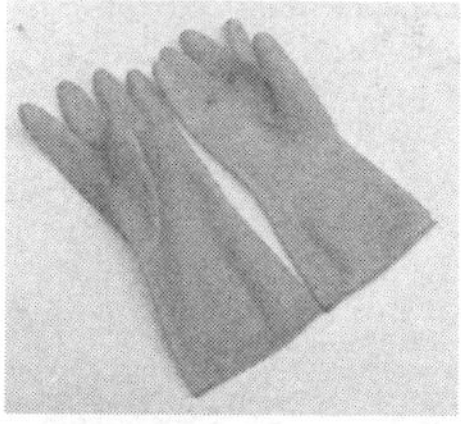	用于打扫厕所、下水道、水槽等较脏的区域或设施
鸡毛掸		用于刷物体表面的灰尘

附录 B　中华人民共和国劳动法（2018 年修正）

（1994 年 7 月 5 日第八届全国人民代表大会常务委员会第八次会议通过，根据 2009 年 8 月 27 日第十一届全国人民代表大会常务委员会第十次会议《关于修改部分法律的决定》第一次修正，根据 2018 年 12 月 29 日第十三届全国人民代表大会常务委员会第七次会议《关于修改〈中华人民共和国劳动法〉等七部法律的决定》第二次修正）

目　录

第一章　总　　则

第一条　为了保护劳动者的合法权益，调整劳动关系，建立和维护适应社会主义市场经济的劳动制度，促进经济发展和社会进步，根据宪法，制定本法。

第二条　在中华人民共和国境内的企业、个体经济组织（以下统称用人单位）和与之形成劳动关系的劳动者，适用本法。

国家机关、事业组织、社会团体和与之建立劳动合同关系的劳动者，依照本法执行。

第三条　劳动者享有平等就业和选择职业的权利、取得劳动报酬的权利、休息休假的权利、获得劳动安全卫生保护的权利、接受职业技能培训的权利、享受社会保险和福利的权利、提请劳动争议处理的权利以及法律规定的其他劳动权利。

劳动者应当完成劳动任务，提高职业技能，执行劳动安全卫生规程，遵守劳动纪律和职业道德。

第四条　用人单位应当依法建立和完善规章制度，保障劳动者享有劳动权利和履行劳动义务。

第五条　国家采取各种措施，促进劳动就业，发展职业教育，制定劳动标准，调节社会收入，完善社会保险，协调劳动关系，逐步提高劳动者的生活水平。

第六条　国家提倡劳动者参加社会义务劳动，开展劳动竞赛和合理化建议活动，鼓励和保护劳动者进行科学研究、技术革新和发明创造，表彰和奖励劳动模范和先进工作者。

第七条　劳动者有权依法参加和组织工会。

工会代表和维护劳动者的合法权益，依法独立自主地开展活动。

第八条　劳动者依照法律规定，通过职工大会、职工代表大会或者其他形式，参与民主管理或者就保护劳动者合法权益与用人单位进行平等协商。

第九条　国务院劳动行政部门主管全国劳动工作。

县级以上地方人民政府劳动行政部门主管本行政区域内的劳动工作。

第二章　促进就业

第十条　国家通过促进经济和社会发展，创造就业条件，扩大就业机会。国家鼓励企业、事业组织、社会团体在法律、行政法规规定的范围内兴办产业或者拓展经营，增加就业。

国家支持劳动者自愿组织起来就业和从事个体经营实现就业。

第十一条　地方各级人民政府应当采取措施，发展多种类型的职业介绍机构，提供就业服务。

第十二条　劳动者就业，不因民族、种族、性别、宗教信仰不同而受歧视。

第十三条　妇女享有与男子平等的就业权利。在录用职工时，除国家规定的不适合妇女的工种或者岗位外，不得以性别为由拒绝录用妇女或者提高对妇女的录用标准。

第十四条　残疾人、少数民族人员、退出现役的军人的就业，法律、法规有特别规定的，从其规定。

第十五条　禁止用人单位招用未满十六周岁的未成年人。

文艺、体育和特种工艺单位招用未满十六周岁的未成年人，必须依照国家有关规定，履行审批手续，并保障其接受义务教育的权利。

第三章　劳动合同和集体合同

第十六条　劳动合同是劳动者与用人单位确立劳动关系、明确双方权利和义务的协议。建立劳动关系应当订立劳动合同。

第十七条　订立和变更劳动合同，应当遵循平等自愿、协商一致的原则，不得违反法律、行政法规的规定。

劳动合同依法订立即具有法律约束力，当事人必须履行劳动合同规定的义务。

第十八条　下列劳动合同无效：

（一）违反法律、行政法规的劳动合同。

（二）采取欺诈、威胁等手段订立的劳动合同。

无效的劳动合同，从订立的时候起，就没有法律约束力。确认劳动合同部分无效的，如果不影响其余部分的效力，其余部分仍然有效。

劳动合同的无效，由劳动争议仲裁委员会或者人民法院确认。

第十九条　劳动合同应当以书面形式订立，并具备以下条款：

（一）劳动合同期限；

（二）工作内容；

（三）劳动保护和劳动条件；

（四）劳动报酬；

（五）劳动纪律；

（六）劳动合同终止的条件；

（七）违反劳动合同的责任。

劳动合同除前款规定的必备条款外，当事人可以协商约定其他内容。

第二十条　劳动合同的期限分为有固定期限、无固定期限和以完成一定的工作为期限。

劳动者在同一用人单位连续工作满十年以上，当事人双方同意延续劳动合同的，如果劳动者提出订立无固定期限的劳动合同，应当订立无固定期限的劳动合同。

第二十一条　劳动合同可以约定试用期。试用期最长不得超过六个月。

第二十二条　劳动合同当事人可以在劳动合同中约定保守用人单位商业秘密的有关事项。

第二十三条　劳动合同期满或者当事人约定的劳动合同终止条件出现，劳动合同即行终止。

第二十四条　经劳动合同当事人协商一致，劳动合同可以解除。

第二十五条　劳动者有下列情形之一的，用人单位可以解除劳动合同：

（一）在试用期间被证明不符合录用条件的；

（二）严重违反劳动纪律或者用人单位规章制度的；

（三）严重失职，营私舞弊，对用人单位利益造成重大损害的；

（四）被依法追究刑事责任的。

第二十六条　有下列情形之一的，用人单位可以解除劳动合同，但是应当提前三十日以书面形式通知劳动者本人：

（一）劳动者患病或者非因工负伤，医疗期满后，不能从事原工作也不能从事由用人单位另行安排的工作的；

（二）劳动者不能胜任工作，经过培训或者调整工作岗位，仍不能胜任工作的；

（三）劳动合同订立时所依据的客观情况发生重大变化，致使原劳动合同无法履行，经当事人协商不能就变更劳动合同达成协议的。

第二十七条　用人单位濒临破产进行法定整顿期间或者生产经营状况发生严重困难，确需裁减人员的，应当提前三十日向工会或者全体职工说明情况，听取工会或者职工的意见，经向劳动行政部门报告后，可以裁减人员。

用人单位依据本条规定裁减人员，在六个月内录用人员的，应当优先录用被裁减的人员。

第二十八条　用人单位依据本法第二十四条、第二十六条、第二十七条的规定解除劳动合同的，应当依照国家有关规定给予经济补偿。

第二十九条　劳动者有下列情形之一的，用人单位不得依据本法第二十六条、第二十七条的规定解除劳动合同：

（一）患职业病或者因工负伤并被确认丧失或者部分丧失劳动能力的；

（二）患病或者负伤，在规定的医疗期内的；

（三）女职工在孕期、产期、哺乳期内的；

（四）法律、行政法规规定的其他情形。

第三十条　用人单位解除劳动合同，工会认为不适当的，有权提出意见。如果用人单位违反法律、法规或者劳动合同，工会有权要求重新处理；劳动者申请仲裁或者提起诉讼的，工会应当依法给予支持和帮助。

第三十一条　劳动者解除劳动合同，应当提前三十日以书面形式通知用人单位。

第三十二条　有下列情形之一的，劳动者可以随时通知用人单位解除劳动合同：

（一）在试用期内的；

（二）用人单位以暴力、威胁或者非法限制人身自由的手段强迫劳动的；

（三）用人单位未按照劳动合同约定支付劳动报酬或者提供劳动条件的。

第三十三条　企业职工一方与企业可以就劳动报酬、工作时间、休息休假、劳动安全卫生、保险福利等事项，签订集体合同。集体合同草案应当提交职工代表大会或者全体职工讨论通过。

集体合同由工会代表职工与企业签订；没有建立工会的企业，由职工推举的代表与企业签订。

第三十四条　集体合同签订后应当报送劳动行政部门；劳动行政部门自收到集体合同文本之日起十五日内未提出异议的，集体合同即行生效。

第三十五条　依法签订的集体合同对企业和企业全体职工具有约束力。职工个人与企业订立的劳动合同中劳动条件和劳动报酬等标准不得低于集体合同的规定。

第四章　工作时间和休息休假

第三十六条　国家实行劳动者每日工作时间不超过八小时、平均每周工作时间不超过四十四小时的工时制度。

第三十七条　对实行计件工作的劳动者，用人单位应当根据本法第三十六条规定的工时制度合理确定其劳动定额和计件报酬标准。

第三十八条　用人单位应当保证劳动者每周至少休息一日。

第三十九条　企业因生产特点不能实行本法第三十六条、第三十八条规定的，经劳动行政部门批准，可以实行其他工作和休息办法。

第四十条　用人单位在下列节日期间应当依法安排劳动者休假：

（一）元旦；

（二）春节；

（三）国际劳动节；

（四）国庆节；

（五）法律、法规规定的其他休假节日。

第四十一条　用人单位由于生产经营需要，经与工会和劳动者协商后可以延长工作时间，一般每日不得超过一小时；因特殊原因需要延长工作时间的，在保障劳动者身体健康的条件下延长工作时间每日不得超过三小时，但是每月不得超过三十六小时。

第四十二条　有下列情形之一的，延长工作时间不受本法第四十一条规定的限制：

（一）发生自然灾害、事故或者因其他原因，威胁劳动者生命健康和财产安全，需要紧急处理的

（二）生产设备、交通运输线路、公共设施发生故障，影响生产和公众利益，必须及时抢修的

（三）法律、行政法规规定的其他情形。

第四十三条　用人单位不得违反本法规定延长劳动者的工作时间。

第四十四条　有下列情形之一的，用人单位应当按照下列标准支付高于劳动者正常工作时间工资的工资报酬：

（一）安排劳动者延长工作时间的，支付不低于工资的百分之一百五十的工资报酬；

（二）休息日安排劳动者工作又不能安排补休的，支付不低于工资的百分之二百的工资报酬；

（三）法定休假日安排劳动者工作的，支付不低于工资的百分之三百的工资报酬。

第四十五条　国家实行带薪年休假制度。

劳动者连续工作一年以上的，享受带薪年休假。具体办法由国务院规定。

第五章　工　　资

第四十六条　工资分配应当遵循按劳分配原则，实行同工同酬。

工资水平在经济发展的基础上逐步提高。国家对工资总量实行宏观调控。

第四十七条　用人单位根据本单位的生产经营特点和经济效益，依法自主确定本单位的工资分配方式和工资水平。

第四十八条　国家实行最低工资保障制度。最低工资的具体标准由省、自治区、直辖市人民政府规定，报国务院备案。

用人单位支付劳动者的工资不得低于当地最低工资标准。

第四十九条　确定和调整最低工资标准应当综合参考下列因素：

（一）劳动者本人及平均赡养人口的最低生活费用；

（二）社会平均工资水平；

（三）劳动生产率；

（四）就业状况；

（五）地区之间经济发展水平的差异。

第五十条　工资应当以货币形式按月支付给劳动者本人。不得克扣或者无故拖欠劳动者的工资。

第五十一条　劳动者在法定休假日和婚丧假期间以及依法参加社会活动期间，用人单位应当依法支付工资。

第六章　劳动安全卫生

第五十二条　用人单位必须建立、健全劳动安全卫生制度，严格执行国家劳动安全卫生规程和标准，对劳动者进行劳动安全卫生教育，防止劳动过程中的事故，减少职业危害。

第五十三条　劳动安全卫生设施必须符合国家规定的标准。

新建、改建、扩建工程的劳动安全卫生设施必须与主体工程同时设计、同时施工、同时投入生产和使用。

第五十四条　用人单位必须为劳动者提供符合国家规定的劳动安全卫生条件和必要的劳动防护用品，对从事有职业危害作业的劳动者应当定期进行健康检查。

第五十五条　从事特种作业的劳动者必须经过专门培训并取得特种作业资格。

第五十六条　劳动者在劳动过程中必须严格遵守安全操作规程。

劳动者对用人单位管理人员违章指挥、强令冒险作业，有权拒绝执行；对危害生命安全和身体健康的行为，有权提出批评、检举和控告。

第五十七条　国家建立伤亡事故和职业病统计报告和处理制度。县级以上各级人民政府劳动行政部门、有关部门和用人单位应当依法对劳动者在劳动过程中发生的伤亡事故和劳动者的职业病状况，进行统计、报告和处理。

第七章　女职工和未成年工特殊保护

第五十八条　国家对女职工和未成年工实行特殊劳动保护。

未成年工是指年满十六周岁未满十八周岁的劳动者。

第五十九条　禁止安排女职工从事矿山井下、国家规定的第四级体力劳动强度的劳动和其他禁忌从事的劳动。

第六十条　不得安排女职工在经期从事高处、低温、冷水作业和国家规定的第三级体力劳动强度的劳动。

第六十一条　不得安排女职工在怀孕期间从事国家规定的第三级体力劳动强度的劳动和孕期禁忌从事的活动。对怀孕七个月以上的女职工，不得安排其延长工作时间和夜班劳动。

第六十二条　女职工生育享受不少于九十天的产假。

第六十三条　不得安排女职工在哺乳未满一周岁的婴儿期间从事国家规定的第三级体力劳动强度的劳动和哺乳期禁忌从事的其他劳动，不得安排其延长工作时间和夜班劳动。

第六十四条　不得安排未成年工从事矿山井下、有毒有害、国家规定的第四级体力劳动强度的劳动和其他禁忌从事的劳动。

第六十五条　用人单位应当对未成年工定期进行健康检查。

第八章　职业培训

第六十六条　国家通过各种途径，采取各种措施，发展职业培训事业，开发劳动者的职业技能，提高劳动者素质，增强劳动者的就业能力和工作能力。

第六十七条　各级人民政府应当把发展职业培训纳入社会经济发展的规划，鼓励和支持有条件的企业、事业组织、社会团体和个人进行各种形式的职业培训。

第六十八条　用人单位应当建立职业培训制度，按照国家规定提取和使用职业培训经费，根据本单位实际，有计划地对劳动者进行职业培训。

从事技术工种的劳动者，上岗前必须经过培训。

第六十九条　国家确定职业分类，对规定的职业制定职业技能标准，实行职业资格证书制度，由经过政府批准的考核鉴定机构负责对劳动者实施职业技能考核鉴定。

第九章　社会保险和福利

第七十条　国家发展社会保险事业，建立社会保险制度，设立社会保险基金，使劳动者在年老、患病、工伤、失业、生育等情况下获得帮助和补偿。

第七十一条　社会保险水平应当与社会经济发展水平和社会承受能力相适应。

第七十二条　社会保险基金按照保险类型确定资金来源，逐步实行社会统筹。用人单位和劳动者必须依法参加社会保险，缴纳社会保险费。

第七十三条　劳动者在下列情形下，依法享受社会保险待遇：

（一）退休；

（二）患病、负伤；

（三）因工伤残或者患职业病；

（四）失业；

（五）生育。

劳动者死亡后，其遗属依法享受遗属津贴。

劳动者享受社会保险待遇的条件和标准由法律、法规规定。

劳动者享受的社会保险金必须按时足额支付。

第七十四条　社会保险基金经办机构依照法律规定收支、管理和运营社会保险基金，并负有使社会保险基金保值增值的责任。

社会保险基金监督机构依照法律规定，对社会保险基金的收支、管理和运营实施监督。

社会保险基金经办机构和社会保险基金监督机构的设立和职能由法律规定。

任何组织和个人不得挪用社会保险基金。

第七十五条　国家鼓励用人单位根据本单位实际情况为劳动者建立补充保险。

国家提倡劳动者个人进行储蓄性保险。

第七十六条　国家发展社会福利事业，兴建公共福利设施，为劳动者休息、休养和疗养提供条件。

用人单位应当创造条件，改善集体福利，提高劳动者的福利待遇。

第十章　劳动争议

第七十七条　用人单位与劳动者发生劳动争议，当事人可以依法申请调解、仲裁、提起诉讼，也可以协商解决。

调解原则适用于仲裁和诉讼程序。

第七十八条　解决劳动争议，应当根据合法、公正、及时处理的原则，依法维护劳动争议当事人的合法权益。

第七十九条　劳动争议发生后，当事人可以向本单位劳动争议调解委员会申请调解；调解不成，当事人一方要求仲裁的，可以向劳动争议仲裁委员会申请仲裁。当事人一方也可以直接向劳动争议仲裁委员会申请仲裁。对仲裁裁决不服的，可以向人民法院提起诉讼。

第八十条　在用人单位内，可以设立劳动争议调解委员会。劳动争议调解委员会由职工代表、用人单位代表和工会代表组成。劳动争议调解委员会主任由工会代表担任。

劳动争议经调解达成协议的，当事人应当履行。

第八十一条　劳动争议仲裁委员会由劳动行政部门代表、同级工会代表、用人单位方面的代表组成。劳动争议仲裁委员会主任由劳动行政部门代表担任。

第八十二条　提出仲裁要求的一方应当自劳动争议发生之日起六十日内向劳动争议仲裁委员会提出书面申请。仲裁裁决一般应在收到仲裁申请的六十日内作出。对仲裁裁决无异议的，当事人必须履行。

第八十三条　劳动争议当事人对仲裁裁决不服的，可以自收到仲裁裁决书之日起十五日内向人民法院提起诉讼。一方当事人在法定期限内不起诉又不履行仲裁裁决的，另一方当事人可以申请人民法院强制执行。

第八十四条　因签订集体合同发生争议，当事人协商解决不成的，当地人民政府劳动行政部门可以组织有关各方协调处理。

因履行集体合同发生争议，当事人协商解决不成的，可以向劳动争议仲裁委员会申请仲裁；对仲裁裁决不服的，可以自收到仲裁裁决书之日起十五日内向人民法院提起诉讼。

第十一章　监督检查

第八十五条　县级以上各级人民政府劳动行政部门依法对用人单位遵守劳动法律、法规的情况进行监督检查，对违反劳动法律、法规的行为有权制止，并责令改正。

第八十六条　县级以上各级人民政府劳动行政部门监督检查人员执行公务，有权进入用人单位了解执行劳动法律、法规的情况，查阅必要的资料，并对劳动场所进行检查。

县级以上各级人民政府劳动行政部门监督检查人员执行公务，必须出示证件，秉公执法并遵守有关规定。

第八十七条　县级以上各级人民政府有关部门在各自职责范围内，对用人单位遵守劳动法律、法规的情况进行监督。

第八十八条　各级工会依法维护劳动者的合法权益，对用人单位遵守劳动法律、法规的情况进行监督。

任何组织和个人对于违反劳动法律、法规的行为有权检举和控告。

第十二章　法律责任

第八十九条　用人单位制定的劳动规章制度违反法律、法规规定的，由劳动行政部门给予警告，责令改正；对劳动者造成损害的，应当承担赔偿责任。

第九十条　用人单位违反本法规定，延长劳动者工作时间的，由劳动行政部门给予警告，责令改正，并可以处以罚款。

第九十一条　用人单位有下列侵害劳动者合法权益情形之一的，由劳动行政部门责令支付劳动者的工资报酬、经济补偿，并可以责令支付赔偿金：

（一）克扣或者无故拖欠劳动者工资的；

（二）拒不支付劳动者延长工作时间工资报酬的；

（三）低于当地最低工资标准支付劳动者工资的；

（四）解除劳动合同后，未依照本法规定给予劳动者经济补偿的。

第九十二条　用人单位的劳动安全设施和劳动卫生条件不符合国家规定或者未向劳动者提供必要的劳动防护用品和劳动保护设施的，由劳动行政部门或者有关部门责令改正，可以处以罚款；情节严重的，提请县级以上人民政府决定责令停产整顿；对事故隐患不采取措施，致使发生重大事故，造成劳动者生命和财产损失的，对责任人员依照刑法有关规定追究刑事责任[3]。

第九十三条　用人单位强令劳动者违章冒险作业，发生重大伤亡事故，造成严重后果的，对责任人员依法追究刑事责任。

第九十四条　用人单位非法招用未满十六周岁的未成年人的，由劳动行政部门责令改正，处以罚款；情节严重的，由工商行政管理部门吊销营业执照。

第九十五条　用人单位违反本法对女职工和未成年工的保护规定，侵害其合法权益的，由劳动行政部门责令改正，处以罚款；对女职工或者未成年工造成损害的，应当承担赔偿责任。

第九十六条　用人单位有下列行为之一，由公安机关对责任人员处以十五日以下拘留、罚款或者警告；构成犯罪的，对责任人员依法追究刑事责任：

（一）以暴力、威胁或者非法限制人身自由的手段强迫劳动的；

（二）侮辱、体罚、殴打、非法搜查和拘禁劳动者的。

第九十七条　由于用人单位的原因订立的无效合同，对劳动者造成损害的，应当承担赔偿责任。

第九十八条　用人单位违反本法规定的条件解除劳动合同或者故意拖延不订立劳动合同的，由劳动行政部门责令改正；对劳动者造成损害的，应当承担赔偿责任。

第九十九条　用人单位招用尚未解除劳动合同的劳动者，对原用人单位造成经济损失的，该用人单位应当依法承担连带赔偿责任。

第一百条　用人单位无故不缴纳社会保险费的，由劳动行政部门责令其限期缴纳；逾期不缴的，可以加收滞纳金。

第一百零一条　用人单位无理阻挠劳动行政部门、有关部门及其工作人员行使监督检查权，打击报复举报人员的，由劳动行政部门或者有关部门处以罚款；构成犯罪的，对责任人员依法追究刑事责任。

第一百零二条　劳动者违反本法规定的条件解除劳动合同或者违反劳动合同中约定的保密事项，对用人单位造成经济损失的，应当依法承担赔偿责任。

第一百零三条　劳动行政部门或者有关部门的工作人员滥用职权、玩忽职守、徇私舞弊，构成犯罪的，依法追究刑事责任；不构成犯罪的，给予行政处分。

第一百零四条　国家工作人员和社会保险基金经办机构的工作人员挪用社会保险基金，构成犯罪的，依法追究刑事责任。

第一百零五条　违反本法规定侵害劳动者合法权益，其他法律、行政法规已规定处罚的，依照该法律、行政法规的规定处罚。

第十三章　附　　则

第一百零六条　省、自治区、直辖市人民政府根据本法和本地区的实际情况，规定劳动合同制度的实施步骤，报国务院备案。

第一百零七条　本法自 1995 年 1 月 1 日起施行。

参 考 文 献

[1] 青增计，杨奎，梁将．新时代劳动教育教程[M]．北京：航空工业出版社，2020．
[2] 陈国维．大学生劳动教育[M]．北京：高等教育出版社，2020．
[3] 班建武，曾妮．大学生劳动教育[M]．北京：人民邮电出版社，2021．
[4] 徐国庆．劳动教育[M]．北京：高等教育出版社，2020．
[5] 何卫华，林峰．大学生劳动教育理论与实践教程[M]．厦门：厦门大学出版社，2019．
[6] 陈武，李若海．大学生安全教育探新（修订版）[M]．北京：北京理工大学出版社，2017．
[7] 刘国胜，柳波，袁炯．大学生劳动教育[M]．北京：人民邮电出版社，2021．
[8] 洪应党，朱浩，向米玲．新时代劳动教育教程[M]．北京：航空工业出版社，2020．
[9] 檀传宝．劳动创造美好生活[M]．北京：中国劳动社会保障出版社，2019．
[10] 王全兴．劳动法[M]．4 版．北京：法律出版社，2017．

反侵权盗版声明